ROBERT MÜLLER-GRÜNOW

DIE GEHEIME MACHT DER DÜFTE

ROBERT MÜLLER-GRÜNOW

mit Olaf Köhne und Peter Käfferlein

DIE GEHEIME MACHT DER DÜFTE

Warum wir unserem Geruchssinn mehr vertrauen sollten

Edel Books
Ein Verlag der Edel Germany GmbH

Copyright © 2018 Edel Germany GmbH,
Neumühlen 17, 22763 Hamburg
www.edel.com

Projektkoordination: Dr. Marten Brandt
Lektorat: Martin Both
Illustrationen: Max Bachmeier
Layout und Satz: Datagrafix GSP GmbH
Umschlaggestaltung: Groothuis. Gesellschaft der Ideen und Passionen
mbH | www.groothuis.de
Druck und Bindung: optimal media GmbH, Glienholzweg 7, 17207
Röbel / Müritz

Printed in Germany

ISBN 978-3-8419-0601-4

„Mit Gründen ist da nichts zu machen –
was einer mag, ist seine Sach',
denn kurz gesagt: In Herzenssachen
geht jeder seiner Nase nach."

Wilhelm Busch

Inhalt

Vorwort – Besuch mit Duftnote 9

I. DUFT UND MENSCH 12

1. Der Geruch meiner Kindheit: die Dünen
   von Comillas 13
2. Bücher sind sinnlich: Bücher riechen … 17
3. Warum wir mehr riechen sollten 23
4. Von Riechzellen und Rezeptoren –
   Wunderwerk Nase 38
5. Psychologie des Riechens – der
   Proust-Effekt 51
6. Das Riechen entdecken 56
7. Kino für alle Sinne – wenn ein Film
   dufte ist 64
8. Der schlimmste Duft, den ich kenne … 71
9. Gestank und schlechte Gerüche –
   Warnsignal und Geschmackssache 78
10. Ich kann dich gut riechen – Liebe und
    Partnerschaft 96
11. Schweiß – ein ganz besonderer Duft 107
12. Geruchssinn und Gesundheit – kann man
    Krankheiten riechen? 120

II. DUFT IM WANDEL 146

13. Eine kurze Geschichte des Duftes 147
14. Weihrauch – Comeback eines Klassikers 158
15. Der Duftkrieg von Köln 164
16. Wie entsteht ein Parfüm? 170
17. Die Suche nach dem Duft von morgen –
    Zukunft und Trends 186

18.	Wie finde ich meinen perfekten Duft?	194
19.	Wirtschaftsfaktor Duft	204

III. DUFT IM ALLTAG — 212

20.	Wie Düfte unser Leben verändern	213
21.	Supermarkt der Sinne	229
22.	Teurer Duft im Innenraum – Autos und Gerüche	239
23.	Duft in der Architektur	246
24.	Andere Länder, andere Gerüche – Der Duft der großen weiten Welt	252
25.	Eine Sprache für Gerüche	260
26.	Juristisches Niemandsland – Gerüche vor Gericht	265

Kleines Duftlexikon	271
Quellen	283
Dank	301
Dufttagebuch	302

Vorwort – Besuch mit Duftnote

Ein altes Fabrikgebäude, am Rhein gelegen. Vorne in dem Backsteinbau befindet sich ein Künstleratelier, nach hinten hinaus – mit Rheinblick – liegen die Büros von Robert Müller-Grünow. Hier arbeiten er und sein zwölfköpfiges Team, Chemiker, Parfümeure, Marketingfachleute, an der Entwicklung von „Hightech Duftkommunikations-Technologien, Duftspeicher-Medien und Duftkonzepten beziehungsweise speziellen Düften für Unternehmen und Marken", so ist es auf Müller-Grünows Website zu lesen. Klingt erst einmal kompliziert, heißt aber einfach: Hier im Kölner Hauptquartier werden Düfte für die ganze Welt kreiert. Unternehmen auf allen Kontinenten und aus den unterschiedlichsten Branchen gehören zum Kundenstamm. Für Automobilkonzerne, Hotelketten, Arztpraxen, Museen und Galerien, Nahverkehrsbetriebe, Supermarktketten, Modefirmen, Kinoproduktionen, ja selbst für die UNO waren die Kölner schon tätig und haben im Laufe der Jahre mehr als fünftausend Düfte entwickelt.

„Duftdesign ist gefragter denn je. Keine Sinneswahrnehmung ist schneller und unmittelbarer, weil der Duft uns ohne Umweg über das Unterbewusstsein erreicht", erzählt Müller-Grünow, und dabei ist ihm eine Botschaft besonders wichtig: Mit Düften möchte er niemanden an der Nase herumführen, sondern – ganz im Gegenteil – den Menschen bewusst machen, wozu unsere Nase fähig ist. Denn sie sei, so der Fachmann, „ein wahres Wunderwerk der Evolution".

Viele Milliarden Euro werden Jahr für Jahr mit Düften und Aromen für alle Lebensbereiche vom edlen Parfüm bis hin zum Putzmittel umgesetzt, und dennoch – oder vielleicht gerade deswegen? – haben wir es verlernt, unserer Nase intuitiv zu folgen und ihr zu vertrauen. Robert Müller-Grünows flammendes Plädoyer für unser Riechorgan führt mitten hinein in die geheime Welt der Düfte.

Und wie riecht es beim Duftdesigner in Köln-Mülheim? Nach Sommer, Wasser und Frische, wann immer eine leichte Brise durchs offene Fenster hineinweht. Gleichzeitig gediegen und vertrauenerweckend – nach dem Holz des alten Parkettbodens, dem Leder der Bürostühle und irgendwie ein bisschen nach frischem Waldboden, grün und satt.

„Wir hatten in diesem Raum eine Präsentation für einen Kunden", erklärt Robert Müller-Grünow und öffnet eine kleine schwarze Dose mit einem Duftgel, einer farblosen Paste, an der wir schnuppern dürfen. Der Kunde sei Pierre Huyghe, ein Künstler aus Frankreich, der seine neue Ausstellung beduften wolle, mit dem Geruch von Waldboden. Das sei nicht der erste Auftrag von Pierre Huyghe, sagt Müller-Grünow, dieser sei „immer auf der Suche nach eigentümlichen Düften. Einmal brauchte er einen Krankenhausgeruch für seine Ausstellung im Pariser Palais de Tokyo". Da sei ihm der Waldbodenduft doch lieber und näher, so Robert Müller-Grünow, denn der Geruch von Bäumen und frischer Erde versetze ihn jedes Mal zurück in seine Kindheit ...

Olaf Köhne und Peter Käfferlein

DUFT UND MENSCH

„Das beste Gedächtnis hat bekanntlich die Nase!"
Kurt Tucholsky

1. Der Geruch meiner Kindheit: die Dünen von Comillas

Kennen Sie das auch? Sie schlendern durch eine fremde Stadt, denken an nichts Besonderes, und plötzlich, nur für den Bruchteil einer Sekunde, riechen Sie durch die geöffnete Tür eines Restaurants oder Ladenlokals einen bestimmten Geruch, ganz zart und eigentlich kaum wahrnehmbar, und dennoch genügt der Duft, um Ihre Erinnerungen an ein bestimmtes Erlebnis wachzurufen, das vielleicht Jahre, manchmal Jahrzehnte zurückliegt. Plötzlich sitzen Sie wieder am Küchentisch Ihrer Großmutter, wo es nach selbstgemachtem Apfelkuchen roch. Während ich das aufschreibe, denke ich an den Geruch des Kaiserschmarrns meiner Mutter – der duftete nach Butter und Karamell. Allein der Gedanke daran lässt mir heute noch das Wasser im Mund zusammenlaufen.

Düfte wecken Erinnerungen – an schöne Momente, aber auch an weniger schöne. Sie haben die Macht, die unterschiedlichsten Gefühle in uns zu wecken: Liebe, Vertrautheit, Geborgenheit, aber auch Angst, Beklemmung, Unwohlsein. Schon der griechische Philosoph Aristoteles wusste: „Der Mensch riecht Riechbares nicht, ohne ein Gefühl des Unangenehmen oder Lustvollen zu empfinden." Keine Dufterinnerung geht verloren – wir haben nur verlernt, sie bewusst abzurufen.

Wenn man mich nach dem Duft meiner Kindheit fragt, dann denke ich sofort zurück an die Dünen von Comillas, einem kleinen Ort an der Costa Verde, der grünen Küste im Norden Spaniens. Die ersten zehn Jahre meines

Lebens fuhr ich mit meinen Eltern in den Sommerferien dorthin. Bei Comillas gibt es einen besonders schönen Strandabschnitt, den wir eines Tages entdeckten. Unseren Wagen parkten wir an einer kleinen Straße unterhalb der hohen Dünen, und sobald ich die Autotür öffnen durfte, sprang ich hinaus und rannte, so schnell es ging, die Sandhügel hinauf, wo Dünengräser und eine Art Weidekraut wuchsen, die mir die Sicht auf das Meer versperrten. Doch noch bevor ich es sehen konnte, roch ich es – das Meer, das Salz, den warmen Sand. Und je tiefer ich in die Dünenlandschaft kam, umso intensiver wurde der Geruch.

Nun sind Düfte seit Jahrzehnten mein tägliches Brot, aber dieses Aroma der Dünen von Comillas war etwas ganz Besonderes, eine einzigartige, prägnante Duftkomposition. Wenn ich die Augen schließe und an den Geruch denke, habe ich ihn sofort vor mir und ich fühle mich zurückversetzt in die Sommerferien.

Viele Jahre später ist mir der Duft wiederbegegnet – an einem ganz anderen Flecken der Welt, völlig überraschend und unerwartet, an einem Strand in Uruguay. Fremde Länder und Kulturen inspirieren mich zu neuen Duftkreationen, denn jedes Land, jede Kultur hat eine individuelle Duftidentität, auch davon werde ich noch berichten. Doch zurück an den Strand in Uruguay. Auf allen meinen Reisen war dies der einzige Ort, an dem es so roch wie damals in Comillas. Ich habe später einmal versucht, diesen Geruch in unserem Labor herzustellen, aber es wollte mir nicht gelingen. Vielleicht weil es ein sehr komplexer Duft ist, bei dem – wie so oft bei außergewöhnlichen Düften – viele verschiedene Komponenten zusammenkommen. Hier waren es die Dünengräser, das Heidekraut, die

Aromen von Süß- und Salzwasser. Comillas liegt an der Mündung des Rabia in den Atlantik. Durch Ebbe und Flut tauschen sich dort im steten Wechsel Salz- und Süßwasser aus. Und nicht zu vergessen der Geruch des warmen Sandes. Ja, alles riecht, ein Stein ebenso wie ein Stück Holz, Metall ebenso wie der Mensch. Lediglich die Intensität des Geruchs, den Materie absondert, unterscheidet sich. Je dichter ein Stoff, desto weniger Duft gibt er letztlich ab.

Neben Nordspanien gibt es noch zwei andere frühe Dufterinnerungen, die für mich prägend waren. Da sind die Weinberge an der Mosel, wo ich als Kind während der Ferien bei der Weinlese helfen durfte. Den Geruch, der mir beim Traubenpflücken in die Nase stieg und an den Fingern haften blieb, das Aroma aufgeplatzter Trauben, die langsam braun wurden, werde ich ebenso wenig vergessen wie das Duftgemisch im Weinkeller: Maische, Alkohol und altes Steingemäuer.

Die andere Dufterinnerung ist eine weniger schöne. An den typischen Geruch einer Schule erinnern sich sicherlich die meisten von uns. Er schlägt einem entgegen, sobald man ein Schulgebäude betritt. Bohnerwachs, Kreide und auch ein bisschen Mief – das weckt bei Generationen ehemaliger Schüler unterschiedliche Assoziationen, Prüfungsangst ist nur eine davon. Und dann die Turnhalle. Ich finde den Geruch von Turngeräten und Turnmatten furchtbar. Heinrich Meyer, einer meiner Vorfahren mütterlicherseits, war begeisterter Turner und gründete Ende des 19. Jahrhunderts das Unternehmen „Turnmeyer Hagen", das sich auf die Herstellung von Turngeräten wie Recks, Barren und Matten spezialisierte. Viele der Turngeräte, die mir während meiner Schulkarriere begegneten, stammten aus dem familiären Betrieb. Ich habe allerdings Heinrichs Talent fürs Turnen nicht geerbt. Und den Geruch von Turnhallen habe ich immer gehasst, das ist noch heute so: Wenn ich nur eine Turnhalle rieche, sehe ich mich verzweifelt vor einem Barren stehen.

2. Bücher sind sinnlich: Bücher riechen ...

... auch dieses Buch, das Sie gerade in Ihren Händen halten. Bücher sprechen alle unsere Sinne an. Wir lesen Bücher mit den Augen, wir halten sie in unseren Händen, unsere Ohren hören das Rascheln der Blätter, wir riechen die Seiten bei jedem Umblättern. Dass dieses sinnliche Erleben von Büchern und Papier immer mehr verschwinde, beklagte ein großes Unternehmen für die Herstellung von Druckmaschinen. Denn neben der Haptik und der Lust am Blättern ist der Geruch eines Buches einer der wichtigsten Gründe, warum sich die meisten Leser beim Kauf immer noch für die Papierform entscheiden.

Doch in Zeiten von E-Books und Digitalisierung geht dem klassischen Druckhandwerk auch etwas von dessen Sinnlichkeit verloren. Besagter Druckmaschinenhersteller wollte etwas dagegen unternehmen: Wir erhielten den Auftrag, für das Unternehmen einen Markenduft zu entwickeln, der so riechen sollte, wie es früher in den Werkhallen der Drucker roch: nach Druckerschwärze, Leim und Papier. Ein ungewöhnliches und anspruchsvolles Projekt, das dann für eine Fachmesse gedacht war. Zusammen mit der norwegischen Duftexpertin Sissel Tolaas – wir werden sie an anderer Stelle im Buch noch näher kennenlernen – kreierten wir einen Duft, der über die Lüftungsanlage in die Messehalle geleitet wurde und die Besucher auf eine olfaktorische Zeitreise mitnahm, mitten hinein in eine altmodische Druckerei.

Vor allem alte Bücher verströmen einen ganz typischen Geruch, den Professor Matija Strlič vom University

College London genauer untersucht hat. Strlič leitet dort das „Institut für Nachhaltiges Kulturerbe" (Institute for Sustainable Heritage).

„Ich bemerkte, dass einige Bibliothekare an alten Büchern rochen, um deren Alter festzustellen", erzählte Professor Strlič Journalisten der Zeitschrift „Geo" in einem Interview. „Als Chemiker wollte ich den Zerfall von Büchern aber analytisch beschreiben, anhand des Geruchs, also der flüchtigen organischen Verbindungen, die das Papier abgibt. Wir untersuchten mehr als siebzig Papiersorten. Die instabilen Papiere rochen durch die Essigsäure sauer. Andere rochen sehr süß, nach Vanille."

Wodurch aber entsteht der Geruch von Büchern? Die Qualität des Papiers und die Chemikalien, die bei Herstellung und Druck verwendet werden, spielen dabei eine wesentliche Rolle. VOC-Stoffe, sogenannte flüchtige organische Verbindungen (Volatile Organic Compounds), die sich im Kleber und in der Tinte befinden, werden im Laufe der Jahre freigesetzt. Das Team von Professor Strlič ging folgendermaßen vor: Zunächst rochen die Experten an den alten Papieren und verschafften sich einen ersten Eindruck mit der eigenen Nase. Meist ist das die beste Methode, um Gerüche zu analysieren. Im nächsten Schritt wurden die flüchtigen organischen Verbindungen (VOC), die man unter anderem mit Glasglocken eingefangen hatte, mittels Massenspektrometer, einem Verfahren zum Messen von Atomen oder Molekülen, untersucht. Der Geruch alter Bücher setzt sich aus hunderten flüchtiger organischer Verbindungen zusammen. Auch der Säuregehalt schlägt sich im Geruch nieder. So fanden die Londoner Forscher einen hohen

Säuregehalt gerade in Büchern, die aus dem 19. Jahrhundert stammen.

Alle diese Komponenten zusammengenommen machen den Geruch aus, den man sofort bemerkt, wenn man eine Bibliothek oder ein Antiquariat betritt. Prof. Strlič und sein Team verfolgten mit ihren Untersuchungen das Ziel, die chemischen Bestandteile der Geruchskomponenten von Büchern zu bestimmen, ohne diese – wie bisher üblich – durch Entnahme von Proben zu beschädigen. Man erhoffte sich, Hinweise für die Restaurierung von Büchern und Aufschluss über die Zeit ihrer Entstehung zu erlangen. Außerdem fand man heraus, welchen Gerüchen sie im Laufe ihres „Buchlebens" ausgesetzt waren. Ließen sich die Gerüche der Vergangenheit, die man aus den Büchern herausfilterte, sogar auch nachbauen? Das sei dann leider doch nicht ganz so einfach, meinte Prof. Strlič.

„Um alte Gerüche wieder lebendig zu machen, brauchen wir nicht nur die chemische Zusammensetzung, sondern auch die persönlichen Eindrücke und Erinnerungen der Menschen." Und da wären wir beim Thema der Dufterinnerungen ...

Der Geruch von Büchern ist davon abhängig, wo und wie sie aufbewahrt werden. Papier nimmt schnell Gerüche an und ist ein guter Geruchsspeicher, für gute wie schlechte Gerüche. Der größte Feind des Buches ist Nässe. Feuchtes Papier wird modrig, im schlimmsten Fall kommt es zu Schimmelbefall, es müffelt. Auch Zigarettenrauch und Essensgerüche beeinflussen den Geruch eines Buches.

Wie aber bekommt man unangenehme Gerüche wieder aus dem Buch heraus? Wenn ein Buch nach Rauch riecht, kann Lüften helfen, aber nur, wenn das Buch nicht zu intensiv diesem Geruch ausgesetzt wurde. Frosten oder Gefriertrocknung hilft dann, wenn das Buch Feuchtigkeit aufgesogen hat, die das Papier muffig riechen lässt. Dafür verpackt man das Buch in einem luftdichten Gefrierbeutel und verstaut es im Gefrierfach. Die Feuchtigkeit im Buch wird zu Eis. Die Nässe wird dem Papier entzogen. Diese Methode sei schonend für Tinte und Papier, sagen Experten. Ist das Buch nach dem Frosten trocken, heißt das aber noch lange nicht, dass der schlechte Geruch auch verschwunden sein muss. Wenn das Papier von Schimmelpilz befallen ist, hilft nur noch, das Buch zum Restaurator zu bringen, der es im Laugenbad behandelt, was aufwändig und teuer ist. Bei schlechtem Geruch arbeiten Restauratoren auch mit Ozon, das den Büchern den Geruch entzieht. Ein Allheilmittel gegen muffig riechende Bücher gibt es aber nicht. Man kann sie in eine geschlossene Kiste mit einer Duftquelle deponieren. Denn Papier nimmt, wie gesagt, Duft gut auf – nur wie der gewünschte Duft mit dem ungewünschten harmoniert, ob letzterer wirklich ganz überlagert werden kann, lässt sich im Voraus nicht sagen. Dies hängt von den Duftmolekülen und deren Struktur ab.

Paper Passion

Wer lieber E-Books liest anstatt eines Papierbuchs, der muss auf den Geruch von Büchern nicht ganz verzichten. Geza Schön, ein Parfümeur, mit dem ich schon seit einigen Jahren zusammenarbeite, entwickelte das erste Parfüm mit Papiergeruch: *Paper Passion*, so der Name dieses besonderen Duftes, also „Leidenschaft für Papier". Die Verpackung des Flakons ist ein Buch, in dem die Seiten so ausgestanzt sind, dass der Flakon darin Platz findet. Entworfen von Karl Lagerfeld, der für seine Leidenschaft für Papier bekannt ist. Literaturnobelpreisträger Günter Grass veredelte die Buch-Verpackung mit einem Gedicht. Der Verleger Gerhard Steidl, der *Paper Passion* in Auftrag gab, schickte Geza unzählige Bücher, Papiersorten, Tinten und Farben, um ihn auf das Projekt einzustimmen und ihn zu inspirieren. Geza Schön sagt, er habe den Buchduft schließlich aus dreizehn verschiedenen Rohstoffen kreiert.

„Siebzehn Versuche habe ich gebraucht", berichtet er der „Süddeutschen Zeitung", „die Basis aber war recht schnell fertig: Papier riecht industriell, trocken und fettig. Die Arbeit ging fix, weil das Ziel klar definiert war. Ich konnte gar nicht groß herumspielen."

Er selbst habe den rohen Papiergeruch mit holzig-chemischer Note bevorzugt, doch auf Wunsch Steidls machte er den Duft durch Nuancen von Moschus und der Duftblüte Osmanthus tragbarer. „Es riecht trotzdem noch krass nach Buch", so Schön. „Die Idee für den Buch-Duft stammte ursprünglich von den Machern des britischen Lifestyle-Magazins „Wallpaper". *Paper Passion* war gar nicht als Parfüm gedacht, sondern eher als ein Duft für Buchliebhaber, die gelegentlich die Flasche aufschrauben und sich an dem Duft erfreuen. Aber ich kenne tatsächlich Leute, die sich mit *Paper Passion* einsprühen."

Ein letzter Gedanke zu Büchern und ihrem ganz spezifischen Duft: Kunst- und Fotobände, also Bücher, die besonders ästhetisch und aufwändig gestaltet sind, sollten doch eigentlich auch der Nase gefallen, aber gerade sie riechen oftmals penetrant nach chemischen Stoffen, was unter anderem mit den dem Farbdruck zu tun hat. Je aufwändiger ein Buch gestaltet wird, umso häufiger wird dessen Geruch vernachlässigt.

Für den in Berlin lebenden dänischen Künstler Jeppe Hein haben wir einmal eines seiner Kunstbücher beduftet. „Sensing the world inside yourself" lautet der Titel: „Nimm die Welt in dir selbst wahr". Eine Seite des Buches trägt den Duft von Jeppes Heimat; er soll die Stille und Ruhe wiedergeben, die Jeppe spürt, wenn er in sein Haus auf dem Land zurückkehrt, wo es nach Wald, Wasser und Sommer riecht.

3. Warum wir mehr riechen sollten

Düfte wecken Erinnerungen und Wünsche, die uns und unser Verhalten beeinflussen. Düfte und Aromen erlauben uns, unsere Umwelt und unser Umfeld wiederzuerkennen. Riechen ist der einzige Sinnesreiz, der direkt mit dem limbischen System des menschlichen Gehirns verknüpft ist. In diesem Bereich entstehen Emotionen, und Erinnerungen werden dort gespeichert. Düfte beeinflussen Entscheidungen instinktiv, da diese Informationen nicht rational gefiltert werden. So haben sie unmittelbare Wirkung. Geruchsreize nehmen wir sogar schneller wahr als Seh- oder Hörreize. Und unser Geruchssinn ist enger mit unserem Erinnerungsvermögen verknüpft als jeder andere unserer Sinne.

Unsere Nase und ihre großartigen Fähigkeiten, all das, was sie zu leisten in der Lage ist, wird leider von vielen völlig unterschätzt. Die Nase spielt in unserem Alltag, egal ob privat oder beruflich, kaum eine Rolle. Topmanager, die für die Wahrnehmung ihres Unternehmens verantwortlich sind, haben das Thema Duft oftmals gar nicht erst auf ihrer Agenda. Beispiel Automobilindustrie: Der Kauf eines Autos ist immer eine sehr emotionale Entscheidung, auch wenn wir versuchen, sie rational zu begründen. Egal welche Motorleistung, wie hoch der Benzinverbrauch, wie lange die erwartete Lebensdauer – letztendlich entscheiden wir nach Optik, Image, Gefühl, nach sinnlichen Eindrücken – und das gilt für jede Preisklasse. Dieses Bewusstsein haben viele Unternehmen – noch – nicht. Am wenigsten wird an den Geruch eines Produktes gedacht. Und wenn doch, heißt das noch lange nicht, dass jeder Versuch, der Marke einen Duft zu verleihen, funktioniert. Ein deutscher Automobilkonzern wollte seine Neuwagen beduften lassen. Denn man konnte die Wagen zwar dank Sounddesigns und Haptik als Modelle dieser Marke erkennen, nicht aber aufgrund eines eigenen Markendufts! Das sollte sich ändern. Ein Duft wurde entworfen und die Neuwagenmodelle damit ausgestattet. Und dennoch roch jeder Wagen auch nach der neuen Beduftung völlig anders. Warum? Auch die im Wageninneren verarbeiteten Materialien wie Kunststoffe, Leder oder Hölzer geben alle ihre eigenen Düfte ab. Sie hätten eigens beduftet oder wenigstens in der Verarbeitung olfaktorisch optimiert werden müssen, um am Ende einen Gesamtduft für den Wagen kreieren zu können. Nur hatte daran niemand gedacht.

Aber auch in unserem alltäglichen Leben nutzen wir das vorhandene Potenzial unserer Nase nicht aus. Dabei kann uns der Geruchssinn gute Dienste leisten, die Nase begleitet uns ja stets. Sie kann uns helfen herauszufinden, wie es uns geht und in welcher Umgebung wir uns befinden. Sie kann uns warnen und auch berauschen. Immerhin atmen wir jeden Tag etwa 25 000 Mal ein und aus, mehr als zwölf Kubikmeter Luft saugen wir in die Lungen, und mit jedem Atemzug strömen Millionen Duftmoleküle in unsere Nase. Doch wir haben leider verlernt, uns bewusst riechend durch die Welt zu bewegen. Gleichzeitig aber werden wir in vielen Bereichen unseres Lebens immer häufiger durch Düfte und Gerüche beeinflusst.

Natürlich nehmen wir immer mit allen Sinnen wahr, unseren Geruchssinn schalten wir ja nicht ab, was auch nicht möglich wäre. Wir können unsere Nase schlecht verschließen, außer wir halten sie uns zu. Und wer nicht zu riechen in der Lage ist, der wird schnell feststellen, welche dramatischen Einbußen an Lebensqualität mit dem Verlust des Geruchssinns einhergehen. Unser Handeln wird geprägt und beeinflusst von allem, was wir um uns herum wahrnehmen – über alle Kanäle. Nur über das, was wir riechen, machen wir uns in der Regel nicht allzu viele Gedanken. Dagegen denken wir intensiv über das nach, was wir sehen, hören, fühlen und ertasten, und natürlich auch darüber, was wir schmecken. Schmecken und Riechen sind zwei sehr eng verbundene Sinne, aber das Riechen läuft eigentlich nur so nebenher. Dabei ist unser Geruchssinn der älteste aller Sinne. Die ersten bakteriellen Lebensformen auf der Erde fristeten ihr Dasein in der Ursuppe, wo es still und düster war. Um sich ernähren zu können, und später zur Partnersuche, waren sie auf einen Sinn angewiesen – aufs Riechen!

Kein Land der riechenden Dichter und Denker

Lange Zeit haben Dichter, Denker und Philosophen den Geruchssinn und seine Bedeutung regelrecht diskriminiert und ein Bild erzeugt, das diesem Sinn nicht gerecht wird.

Immanuel Kant fand in seiner „Anthropologie in pragmatischer Hinsicht", seiner letzten philosophischen Schrift, nur wenig schmeichelhafte Worte:

„Geruch ist gleichsam ein Geschmack in der Ferne, und andere werden gezwungen, mit zu genießen, sie mögen wollen oder nicht, und darum ist er als der Freiheit zuwider weniger gesellig als der Geschmack, wo unter vielen Schüsseln oder Bouteillen der Gast Eine nach seiner

Behaglichkeit wählen kann, ohne dass Andere genöthigt werden, davon mit zu genießen ..."

Nicht nur sieht Kant den Geruchssinn als der Freiheit zuwiderlaufend an, er geht sogar noch einen Schritt weiter: „Welcher Organsinn ist der undankbarste und scheint auch der entbehrlichste zu sein? Der des Geruchs. Es belohnt nicht, ihn zu cultiviren oder wohl gar zu verfeinern, um zu genießen; denn es giebt mehr Gegenstände des Ekels (vornehmlich in volkreichern Örtern) als der Annehmlichkeit, die er verschaffen kann, und der Genuss durch diesen Sinn kann immer auch nur flüchtig und vorübergehend sein, wenn er vergnügen soll ..." Der Geruchssinn wird also als niederer Sinn eingeschätzt.

Wenig Aufbauendes liest man auch in den Schriften von Sigmund Freud, dem Begründer der Psychoanalyse. Für ihn ging der Bedeutungsverlust des Riechens einher mit der Entwicklung einer kriechenden Kreatur, am Boden schnüffelnd und aufs Riechen angewiesen, zum Menschen mit aufrechtem Gang, für den der Geruchssinn keine lebenswichtige Bedeutung mehr hat. In „Das Unbehagen in der Kultur" (1930) schreibt Freud vom „Zurücktreten der Geruchsreize" als Folge der „Abwendung des Menschen von der Erde" und des „Entschlusses zum aufrechten Gang". Das Riechen galt als ein Relikt der Vorzeit. Dennoch war Freud der Zusammenhang von Gerüchen und Psyche sehr wohl bewusst.

Auch Georges-Louis Leclerc de Buffon, ein französischer Naturforscher des 18. Jahrhunderts, nannte den Geruchssinn verächtlich einen Sinn der Animalität. Erst ab Mitte des 20. Jahrhunderts nahm sich die forschende

Welt des bis dahin unterschätzten Geruchssinns endlich ernsthaft an.

Von duftenden Banken und fremden Gesichtern

Düfte senden sehr starke Signale, ihre Botschaften gelangen unmittelbar in unser Unterbewusstsein. Das lässt sich beweisen. Setzt man bei einer Testreihe einen Duft ein, zeigen sich gravierende messbare Veränderungen in der Wahrnehmung im Vergleich zu exakt der gleichen Testsituation, bei der kein Duft verwendet wird. Hier das Beispiel einer Untersuchung, welche meine Mitarbeiter und ich im Auftrag einer Bank durchführten, die zu dem Zeitpunkt gerade ein neues Design bekommen hatte, neue Farben und einen neuen Look. Nun sollte ein passender Duft für die Bank kreiert und auf seine Wirkung hin getestet werden. Zunächst haben wir zwei Düfte entwickelt, die einer Reihe von Testpersonen präsentiert wurden. Die Probanden saßen vor einem Monitor, auf dem man ihnen ganz unterschiedliche Bilder – Farbmotive, Architekturfotos und anderes – zeigte. Unter Einfluss der beiden Düfte mussten die Probanden diese Bilder nun bewerten. Der Duft, unter dessen Einwirkung stärkere und positivere Aussagen getroffen wurden, kam in eine zweite Runde. Jetzt wurden Attribute der Bank abgefragt, einmal in einem Raum mit dem Duft und einmal in einem unbedufteten, um herauszufinden, ob der Duft überhaupt zu dem Finanzunternehmen passt. Nachdem der Duft auch diese Hürde genommen hatte, ging es in die dritte und letzte Runde des Tests: Jetzt wurden einige Bankfilialen beduftet, andere nicht. Danach wurden die Kunden aller

Filialen Folgendes gefragt: Wie wirkt sich der neue Duft auf Ihre Wahrnehmung und Beurteilung der Bank aus? Hat er Einfluss auf Ihre Kundenzufriedenheit? In welcher Filiale haben Sie einen positiveren Eindruck von den Räumlichkeiten und den Mitarbeitern? Und würden Sie zum Beispiel Wartezeiten in einer bedufteten Filiale eher in Kauf nehmen als in einer ohne Duft? Das Ergebnis war erstaunlich. Bei den Befragungen, die wir mit dem Marktforschungsinstitut „isi" durchführten, stellten wir fest, dass folgende Begriffe besonderes häufig in den bedufteten Filialen genannt wurden: „vertrauenswürdig", „sympathisch", „modern". Auffallend war zudem, dass sich vor allem Bankkundinnen positiv angesprochen fühlten. Hierzu muss erklärt werden, dass Frauen generell sensibler auf Gerüche reagieren als Männer.

Als ich während der Testreihe eine der Bankfilialen besuchte, war ich selbst überrascht davon, wie sehr der Duft den Räumen einen ganz eigenen Charakter verlieh, obwohl er kaum wahrnehmbar war: sehr transparent und doch gleichzeitig energetisierend. Er vermittelte ein gutes Raumgefühl, ohne aufdringlich zu sein – und genau das ist es, was ein guter Raumduft erreichen sollte.

Auch das Ergebnis einer anderen Versuchsreihe, die wir 2014 ebenfalls mit „isi" im Auftrag des ARD-Wirtschaftsmagazins „Plusminus" durchführten, war spannend. Wir wollten der Frage nachgehen, ob ein Duft Auswirkungen darauf hat, ob wir eine fremde Person sympathisch finden oder nicht. 28 Männer und Frauen nahmen als Testpersonen an der Studie teil. Man setzte sie in einen Raum, jeweils in eine Kabine mit einem Computerbildschirm. Auf dem Monitor präsentierte man ihnen jeweils nur zwei Sekunden lang zwanzig Fotos von Gesichtern: zehn Männer und zehn Frauen, alt und jung, in zufälliger Reihenfolge. Unsere Probanden sollten nun in Sekundenschnelle entscheiden, wie sympathisch die Personen auf dem Bildschirm auf sie wirkten. Dafür konnten sie am Computer Sympathiepunkte auf einer Skala von eins bis neun verteilen. Die 28 Teilnehmer unterteilte man in zwei Gruppen: Bei der ersten war der Testraum ganz leicht und unaufdringlich mit einem Vanille-Karamell-Duft aromatisiert. Bei der zweiten Gruppe wurde kein Duft verwendet. Nach Beendigung des Tests wurden die Teilnehmer gefragt, ob ihnen denn im Raum irgendetwas etwas aufgefallen sei. Wenn sie verneinten, wurde nachgehakt, ob sie zum Beispiel einen Geruch wahrgenommen hätten. Alle Teilnehmer antworteten, sie hätten nichts gerochen. Eine Probandin meinte sogar, ausgerechnet einen Vanilleduft hätte sie garantiert gemerkt, denn „den mag ich überhaupt nicht". Der Duft war also, wie erwünscht für den Versuch, kaum wahrnehmbar verteilt worden. Und dennoch kam die Studie zu dem Ergebnis, dass sich der kaum wahrnehmbare, angenehme Duft sehr positiv ausgewirkt hatte. „Die Teilnehmer der Gruppe im Duftraum fanden die fremden Gesichter signifikant – zu 20 Prozent – sympathischer als diejenigen, die die Fotos im unbedufteten Zimmer betrachtet hatten", fasst Patrick Hehn von „isi" das Ergebnis zusammen. Und was kann man mit diesem Ergebnis nun anfangen? Würde man den Duft, so Hehn weiter, zum Beispiel in einem Supermarkt verwenden, hätte das möglicherweise positive Auswirkungen auf die Atmosphäre. Als Kunde würde man das Verkaufspersonal als wesentlich freundlicher und sympathischer empfinden.

Wir sind visuelle Wesen

Würden unsere Testpersonen bewusster riechend ihr Umfeld wahrnehmen, dann wäre ihnen das Vanille-Karamell-Gemisch vermutlich aufgefallen. Wir wissen, das zeigen Studien wie diese, dass wir viel mehr riechen könnten, wenn wir nur wollten. Warum aber behandeln wir unsere Nase so stiefmütterlich? Die Antwort ist einfach: Wir werden stark durch visuelle Reize beeinflusst. Die Entwicklung hin zu einer Dominanz des Visuellen nahm ihren Anfang schon vor Jahrzehnten und hat in den vergangenen Jahren rasant an Fahrt gewonnen. Früher war es vor allem der heimische Fernseher, der uns medial prägte, heute sind wir rund um die Uhr und überall von Monitoren umgeben: Computerbildschirme, Tablets, Smartphones. Nie zuvor wurden wir so dauerberieselt wie heute. Informationen werden uns vor allem visuell vermittelt. Da passt das Ergebnis einer Umfrage aus dem Jahr 2011 unter 7 000 jungen Menschen aus aller Welt gut ins Bild, ob sie eher auf ihren Geruchssinn oder auf moderne Technologien wie Mobiltelefon, Computer, Tablets und digitale Plattformen wie Social Media verzichten würden. Von den Befragten entschieden sich 53 Prozent gegen den Geruchssinn. Mehr als die Hälfte der sogenannten Digital Natives, also die, die im digitalen Zeitalter groß geworden sind, würden lieber darauf verzichten zu riechen, als sich über Facebook und Instagram auszutauschen! Ein unfassbares Ergebnis, das aufzeigt, wie groß das Unwissen darüber ist, wie unverzichtbar die Nase für unser Leben ist. Der Parfümeur Geza Schön reagiert auf die Studie mit klaren Worten:

„Die Leute wissen gar nicht mehr, dass wir, wenn wir keinen Geruchssinn haben, auch nicht schmecken können. Ohne das Riechen macht nichts mehr Spaß, das Essen nicht und der Sex auch nicht. Wir sind rein intellektuelle und visuelle Geschöpfe, die es bald schaffen werden, das Riechen in die Tonne zu treten und als null und nichtig abzustempeln."

Können wir noch Gefahren riechen?

Verlernt haben wir auch, Gefahren zu riechen, denen unsere Vorfahren noch ausgesetzt waren. Die Zeiten haben sich geändert. Die wenigen gefährlichen Tiere, denen wir in unseren Wäldern noch begegnen könnten, müssen wir kaum mehr fürchten. Wir sind nicht mehr darauf angewiesen, sie zu riechen oder zu wittern. Auch wenn der Wolf sich gerade wieder breitmacht, ich kenne niemanden, der ihm in freier Wildbahn begegnet ist. Und könnten Sie ihn im Zweifelsfall am Geruch erkennen? Wohl kaum, allein die Frage klingt lachhaft.

Es gibt viele Alltagssituationen, in denen die Notwendigkeit des Riechens an Bedeutung verloren hat. Oder besser gesagt: Sie wurde uns abgenommen. Sind Sie zum Beispiel in der Lage, eine Krankheit zu erriechen? Können Sie eine brenzlige Situation erschnuppern?

„Ja, natürlich rieche ich es, wenn Gas ausströmt", werden viele jetzt sagen. Aber sind Sie sicher, dass Ihre Kinder jemals Gas gerochen haben und die Gefahr erkennen würden?

Das heute verwendete Erdgas selbst hat übrigens keinen eigenen Geruch. Um die Menschen zu warnen, wenn

beispielsweise eine Leitung undicht ist, wird Gas mit sogenannten Odoriermitteln – geruchsintensive Substanzen –
parfümiert. Wichtig dabei ist, dass man für das Gas einen
Geruch wählt, der uns nicht aus dem Alltag, aus Küche
und Haushalt, bekannt vorkommt, sondern einen, der auf-
schreckt, um den Warneffekt zu erzielen. Seit 2001 riecht
unser Gas meistens nach dem schwefelfreien „Gasodor
S-Free" – einem Acrylatgemisch, das nach Lösungsmitteln
stinkt. Einziger Haken: Früher roch Gas eher nach faulen
Eiern. Wer den alten Geruch abgespeichert hat, könnte
womöglich die Feuerwehr zu spät alarmieren.

Während uns der Gasgeruch also die Information
„Gefahr" vermittelt, wird uns das Riechen beim Thema
Ernährung und Lebensmittel weitestgehend abgenommen. Wir laufen weder Gefahr, verdorbene Lebensmittel
zu kaufen, noch sie zu verzehren, solange sie abgepackt
und mit einem Mindesthaltbarkeitsdatum bedruckt sind.
Das mag hilfreich sein, aber „Mindestens haltbar ..."
bedeutet längst nicht, dass Lebensmittel nach Ablauf des
Haltbarkeitsdatums schlagartig schlecht und ungenießbar
sind. Was landet nicht alles im Müll, nur weil das Datum
um einen Tag überschritten wurde? Eine Studie des WWF –
„Das große Wegschmeißen" – kam zu dem Ergebnis, dass
die Deutschen mehr als 18 Millionen Tonnen Lebensmittel im Jahr wegwerfen, was fast einem Drittel des aktuellen Nahrungsmittelverbrauchs von über 54 Millionen
Tonnen entspricht. Der überwiegende Teil der so ent-
sorgten Lebensmittel – fast 10 Millionen Tonnen – wäre
vermeidbar, unter anderem durch veränderte Konsumge-
wohnheiten. Mein Tipp: Dem eigenen Geruchssinn bei
Lebensmitteln vertrauen! Riecht das Produkt auch nach

Ablauf des Haltbarkeitsdatums noch gut oder ist es tatsächlich hinüber? Klar, was komisch riecht, muss entsorgt werden. Ich jedenfalls mache den Geruchstest, bevor ich abgelaufene Lebensmittel in die Tonne werfe. Anschauen, anfassen und riechen – durch den sinnlichen Umgang mit dem, was wir zu uns nehmen, erleben wir unser Essen unmittelbarer. Das gilt besonders für den Kauf von Obst und Gemüse, im Supermarkt oder auf dem Wochenmarkt. Ich entscheide dort nicht nur nach dem, was ich sehe, sondern vor allem nach dem Eindruck meiner Nase.

Auch andere Produkte, die uns tagtäglich umgeben, sollten wir immer einem Geruchstest unterziehen. Wenn etwas sehr stark nach Kunststoff riecht, liegt das möglicherweise daran, dass chemische Substanzen ausgedünstet werden, die schädlich sein können. Bei Textilien zum Beispiel, die einen unangenehmen chemischen Geruch haben, sollte man vorsichtig sein. Bei der Textilproduktion kommen zahlreiche Chemikalien zum Einsatz, bis das fertige Kleidungsstück in den Handel gelangt. Viele Substanzen werden schon während der Produktion herausgewaschen, dennoch bleibt oft ein typischer chemischer Geruch zurück.

„Das können Rückstände von Chemikalien aus dem Herstellungsprozess sein oder Substanzen, die am Ende aufgebracht werden, um den Textilien bestimmte Eigenschaften zu verleihen", so Sandra Papes, Ökotoxikologin bei der Umweltberatung Wien. Der Geruch könne ein erster Hinweis für den Einsatz von Chemikalien sein, doch über die Schädlichkeit der Substanzen selbst sage dieser noch nichts aus, erklärt Papes. Man könne bestimmte Substanzen wahrnehmen, andere aber wieder nicht. „Also heißt kein Geruch nicht automatisch, dass keine Schadstoffe enthalten sind." Denn manche Substanzen, die bedenklich sein können, würden speziell dafür verwendet, dass Kleidung keinen schlechten Geruch annimmt, und riechen selbst nicht. Trotzdem sollte man extrem stinkende Kleidungsstücke oder Schuhe lieber nicht kaufen.

Seiner Nase mehr zu vertrauen kann also in vielen Situationen des Alltags hilfreich sein. Bewusst riechen, Gerüche erkennen und richtig einschätzen. Es ist nicht schwer! Man riecht ja auch, wenn der Apfelkuchen im Backofen fertig ist.

Wie rieche ich eigentlich?

Wir geben Milliarden für Düfte im kosmetischen Bereich aus, aber wissen wir eigentlich, wie wir selbst riechen? Wie ist unser Körpergeruch? Mögen wir ihn? Wie riecht unsere Partnerin oder unser Partner? Wie riechen die eigenen Kinder und wie unsere Eltern? Ob Mann und Frau sich riechen können oder nicht, ist immerhin entscheidend dafür, ob sie zusammenkommen und gesunde Kinder bekommen können. Denn nur wenn Mann und Frau sich im wahrsten Sinne des Wortes gut riechen können, wenn also das Immunsystemprofil von Mann und Frau, das über den Geruch vermittelt wird, zusammenpassen, hat eine Partnerschaft eine Zukunft. Vertraue deinem Geruchssinn auch beim nächsten Date!

Und Ihr eigenes Zuhause – wie riecht es eigentlich da? Es lohnt sich, dem Geruch in den eigenen vier Wänden einmal nachzuspüren. Wir selber nehmen den Duft unseres Zuhauses gar nicht mehr wahr, weil wir uns daran gewöhnt haben. Erst nachdem wir länger verreist waren und danach zurück in unsere Wohnung kommen, erkennen wir unseren individuellen Wohngeruch. Stellen Sie sich nur mal vor, wie es für Sie ist, wenn Sie zu jemandem zu Besuch kommen. Denken wir nicht manchmal, hier riecht es aber komisch, irgendwie nicht gut. Ob wir uns in Räumen wohlfühlen, hängt ganz entscheidend davon ab, ob uns der Geruch dort gefällt. Möglicherweise haben Ihre Besucher das gleiche Empfinden bei Ihnen zu Hause.

Plädoyer für die Nase

Dass ich alle fünf Sinne beisammen habe, anders gesagt, dass ich meine Nase nicht lieblos behandle, liegt auf der Hand. Ich rieche für mein Leben gern. Welche Düfte mir die liebsten sind, kann ich auf Anhieb nicht sagen. Die Abwechslung macht's. Ich freue mich jeden Morgen, wenn ich in mein Büro komme, denn dort riecht es immer nach dem, woran ich gerade arbeite. Im Moment ist das ein Duft, den wir für die Telekom entwickelt haben. „Wie, bitte schön, riecht denn ein Telekommunikationsunternehmen?", werden sich einige nun fragen. Wenn wir für ein Unternehmen einen passenden Duft kreieren sollen, bekommen wir davor meist eine Reihe von Vorgaben: Begriffe, mit denen die Kunden die Marke verbinden sollen. Der Rest bleibt uns und unserer Kreativität überlassen. Der Duft für die Telekom sollte aktivierend sein, zur Farbe Magenta passen und er sollte – ganz wichtig – nahbar wirken. Diese Aussagen versuchten wir in Duftstoffe zu übersetzen. Der Duft, der dabei entstand, hat eine holzige Note und mutet fast ein bisschen orientalisch an. Er vermittelt ein sehr wohliges Gefühl, ohne einschläfernd zu sein – im Gegenteil. Er riecht vertraut, ein Duft wie ein Freund, der einem sehr nahe ist. Wir haben ihn mit dem Parfümeur Geza Schön entworfen. Aber wundern Sie sich jetzt nicht, wenn Sie das nächste Mal in einen Telekom-Shop gehen und es dort nicht so riecht, wie ich es beschrieben habe. Bislang lässt die Telekom nur einige Filialen im Ausland, nicht aber in Deutschland beduften.

Warum riecht die eine Marke so, die andere ganz anders? Was sind die Kriterien, nach denen ein passender Duft für ein bestimmtes Produkt ausgewählt wird? Muss ein teures Auto auch teuer riechen, und wie riecht „teuer" überhaupt? Verbessern wir tatsächlich unsere Lebensqualität, indem wir uns mit den richtigen Düften umgeben? Meiner Meinung nach sind das wichtige Fragen.

Das Wissen, das ich mir im Laufe meiner Berufslaufbahn über die Welt der Düfte angeeignet habe, möchte ich Ihnen weitergeben und Sie damit zu einem bewussteren Umgang mit Ihrem Geruchssinn animieren. Ich wünsche mir, dass wir alle unsere Sinne schärfen. Dass wir darüber nachdenken, was wir riechen. Und dass die Vorbehalte und Vorurteile gegenüber Düften, wie sie mir in meiner Arbeit regelmäßig begegnen, abgebaut werden. Der Vorwurf der Manipulation zum Beispiel steht schnell im Raum. Niemand möchte durch Düfte in Geschäften oder im öffentlichen Leben manipuliert werden. Auch ich nicht. Das Gefühl der Manipulation haben viele Menschen aber gerade deswegen, weil sie verlernt haben, ihre Nase einzusetzen und ihrem Geruchssinn zu vertrauen. Wer bewusst riecht, den kann man nicht manipulieren.

Der bekannte Duftforscher Professor Hanns Hatt bringt es auf den Punkt, wenn er sagt:

„Wir haben das Riechen zum Tabuthema erklärt: Man darf Menschen anschauen, man darf sie ansprechen, man hört ihnen zu, aber man darf nicht an Menschen riechen. Das hat etwas Intimes, das gehört sich nicht. Und dann gibt es den Vorwurf der Manipulation. Überall wo ich gehe und stehe, sind Düfte im Raum. Es gibt keine duftleeren Räume. Und jeder Duft, den ich selber verwende, ist eine Form der Manipulation. Wenn ich mich mit einem Parfüm bedufte, mache ich das meist nicht für mich, sondern für andere. Wir müssen einfach langsam merken, dass Riechen etwas Wunderbares ist und dass wir sehr gut im Riechen sein können, wenn wir es nur wollen."

4. Von Riechzellen und Rezeptoren – Wunderwerk Nase

„Wenngleich die Nas', ob spitz, ob platt, zwei Flügel – Nasenflügel – hat, so hält sie doch nicht viel vom Fliegen; das Laufen scheint ihr mehr zu liegen." So der Humorist Heinz Erhardt über unser Riechorgan, das in Wahrheit so viel mehr zu leisten vermag, als lediglich zu laufen.

Und der französische Schriftsteller Cyrano de Bergerac, selbst mit einer großen Nase gesegnet, wusste:

„Eine große Nase ist das Zeichen eines geistreichen, ritterlichen, liebenswürdigen, hochherzigen, freimütigen Mannes und eine kleine ist ein Zeichen des Gegenteils."

Auch wenn ein Rückschluss vom Äußeren der Nase auf den Charakter ihres Besitzers eher fragwürdig ist, hatte der Franzose in einem Punkt Recht: Der Geruchssinn ist etwas höchst Individuelles.

Wann wir anfangen zu riechen …

Der Geruchssinn entwickelt sich bereits sehr früh. Schon im Mutterleib ist der Mensch in der Lage zu riechen. In der 28. Schwangerschaftswoche sind die für das Riechen zuständigen Nervenbahnen ausgereift, das Ungeborene riecht über das Fruchtwasser und die Nasenschleimhaut. Je weiter die Schwangerschaft fortschreitet, umso intensiver kann der Embryo Gerüche wahrnehmen. Bis er zum Ende hin fast all das riechen kann, was seine Mutter an Gerüchen wahrnimmt. Wie funktioniert das? Die Plazenta der Mutter lässt durchaus Geruchsmoleküle in das

Fruchtwasser gelangen. Mit ihm landen diese Moleküle letztlich bei den Rezeptoren in der Nase des Fötus und werden in dessen Gehirn weitergeleitet. Der spezifische Geruch des Fruchtwassers ist dem Baby derart vertraut, dass Neugeborene, die in ihren ersten Lebensstunden nicht gewaschen wurden, besonders gerne am eigenen Daumen saugen, um sich zu beruhigen. Als Ursache vermuten die Forscher, dass sie der bekannte Geruch des Fruchtwassers, der noch an ihren Händen haftet, zur Ruhe bringt.

Wer sind die wahren Supernasen?

Im Vergleich zu vielen anderen Lebewesen haben wir Menschen keine besonders feine Nase. Man könnte sogar sagen, wir sind fast riechblind. Hunde dagegen verfügen über einen außerordentlichen Geruchssinn. Sie erkennen selbst sehr alte Gerüche und können diese unterscheiden. Ein Hund kann in wenigen Sekunden einen Geruch aufnehmen und ihm kilometerweit nachspüren. Nicht zufällig haben Hunde Spürnasen; die Nase des Hundes ist wesentlich empfindlicher als die unsere. Das liegt an der Anzahl der Riechzellen, die jedoch bei verschiedenen Hunderassen sehr unterschiedlich ist. Je länger die Hundeschnauze, desto besser das Riechvermögen. Ein Dackel beispielsweise besitzt rund 125 Millionen Riechzellen, ein Schäferhund 220 Millionen. Als Riechzellen bezeichnet man die Zellen, die für den Geruchssinn zuständig sind. Sie befinden sich in der Riechschleimhaut, die beim Menschen nicht viel größer ist als eine Briefmarke. Die Zellen dieser Nasengegend sind mit spezifischen Rezeptoren zur Erkennung von Gerüchen ausgestattet. Der Mensch besitzt etwa 350 Geruchsrezeptoren und 10 Millionen Riechzellen. Der Hund indes verfügt über rund 1 200 Geruchsrezeptoren.

Forscher haben herausgefunden, dass das Riechvermögen des Hundes etwa eine Million Mal besser ist als das des Menschen. Ein weiterer Grund neben der hohen Zahl der Riechzellen: Hunde können in kurzen Atemzügen bis zu 300 Mal in der Minute atmen. Dadurch werden die Riechzellen ganz besonders intensiv mit immer neuen Sinneseindrücken versorgt. Auch ist der Bereich im Gehirn, der beim Hund die Geruchseindrücke verarbeitet, wesentlich größer als beim Menschen. Dadurch können Hunde Gerüche viel differenzierter voneinander unterscheiden. Dafür sind schon die kleinsten Mengen ausreichend. Das Schnüffeln liefert dem Hund nicht nur Informationen über seine Umwelt, sondern auch über seine Artgenossen. Und über uns Menschen. Hunde können Angst, Stress oder Nervosität bei uns erriechen, da sich bei diesen Gemütslagen unser Körpergeruch ändert.

Zu den Säugetieren mit besonders gutem Riecher zählen auch Nager, wie Mäuse und Ratten. Sie benutzen ihren feinen Geruchssinn unter anderem bei der Familienplanung. Weibliche Mäuse senden durch ihren Urin sogenannte Pheromone aus, durch die jüngere Weibchen nicht zur selben Zeit geschlechtsreif werden wie die dominanten Mäuseweibchen. Umgekehrt ist es bei den männlichen Mäusen. Die Pheromone im männlichen Urin bewirken, dass ein Mäuseweibchen sogar eher geschlechtsreif wird. Dieses Spiel funktioniert jedoch nur, wenn die beiden Mäuse nicht miteinander verwandt sind. Riechen Mäuse Pheromone, werden die Botschaften dieser Sexuallockstoffe an das Gehirn weitergeleitet, das mit diesen Informationen die Geschlechtsorgane und die Geschlechtsreife des Tieres steuern und regeln kann.

Ratten können sogar besser riechen als Hunde. Indische Forscher haben herausgefunden, dass Ratten räumlich riechen können. Sie können genau unterscheiden, ob ein Duft von links oder von rechts kommt, indem sie unterscheiden, durch welches Nasenloch der Geruch zuerst angenommen wurde.

Das US-Forscherteam Linda Buck und Axel Richard entdeckte 1991, dass Ratten mehr als 1 000 Gene für Duftrezeptoren haben. In jedem dieser Gene ist ein Bauplan für einen Rezeptor angelegt, der sich von allen anderen Duftrezeptoren unterscheidet und nur mit ganz bestimmten Duftmolekülen reagieren kann. Zum Vergleich: Der Mensch hat, wie schon erwähnt, nur 350 Rezeptoren. Der Rest ging uns im Laufe der Evolution verloren. Für ihre Arbeit rund um das olfaktorische System wurden die Forscher Buck und Richard im Jahr 2004 mit dem Nobelpreis für Medizin ausgezeichnet.

Auch Haie besitzen einen fantastischen Geruchssinn. Besonders gut riechen sie – wenig überraschend – Blut. Selbst wenn das Blut in einem Verhältnis von eins zu zehn Billionen mit Wasser verdünnt wurde, können es Haie noch wahrnehmen. Zwar hat der Hai den Ruf, der König der Meere zu sein, aber nicht, wenn es um den besten Unterwasserriecher geht. Da ist ihm nämlich der Aal weit voraus. Auf dem Weg zum Laichen in der atlantischen Sargassosee, einem Meeresgebiet östlich von Florida und südlich der Bermudas, legt der Aal bis zu 6 000 Kilometer

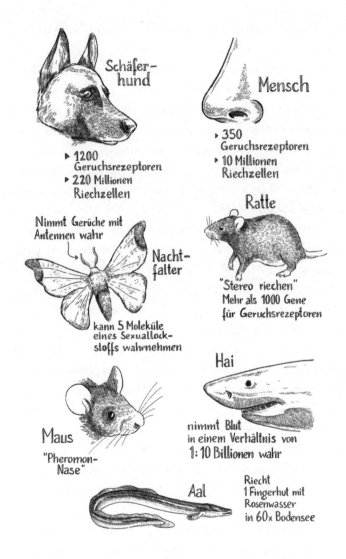

Schäferhund
- 1200 Geruchsrezeptoren
- 220 Millionen Riechzellen

Mensch
- 350 Geruchsrezeptoren
- 10 Millionen Riechzellen

Nachtfalter
Nimmt Gerüche mit Antennen wahr
kann 5 Moleküle eines Sexuallockstoffs wahrnehmen

Ratte
"Stereo riechen"
Mehr als 1000 Gene für Geruchsrezeptoren

Maus
"Pheromon-Nase"

Hai
nimmt Blut in einem Verhältnis von 1:10 Billionen wahr

Aal
Riecht 1 Fingerhut mit Rosenwasser in 60x Bodensee

zurück, geführt durch seinen Geruchssinn. Die Nase ist so fein, dass ein Aal einen Fingerhut mit Rosenwasser in einem See 60 Mal größer als der Bodensee wahrnehmen könnte.

Doch der ungeschlagene Geruchssieger in der Tierwelt ist der Nachtfalter. Er nimmt Gerüche mit seinen Antennen am Kopf wahr. Diese sind so sensibel, dass der Falter bereits reagiert, wenn fünf Moleküle eines Sexuallockstoffs eine Sekunde lang dort landen. Einen feineren Geruchssinn konnte die Wissenschaft bis heute nicht entdecken.

Was ist eigentlich ein Geruch, und was bedeutet Riechen?

Das Wort Geruch, mittelhochdeutsch von „Ruch", lateinisch „olfactus", beschreibt die Ausströmungen unserer Umwelt, die wir mit unserer Nase wahrnehmen. Jedes Lebewesen, jede Materie besitzt einen Duft. Ein Holztisch, eine Steinwand – alles gibt Duftmoleküle ab. Textilien, die Menschen tragen, sind dabei wahre Geruchsbomben. Wir nehmen beim Riechen mit jedem Einatmen winzige Moleküle auf, die über die Nasenhöhle bis zur Riechschleimhaut gelangen. Unsere Riechzellen sitzen im oberen Bereich der Nasenhöhle. Damit wir einen Geruch wahrnehmen können, muss das Duftmolekül seine Botschaft an das Gehirn weiterleiten. Diesen Vorgang nennt man „chemoelektrische Transduktion": nach der chemischen Reaktion eines Duftmoleküls aus der Atemluft mit unseren Riechzellen entsteht ein elektrisches Signal, das unser Gehirn verarbeiten kann. Auf unserer Riechschleimhaut befinden sich Millionen von Zellen, an denen die Duftmoleküle sich auflösen und erfasst werden. Wenn eine Zelle, also ein Rezeptor, ein Duftmolekül erkennt, wird ein Reiz ausgesendet und an den Riechkolben weitergeleitet. Jede Riechzelle ist eine Art Übersetzer. Auf jeder von ihnen sitzen feine Härchen, Zillen genannt. Diese sind mit Geruchsrezeptoren ausgestattet, die als Andockstellen für die Duftmoleküle dienen. Jede Andockstelle passt nur für eine einzige Art von Duftmolekül. Etwa 350 verschiedene Geruchsrezeptoren besitzt der Mensch. Rosenduft zum Beispiel setzt sich aber aus mehr als 500 Bestandteilen zusammen. Trotzdem sind wir in der Lage, die Rose zu riechen, und das gelingt nur durch die Zusammenarbeit aller Rezeptoren. Jeder einzelne Rezeptortyp reagiert auf viele Duftstoffe, aber unterschiedlich intensiv. Daher werden die komplexen Gerüche, wie eben der einer Rose, durch den passenden Kombinationscode aller daran beteiligten Rezeptortypen wahrgenommen. Bevor ein Geruchsmolekül am passenden Geruchsrezeptor andocken kann, muss es sich in dem Riechschleim auflösen. Dieser Kontakt löst in der Riechzelle einen Impuls aus, und das chemische Signal wird blitzschnell in ein elektrisches Signal umgewandelt – die Sprache des Nervensystems.

Der Riechkolben befindet sich am Übergang zum Gehirn. Der Reiz wird vom Riechkolben verarbeitet und löst dabei bestimmte Reaktionen aus. Und zwar dank der etwa 30 000 knäuelartigen Nervengeflechte, der Glomeruli, die die erschnupperten Informationen sammeln und weiterverarbeiten.

Damit wir jedoch mit dem Geruch etwas anfangen können, müssen die Mitralzellen – sie erhielten ihren Namen aufgrund ihrer Ähnlichkeit zu den Bischofsmützen – die Informationen aus den Kontaktstellen – den Glomeruli – hinaus in das Riechhirn leiten. Dort werden sie gebündelt und an das limbische System geschickt, den Sitz unserer Emotionen. Diese Mikroregion der Großhirnrinde wird durch jeden Duft anders aktiviert. Daher spricht man von einer topografischen Karte der olfaktorischen Informationen, kurz einer Geruchskarte im Gehirn.

Wenn die Geruchsinformation im Limbischen System eintrifft, wird sofort ein Gefühl erzeugt. Das können Freude, Wohlbefinden und Zufriedenheit oder Angst sein. Zum Beispiel regt der Geruch von leckerem Essen den Speichelfluss an, oder aber ein Geruch löst einen Brechreiz aus, um uns vor schädlichen Gasen zu schützen. Der Geruchssinn ist sehr empfindlich. Schon die kleinste Änderung in der chemischen Zusammensetzung eines Duftes kann in einer anderen Wahrnehmung resultieren.

Vieles läuft unterbewusst ab. So sendet unser Körpergeruch über Pheromone unsichtbare Botschaften aus, die in erster Linie anziehend wirken, aber auch warnen können.

Auch wenn wir uns in einem Zustand von Angst befinden, wird unser Geruchssinn aktiviert und wir können in diesem Moment besser riechen, wie Elisabeth Krusemark und Wen Li von der University of Wisconsin-Madison herausfanden. Die Ergebnisse ihrer Studie veröffentlichten die Wissenschaftler im Fachmagazin „Chemosensory Perception". Krusemark und Li ließen vierzehn junge Erwachsene drei verschiedene Gerüche riechen: eine negative Geruchsmischung und zwei als neutral empfundene Duftstoffe wie Anis- und Nelkenduft. Der negative Geruch war Valeriansäure, die faulig riecht. Die Probanden sollten in einem MRI-Scanner die An- oder Abwesenheit eines Geruchs identifizieren. Zudem wurden die Teilnehmer gebeten – immer noch im Scanner –, ihr Angstlevel einzuschätzen. Das Ergebnis: Mit dem Anstieg des Angstlevels

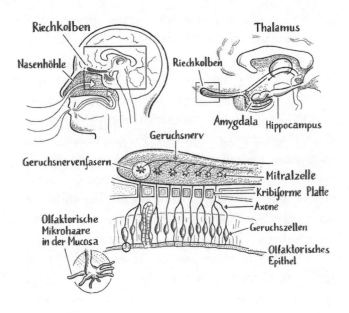

stieg die Fähigkeit der Probanden, den negativen Geruch wahrzunehmen. „Die Genauigkeit, mit der die Teilnehmer negative Gerüche wahrnahmen, stieg systematisch mit ihrer Angst", resümieren Krusemark und Li. Diese erhöhte sensorisch-emotionale Verbindung könnte der kritische Mechanismus sein, der uns wachsam gegenüber möglichen Gefahren werden lässt.

Unsere Wahrnehmung von Gerüchen basiert auf zwei Systemen: dem trigeminal-nasalen System und dem olfaktorischen System. Ersteres erkennt nur grobe Düfte, wie etwa reizenden Ammoniak, Rauch oder Säure, wenn sie auf den Trigeminusnerv treffen. So schützt es uns vor ungesunden Dämpfen. Feine Duftstoffe erkennt das trigeminal-nasale System indes nur, wenn der Duft in sehr hohen Konzentrationen vorhanden ist. Für alle anderen

Gerüche ist das olfaktorische System zuständig, bestehend aus dem eigentlichen Riechorgan.

Was unsere Nase zu leisten imstande ist, ist gewaltig: Der Neurobiologe Leslie Vosshall und sein Team an der New Yorker Rockefeller University schätzen, dass wir Menschen mindestens eine Billion unterschiedliche Gerüche wahrnehmen können und nicht, wie lange in der Wissenschaft angenommen wurde, nur 10 000 Gerüche.

Warum wir nur schmecken, wenn wir riechen

Ein Bouquet aus saftigen Johannisbeeren und zarten Veilchen mit einer charakteristischen Rauchnote – Weinkenner haben ein fantasievolles Vokabular, um den Geschmack ihres Lieblingsgetränks zu beschreiben. Ohne ihre Nase wären sie allerdings nicht in der Lage, Wein zu beschreiben. Der Geruchssinn ist eng mit dem Geschmackssinn verknüpft, und erst diese Verknüpfung liefert ein differenziertes Geschmackserlebnis. Das kann jeder in einem kleinen Selbstversuch testen.

Übung: Essen ohne zu riechen
Man püriert jeweils Äpfel, Zwiebeln und Kartoffeln und füllt diese in drei kleine Schalen. Die Augen verbinden und die Nase zuhalten oder zuklemmen, und nun versuchen, die drei Lebensmittel am Geschmack zu unterscheiden.
Das Ergebnis: Die drei Breie schmecken nach nichts.

Erst der Geruchssinn lässt uns das Essen schmecken und geschmacklich unterscheiden. Die Nase ist für das Erkennen unterschiedlicher Geschmacksrichtungen zuständig.

Sie nimmt den Geruch des Essens auf und unterstützt die wenigen Geschmacksknospen auf der Zunge im Mund. Die Zunge selbst kann nur fünf Geschmacksrichtung unterscheiden: süß, salzig, bitter, sauer und umami – Letzteres ist Japanisch und steht für „fleischig", „würzig" oder „wohlschmeckend". Dabei kann der Geschmack auch individuell sehr unterschiedlich wahrgenommen werden, denn er setzt sich aus einer Kombination aus dem Geschmackssinn, dem Geruchssinn, dem Tastsinn und dem Temperaturempfinden zusammen. 20 Prozent des Geschmacks werden auf der Zunge und 80 Prozent durch den Geruchssinn empfunden.

Damit die Nase sensibler für Gerüche wird, sollte man sie hin und wieder trainieren. Wer sich gezielt Düften aussetzt und versucht, sie zu beschreiben und zu kategorisieren, steigert seine Wahrnehmung und kann die Geruchsinformationen besser benennen.

Früher ging die Forschung davon aus, dass unsere Nase besonders sensibel ist, wenn wir Hunger haben, doch das Gegenteil ist der Fall. Unsere Nase reagiert umso sensibler auf Gerüche, je gesättigter wir sind. Daher haben Menschen mit Übergewicht den besten Riecher. Die Forscher vermuten, dass dies ein unbewusster Prozess ist, mit dem der Körper versucht herauszufinden, welche Nahrung er noch zu sich nehmen kann, um damit den noch offenen Energiebedarf zu decken. Auch wenn wir satt sind, kann unser Körper noch bestimmte Stoffe gebrauchen, und dafür wird unser Geruchssinn sehr sensibel.

Alkohol hemmt unser Nervensystem, doch laut Forschungen des Weizmann Institute of Science im israelischen Rechovot lässt sich die Riechleistung durch Konsum geringer Alkoholmengen sogar steigern. Messungen ergaben einen engen Zusammenhang zwischen dem Blutalkoholspiegel und der Riechleistung. Die Forscher ließen 85 Männer und Frauen einen Saft trinken, der mit Wodka angereichert war. Diese Mischung sorgte im Blut für einen Alkoholanteil zwischen 0,05 und 1,1 Promille. Danach rochen die Testpersonen an Gefäßen mit einem Rosenduftstoff in unterschiedlich hoher Konzentration. Zudem mussten die Testpersonen erst identische und dann verschiedene Gerüche voneinander unterscheiden. Das Ergebnis: Ein geringer Alkoholspiegel bis zu 0,6 Promille schärfte den Geruchssinn. Je höher der Blutalkoholspiegel allerdings darüber hinaus stieg, desto mehr nahm der Geruchssinn ab.

Das Geheimnis der zwei Löcher – linksnasig oder rechtsnasig?

Warum aber sind wir Menschen gleich mit zwei Nasenlöchern ausgestattet? Das liegt zunächst daran, dass der Mensch ein bilateralsymmetrisches Lebewesen ist. Das heißt, er kann – theoretisch – mit einem senkrechten Schnitt in zwei äußerlich spiegelbildlich erscheinende Hälften geteilt werden. Ob die beiden Nasenlöcher auch ein räumliches Riechen ermöglichen, ist unter Experten umstritten. Viele sagen, dazu sei der Abstand zwischen beiden Löchern zu gering.

„Wir können nicht stereo riechen," meint etwa Duftforscher Hanns Hatt, Zellphysiologe an der Ruhr-Universität Bochum, „die Informationen, die wir über die beiden Nasenlöcher aufnehmen, werden im Gehirn wieder zusammengeführt."

Interessant ist aber, dass die Menschheit unterschieden werden kann in Linksnasige und Rechtsnasige. Rechtsnasige benutzen an 80 Prozent des Tages ihr rechtes Nasenloch. In den übrigen 20 Prozent wird auf das andere umgeschaltet. Für Linksnasige gilt das gleiche umgekehrt. Für diese abwechselnde Nutzung hat die Forschung keine abschließende Erklärung. Es wird vermutet, dass sich das eine Loch in der Zeit des Wechsels auf das andere vom anstrengenden Atemluftholen, bei dem es sich selbst reinigt und Erreger abwehrt, einfach mal erholen muss. Den meisten Menschen fällt es schwer, festzustellen, ob sie nun gerade mit dem linken oder dem rechten Nasenloch riechen. Aber vielleicht gelingt es Ihnen?

5. Psychologie des Riechens – der Proust-Effekt

Düfte rufen Erinnerungen wach, schöne und weniger schöne – egal wie lange sie zurückliegen mögen. Umgekehrt können wir jedoch genauso Düfte im Kopf entstehen lassen. Wir müssen uns nur auf sie konzentrieren. Wenn ich heute die Augen schließe und an Comillas denke, kann ich die Dünen und das Meer riechen. Denken Sie an etwas ganz Banales und stellen sich den Geruch einer Portion Fritten oder eines Hamburger vor. Und wenn Sie den Geruch im Kopf haben, lässt der Geschmack auf der Zunge nicht lange auf sich warten. Das Gefühl kommt vielleicht nicht beim ersten Mal auf. Aber auch das kann man üben.

Übung: Denke an Gerüche und schmecke sie
Trainieren Sie Ihren Geruchssinn, indem Sie an Gerüche denken. Entspannen Sie sich, setzen Sie sich bequem hin, schließen Sie die Augen und denken Sie an den Duft Ihres Lieblingsgerichts, an das Aroma einer Nougatpraline oder an das eines guten Rotweins ... Seien Sie nicht ungeduldig, es klappt vielleicht nicht beim ersten Mal, aber mit etwas Übung wird es funktionieren.

Eigentlich eine schöne Diät: Man riecht und schmeckt, aber nimmt kein Gramm zu. Gerüche und Aromen können tatsächlich helfen, den Hunger im Zaum zu halten. Vorausgesetzt, die richtigen Nervenimpulse kommen im Gehirn an. Denn das Sättigungszentrum im Gehirn ist mit den Riechnerven verbunden. Pfefferminzöl zum Beispiel kann dabei unterstützen, Essgewohnheiten zu verändern. Experten raten dazu, drei bis vier Mal am Tag ein paar Tropfen des Öls in ein Taschentuch zu geben und daran zu schnuppern. Dadurch verspüre man weniger Lust auf Süßigkeiten und fettiges Essen, außerdem aktiviere man damit den Stoffwechsel. Auch der Duft von Vanille könne ein Ersatz für den Verzehr von Süßem sein. Der Geruch von Blutorangenöl soll einen, wenn man ihn vorm Einschlafen riecht, vor nächtlichen Heißhungerattacken bewahren.

Schokolade macht glücklich, heißt es, leider macht sie auch dick. Im Kakao befinden sich Aufputschmittel wie Koffein oder der Pflanzenstoff Theobromin, der rauschähnliche Zustände hervorrufen kann. Auch ein Baustein des Glückshormons Serotonin steckt im Kakao. Wenn nun der Genuss eines Nahrungsmittels wie Schokolade glücklich macht, dann wird der Duft dieses Nahrungsmittels im Gehirn mit dem Glücksgefühl verknüpft. Mit etwas Übung reicht also der Duft von Schokolade aus, um positive Gefühle in uns zu wecken.

Was uns zu der Frage bringt, ob an dem Spruch, man nehme schon zu, wenn man Essen nur riecht, ein Fünkchen Wahrheit ist. Der Wissenschaftler Andrew George Dillin von der University of California im kalifornischen Berkeley wollte es genauer wissen und machte eine Studie mit Mäusen. Diese unterteilte er in drei Gruppen: In der ersten konnten die Tiere ganz normal riechen, in der zweiten wurde der Geruchssinn der Nager während des Fressens blockiert. Bei den Tieren der dritten Gruppe handelte es sich um sogenannte Supernasen: Ihr Geruchssinn wurde gesteigert. Alle drei Gruppen wurden auf sehr kalorienreiche Nahrung umgestellt. Die normalen Mäuse und die geruchsempfindlichen Mäuse verdoppelten ihr Körpergewicht, während die Mäuse, die nichts riechen konnten, nur 10 Prozent an Gewicht zulegten. Und übergewichtige Mäuse ohne Geruchssinn nahmen sogar ab, obwohl sie gleich viel aßen wie die anderen Nager. Die Erklärung der Forscher: Sobald der Geruchssinn Essen wahrnimmt, schaltet der Körper um auf „Fett speichern" statt auf „Fett verbrennen". Dillin geht davon aus, dass dies auch bei Menschen funktioniert. Man könne den Fettspeicherungsprozess austricksen, indem man während des Essens seinen Geruchssinn blockiere. Denn dann sei der Körper ja immer noch im Modus, Fett zu verbrennen. Was folgern wir daraus: Beim Essen die Nase zuhalten? Dann doch lieber ein bisschen mehr auf den Rippen.

Doch zurück zu dem Phänomen der Duft-Erinnerung, das auch als „Proust-" oder „Madeleine-Effekt" bezeichnet wird. In den Jahren von 1913 bis 1927 erschien Marcel Prousts siebenbändiges Hauptwerk „Auf der Suche nach der verlorenen Zeit". Proust beschreibt darin an einer Stelle, wie sich sein Protagonist Swann durch einen Geruch in die Vergangenheit zurückversetzt fühlt. Es ist der Duft von Tee und frischen Madeleines, einem süßen Gebäck, mit Zitrone und Rum. Diese Geruchskombination ruft in Swann schlagartig eine Flut von Erinnerungen an seine Kindheit wach. Erinnerungen, die tief in seinem Unterbewusstsein verschüttet waren.

„Und mit einem Mal war die Erinnerung da ...," schreibt Proust, „... doch wenn von einer weit zurückliegenden Vergangenheit nichts mehr existiert, nach dem Tod der Menschen und dem Untergang der Dinge, dann verharren als einzige, zarter, aber dauerhafter, substanzloser, beständiger und treuer der Geruch und der Geschmack, um sich wie Seelen noch lange zu erinnern ..." Und diesen schönen Zeilen verdankt der Proust-Effekt seinen Namen.

Dr. Marieke Toffolo von der Universität Utrecht wollte es genauer wissen und untersuchte, welche Sinneswahrnehmung unser Erinnerungsvermögen am stärksten beeinflusst. Dazu teilte sie ihre Testpersonen in drei Gruppen ein. Allen drei Gruppen wurde eine sehr brutale und gewalttätige Dokumentation mit Szenen von Verkehrsunfällen und Kriegsverbrechen vorgeführt. Der Raum der ersten Gruppe wurde während der Vorführung mit dem Aroma der Cassisblüte beduftet, auf die zweite Gruppe wirkten Lichtsignale ein. Und die Probanden der dritten Gruppe sahen den Film mit dem Sound rhythmischer Musik. Nach einer Woche kamen die Probanden wieder zusammen und sollten sich nun möglichst detailgetreu an die Szenen der Dokumentation erinnern. Dabei wurden sie wieder jeweils dem Duft, der Musik und den Lichteffekten ausgesetzt. Es zeigte sich, dass die Duft-Gruppe sich besser an Details des Films und ihre Gefühle beim Anschauen erinnern konnte als die beiden anderen Gruppen. Die Beduftung löste also stärkere Emotionen und Erinnerungen aus als Lichteffekt oder Musik. Während visuelle, akustische oder haptische Signale erst in der Großhirnrinde des Gehirns verarbeitet werden müssen, wirken Düfte im Gehirn direkt auf das limbische System, wo Emotionen verarbeitet und Triebe gelenkt werden. Der Geruchssinn ist der unmittelbarste unserer Sinne.

Die US-amerikanische Geruchsforscherin Dr. Rachel Herz machte einen Test mit Popcorn. Ein Geruch, der bei vielen, vermute ich, eine ganze starke Assoziation an Kinobesuche hervorruft. Bei den meisten sind das wohl eher positive Erinnerungen, negative vielleicht dann, wenn einen der Popcorn-Geruch nur an die Lärmbelästigung des Popcorn essenden Kinonachbarn erinnert.

Dr. Herz konfrontierte ihre Testpersonen mit verschiedenen Sinneseindrücken, die man mit Popcorn verbindet. Entweder hörten die Probanden das Ploppen des Mais, sie sahen sich ein Foto an oder man ließ sie an frischem Popcorn riechen. Das Ergebnis: Der stärkste emotionale Sinneseindruck war der, den der Geruch auslöste. Die Probanden, die am Popcorn gerochen hatten, beschrieben mehr Gefühle und konnten diese intensiver wahrnehmen als die Testteilnehmer der anderen beiden Gruppen. Zudem fühlten sich die riechenden Probanden durch ihre Sinneswahrnehmung am stärksten an frühere Erlebnisse mit Popcorn erinnert.

6. Das Riechen entdecken

Zum Riechen kam ich, so kann man sagen, wie die Jungfrau zum Kind. Das war gegen Ende der 1990er Jahre, nach Abschluss meines Betriebswirtschaftsstudiums. Eigentlich hatte ich ganz andere Pläne. Damals wollte ich ins Ausland gehen, nach Brasilien, in ein Land, das ich seit jeher kulturell spannend fand und von früheren Aufenthalten gut kannte. Eine Zeit lang bin ich zwischen Köln und São Paulo gependelt. Doch dann spielte der Zufall Schicksal. Zwei sehr gute Freunde, Mike und Marc Meiré, lernten zu der Zeit den Erfinder einer Technologie kennen, mit der man Kinos beduften konnte. Passend abgestimmt zu Ton und Bild wurde zu einer bestimmten Filmszene im Kino von einem Gerät unter den Kinositzen ein Duft ausgestoßen. Die Beduftung eines Kinofilms war zwar sehr effektiv, aber auch aufwändig und teuer. Bis zu sechs verschiedene Düfte konnten mit sekundengenauer Präzision szenensynchron zu audiovisuellen Darstellungen freigesetzt werden. Dabei war wichtig, dass sich die verschiedenen Düfte nicht überlagerten. Sobald also ein neuer Duft ins Spiel kam, musste der vorherige bereits verschwunden sein. Nachfolgemodelle des Gerätes waren in der Lage, bis zu 48 individuelle oder kombinierte Düfte abzugeben. Mike und Marc ergriffen die Chance, kauften die Rechte an dem Patent, und kurze Zeit später holten sie mich mit ins Boot. Die Idee reizte mich sofort. Brasilien muss warten, entschied ich spontan, und die Welt der Düfte wurde meine Welt.

Düfte erobern den Handel

Uns war das Potenzial der neuen Technologie sofort klar. Die Zukunft lag aber erst einmal – wegen des hohen Aufwandes – nicht im Duftkino, sondern im Handel. Wir boten unser Produkt überall dort an, wo auf multimedialer Ebene auch Duftkommunikation gefragt war; wo man Inhalte, Bilder, Töne oder Produkte mit einem bestimmten Duft in Verbindung bringen wollte. Unser Gerät wurde zum Beispiel in einem Ladenlokal aufgebaut. Auf einem Monitor konnte sich der Kunde einen Infofilm über ein Produkt anschauen und währenddessen einen bestimmten Duft oder verschiedene Düfte riechen. Oder er konnte selbst per Touchscreen Düfte abrufen und kombinieren. Als Laie weiß man nicht unbedingt, welche Duftkomponenten zusammenpassen und wie sie interagieren. In den Parfümerien des Unternehmens Jo Malone zum Beispiel konnte man den Duft verschiedener Einzelrohstoffe abrufen, die dann ganz sanft wie ein Windhauch dem Gerät entströmten. Gefällt mir das Zusammenspiel von Zedernduft und Feige? Oder wie wäre es mit Pampelmuse in Verbindung mit einer Holznote? Gefiel dem Kunden die Kombination, konnte er sie anschließend als selbst kreierten Duft kaufen.

Das Kiosksystem nahmen große Kosmetikunternehmen – von Procter & Gamble über Hugo Boss und Davidoff bis zu Christian Dior und Louis Vuitton – in Anspruch, aber auch Nahrungsmittelkonzerne wie Coca-Cola, Nestlé und Kraft Foods. Den Nahrungsmittelherstellern war sofort klar, dass dort, wo der Geschmack angesprochen wird, auch der Geruchssinn bedient werden sollte. Denn Riechen und Schmecken sind, wie schon beschrieben, nicht voneinander zu trennen.

Zum Beispiel wurden spezielle Supermarktkühlregale, in denen Coca-Cola angeboten wurde, von uns beduftet. Am Kühlregal befand sich ein Sensor. Näherte sich ein Kunde und hielt vor dem Kühlregal an, wurde ein Duft ausgeströmt, der nach Coca-Cola roch. Das Rezept von Coca-Cola ist nach wie vor streng geheim, und auch uns wurde es nicht verraten, um den Coca-Cola-Duft zu entwickeln. Wir bekamen aber Rohstoffe aus den USA, auf deren Basis wir kreativ an die Sache herangehen konnten. Und tatsächlich besaß unser Duft das Aroma des Getränks. Man darf es sich nicht so vorstellen, dass das Kühlregal jedes Mal, wenn die Beduftung ausgelöst wurde, penetrant nach Cola roch. Auch hier galt, wie immer bei der richtigen Verwendung von Düften: Weniger ist mehr. Der Duft war subtil, man hätte eher denken können, da sei vielleicht eine Cola-Flasche ausgelaufen.

Einige Unternehmen erkannten, dass sie sich durch den Einsatz von Düften von der Konkurrenz abheben könnten, in einer Welt der bis dahin hauptsächlich visuellen und audiovisuellen Reize. Durch unsere multimedialen Plattformen konnten Unternehmen ihre Marken auf neue sinnliche Weise präsentieren, indem zum Beispiel Informationsfilme oder Werbespots in Kombination mit Düften erlebt wurden. Unsere Beduftungstechnologie wurde in die Architektur der Unternehmen integriert. Zum Beispiel bei Douglas: In einer Hamburger Filiale der Parfümeriekette wurden an einer Rolltreppe

Bewegungssensoren installiert, und in dem Moment, in dem man auf der Rolltreppe an einem großen Parfümflakon vorbeifuhr, wurde der Duft des Parfüms verbreitet. In einer anderen Filiale bauten wir zwölf Terminals auf, für zwölf verschiedene Düfte von Marken wie Lacoste, Hugo Boss, Davidoff, Christian Dior oder Chanel. Kunden, die einen dieser Düfte näher kennenlernen wollten, stellten sich vor den Terminal, schauten sich Filme an und ließen sich beduften.

Nun werden sich einige wundern, wie man einen kleinen Bereich in einer Parfümerie gezielt beduftet, in der es doch ohnehin schon nach extrem vielen und unterschiedlichen Düften riecht. Man betritt ein Parfümgeschäft, und sofort schlägt einem eine Duftwolke entgegen. Mit unserem Gerät waren wir aber in der Lage, eine Art Duftvakuum entstehen zu lassen, weil reine Luft herauskam, die angereichert war mit 0,1 Prozent Duftmolekülen. In dem Moment, in dem man vor dem Gerät stand, roch man also nicht mehr die parfümierte Umgebung des Geschäfts, sondern nur noch den Duft, der aus dem System entströmte. Damit gelang uns eine Duftpräsentation in einem duftgeschwängerten Umfeld.

Wenn man die Nase voll hat ...

Wie aber bekommt man auch ohne eine solche Technologie seine Nase wieder frei, wenn sie mit Düften und Aromen überfrachtet ist? Wenn man in einer Parfümerie einen Duft sucht und in kurzer Zeit drei, vier oder mehr Düfte riecht, hat man auf einmal das Gefühl, man könne gar nichts mehr riechen. Weil viel zu viel Duft in der Nase ist und die Rezeptoren besetzt sind. Die Nase ist nicht mehr aufnahmebereit. Alles riecht dann gleich, ich kann nicht mehr differenzieren. Dann ist ein Reset für die Nase angesagt.

In Parfümerien stehen dafür oft kleine Schalen mit Kaffeebohnen bereit, an denen man riechen soll, um seine Nase wieder für neue Düfte frei zu machen. Kaffeebohnen sind aber kein Wundermittel. Wenn man einen Duft riecht, setzen sich seine Moleküle auf die Rezeptoren der Nase, diese gelangen in die Riechschleimhaut und es dauert etwa zehn Minuten, bis sie wieder frei sind. Da kann man machen, was man will. Wenn die Rezeptoren besetzt sind, sind sie besetzt. Kaffee hat einen schönen und angenehmen Duft, der ein wenig neutralisieren mag, aber für einen Neustart kann man ebenso gut etwas anderes machen.

Übung: Kleiner Reset für die Nase – riechen Sie Ihre Haut
Riechen Sie einfach an Ihrer eigenen Haut. Suchen Sie sich dafür eine unbeduftete Stelle, die weder eingecremt noch parfümiert ist, zum Beispiel am Arm. Dadurch wird zwar auch nicht die Nase spontan wieder frei, aber man schafft eine neutrale Basis, um in weniger als zehn Minuten wieder besser riechen zu können. Und wenn man an seiner eigenen Haut riecht, merkt man etwas ganz Simples: Sie riecht. Probieren Sie es aus und riechen Sie sehr konzentriert an Ihrer Haut. Meistens tun wir das nur, nachdem wir ein Parfüm oder eine Bodylotion aufgetragen haben, um festzustellen, wie deren Geruch an uns wirkt. Wenn man aber seine Nase an die unbeduftete Haut hält, dann

merkt man, dass sie einen ganz eigenen und sehr klaren Geruch
hat. Und wie ist das Ergebnis? Mögen Sie sich riechen?

Noch einmal zurück zum Duft von Kaffee, der bei den
meisten Menschen positive Assoziationen erweckt. Für
viele ist der Kaffeegeruch am Morgen fast genauso wichtig wie das Trinken selbst. Am Morgen mit dem Duft
nach frisch gebrühtem Kaffee aufzuwachen ... Kann ein
Tag besser starten? Kaffeeduft ist ein sehr komplexer
Geruch, er hat hunderte Duftkomponenten und lässt
sich nur sehr schwer künstlich herstellen. Muss ja auch
nicht sein. Einfach die Kaffeemaschine anmachen, und
schon hat man einen der besten Raumdüfte überhaupt.

Wenn man sein Parfüm nicht mehr riecht

Kann sich unsere Nase an Gerüche gewöhnen, sodass wir
sie selbst nicht mehr wahrnehmen? Ja, wenn man sich
zum Beispiel zu intensiv mit seinem Lieblingsparfüm eingesprüht hat und selbst gar nicht merkt, wie sehr man
unter Umständen seine Mitmenschen belästigt. Wir selbst
riechen unser Parfüm nämlich nicht, wir sind sozusagen
geruchstaub. Ein anderer typischer Fall: Ein Raucher empfindet seine eigenen vier Wände, in denen er raucht, als
gut gelüftet und frisch riechend. Seinem Besucher hingehen wird regelrecht schlecht vom Geruch nach altem,
abgestandenem Rauch.

Der Frage, ob unsere Nase bestimmte Gerüche aus-
blenden kann, ist das Team um den Mediziner und Phar-
makologen Professor Thomas Hummel, dem Leiter des

interdisziplinären Zentrums Riechen und Schmecken an der TU Dresden nachgegangen. Das Ergebnis wurde in der Zeitschrift „Scientific Reports" veröffentlicht. 51 Teilnehmern wurden für die Studie drei Dutzend Geruchsproben in die Nase verabreicht. Die Intensität des Geruchs sollten die Probanden den Wissenschaftlern durch Druck auf eine Art Spritze kommunizieren. Nach nur zwanzig Minuten der Beduftung ihrer Nasen nahm die Geruchsintensität nach dem Gefühl der Probanden ab. Ein Gewöhnungsprozess hatte eingesetzt. Es dauerte nicht lange, und die Testpersonen nahmen manche der Gerüche gar nicht mehr wahr, andere hingegen erwiesen sich als sehr hartnäckig und schwächten sich kaum ab. Bisher, erläutert Professor Hummel, sei man davon ausgegangen, dass vor allem die Variabilität eines Duftes entscheidet, inwieweit sich ein Mensch an ihn gewöhnt. Unser Gehirn interessiere sich vor allem für neue Einflüsse. „Ein Geruch, der über längere Zeit unverändert bleibt", so der Mediziner, „wird deshalb meist ausgeblendet." Doch der Test mit den 51 Probanden kam zu dem Resultat, dass der Gewöhnungsprozess komplizierter ist als angenommen. Neben der Konstanz eines Geruchs spielen noch weitere Faktoren eine Rolle bei der Frage, ob wir unser eigenes Eau de Toilette selbst nicht mehr wahrnehmen können: die chemische Struktur und die physikalischen Eigenschaften eines Stoffes, die Konzentration in der Luft sowie ganz generell die Frage, ob wir den Duft mögen. „Es sind vor allem unangenehme Düfte, an die wir uns besonders schlecht gewöhnen", sagt Professor Hummel.

Übung: Wie schnell werden Sie riechblind?

Wie lange benötigt Ihre Nase, um einen Geruch nicht mehr wahrzunehmen? Suchen Sie sich zwei verschiedene Duftquellen aus, eine für Sie angenehme und eine weniger angenehme. Nun schnüffeln Sie zuerst an dem angenehmen Geruch, so lange, bis Sie das Gefühl haben, ihn nicht mehr riechen zu können. Versuchen Sie das Gleiche mit dem unangenehmen Geruch. Welchen Duft können Sie länger wahrnehmen?

Im Laufe der Jahre haben mein Team und ich um die 5 000 Düfte entwickelt, die meisten waren natürlich gut riechend, ein paar formidable Stinkbomben waren aber auch darunter, je nachdem, was der Kunde wünschte. Längst nicht alle unsere Düfte sind auf den Markt gekommen. Wie ich anfangs sagte, war die Duftkreation als Beruf für mich gar nicht geplant. Das Riechen habe ich durchs Riechen gelernt. Man lernt das relativ schnell. Und wenn man sich nur ein wenig Gedanken über seinen Geruchssinn macht, geht man automatisch bewusster durchs Leben.

7. Kino für alle Sinne – wenn ein Film dufte ist

„Die Duftorgel spielt ein köstlich erfrischendes Kräuter-capriccio-Arpeggiowellchen von Thymian und Lavendel, Rosmarin, Basilikum, Myrte und Schlangenkraut, eine Folge kühner Modulationen durch die Gewürzrucharten bis nach Ambra, dann langsam zurück über Sandelholz, Kampfer, Zedernholz und frisch gemähtes Heu – mit gelegentlich, zart angedeuteten Dissonanzen – einer Nase voll Sauerkraut und einem leisen Rüchlein Rossäpfel – zu den schlichten Duftweisen, mit denen das Stück begonnen hatte."

Ein Kino für alle Sinne, also eines auch für die Nase, hatte der britische Schriftsteller Aldous Huxley 1932 in seiner wegweisenden Zukunftsvision „Brave New World" – „Schöne neue Welt" vor Augen. Huxley erzählt in seiner Dystopie von einer Gesellschaft im Jahr 2540.

Die ersten noch sehr simplen Versuche, bewegte Bilder zu beduften, fanden sogar noch ein paar Jahre vor der Geburt des Tonfilms vor mehr als hundert Jahren statt. Einer der Pioniere der Beduftung war Stummfilmimpresario Samuel „Roxy" Rothafel. In seinem Kino in Pasadena ließ er die Sportberichterstattung mit dem Duft von Rosen aufpeppen. Dazu hängte er mit Rosenessenz getränkte Baumwolltücher über den Ventilator im Kinosaal. Der Effekt war erwartungsgemäß nur von kurzer Dauer, geradezu flüchtig. Rothafel soll enttäuscht gewesen sein und stellte die Beduftung ein.

Auch weitere Versuche entpuppten sich als Eintagsfliegen: Zum Beispiel, als 1913 bei der Vorführung des deutschen Stummfilms „Das goldene Bett" im Berliner Marmorsaal die Atmosphäre des Films mit einem spezifischen Parfüm verstärkt werden sollte. Oder als man Ende der 1920er Jahre bei einer Vorführung des Stummfilms „Lilac Time", einer Kriegsromanze mit Gary Cooper, Fliederparfüm über das Belüftungssystem des Kinos verteilte. Die Premiere von „The Broadway Melody", dem ersten Tonfilmmusical, wurde 1929 mit Orangenparfüm beduftet, welches man von der Decke in den Saal sprühte. Es waren dann aber nicht die Macher von Hollywood, denen es gelang, den ersten abendfüllenden Spielfilm mit Beduftung auf die Leinwand zu bringen, sondern der Schweizer Hans E. Laube. Er entwickelte das sogenannte Operated-Talking-Pictures-Verfahren (O.T.P.) mit dem man angeblich bis zu viertausend Düfte mit Filmszenen auf der Leinwand synchronisieren konnte, von Autoabgasen über Lavendel bis hin zu Weihrauch. Der erste Duftfilm mit O.T.P-System feierte 1940 Premiere und war benannt nach dem damals sehr beliebten Parfüm *My Dream* – „Mein Traum". Uraufgeführt wurde der Film im Schweizer Pavillon der Weltausstellung in New York. Die Freude der Schweizer über ihre duftende Aufführung hielt aber nicht lange an. Aufgrund von Patentstreitigkeiten wurden nach der Vorführung sowohl die O.T.P.-Technik als auch die Filmrolle von der Polizei beschlagnahmt.

Die technischen Verfahren kamen und gingen, die Namen wechselten: Mal hieß es Sensorama, dann Aroma-Rama – damit wurde 1960 eine Dokumentation über die Chinesische Mauer beduftet. Das Smell-O-Vision-Verfahren hielt ebenfalls um 1960 Einzug in speziell umgebaute Kinosäle. Bei dem Odorama-Verfahren handelte es sich um mit Düften präparierte Rubbelkarten, an denen der Kinozuschauer – nach Anleitung auf der Leinwand – mit den Fingern reiben musste, um den passenden Duft zur Szene riechen zu können.

Kultregisseur John Waters setzte 1981 solche Rubbelkarten bei seiner Filmsatire „Polyester" – mit Divine in der Hauptrolle – ein. Wer Waters kennt, den wird die Duftauswahl nicht überraschen und der weiß: Das muss zum Himmel gestunken haben. Auf den Rubbelkarten waren die Gerüche von Rosen, Blähungen, Kleber, Pizza, Benzin, einem Stinktier, Gas, dem Innenraum eines Autos, schmutzigen Schuhen, aber auch von Lufterfrischer. Auf die Frage, ob er an der Kreation der Düfte selbst mitgewirkt habe, sagte John Waters dem österreichischen „Standard":

„Ja, die habe ich mir ausgedacht. Zu diesem Zeitpunkt gab es nur eine Firma, die diese Geruchskarten herstellte, die 3M Company, ein größeres Unternehmen. Ich hatte damals ‚Hairspray' noch nicht gemacht, und da wollte ich nicht unbedingt, dass sie herausfinden, wer sie da kontaktiert. Ich wusste, sie besitzen eine Bibliothek mit Gerüchen, und ich konnte natürlich nicht sagen ‚bitte eine Million Fürze', also bestellte ich eine Million fauler Eier. Ich war diesbezüglich einfallsreich, und wir haben alle Karten gedruckt bekommen. Mir gefällt die Idee, dass Leute im Kino sitzen und daran rubbeln. Ich habe noch die Originale in meiner Garage untergebracht, weil sie immer noch stinken. Sie scheinen kein Ablaufdatum zu haben."

1999 und 2011 wurden die Rubbelkarten für Aufführungen von „Polyester" auf Filmfestivals noch einmal neu aufgelegt. Einer der wenigen Filme der jüngsten

Vergangenheit, der mit dem Rubbelkartenverfahren beduftet wurde, war die Actionkomödie „Spy Kids 4 – Alle Zeit der Welt". Regisseur Robert Rodriguez wollte den Fans „etwas Besonderes bieten", so sagte er, und ließ Aroma-Scope-Karten verteilen, auf denen sich acht Rubbelfelder befanden.

„Die Achillesferse der signalkodierten Geruchsfilme ist und bleibt die technische Ausbringung und Entfernung (Lüftung, Klimaanlage, spezielle Düsen) sowie das Timing der gewünschten Düfte." So lautet das Fazit der Autoren des „Lexikons der Filmbegriffe" der Uni Kiel über die Entwicklung des Duftkinos von seinen Anfängen bis heute. Und in der Tat besteht genau darin die große Herausforderung. Neben technischen Problemen kämpft man aber auch gegen Vorurteile. Der Tonfilm war übrigens auch nicht sehr beliebt bei seiner Einführung. Warum brauchen wir denn Ton? Uns reichen die Bilder, war eines der Argumente. Ähnliches erleben wir beim Duftkino. Muss man denn alles riechen, reichen nicht Ton und Bild?

Aus diesem Grund fokussierten wir uns auf besondere Events, weniger auf das klassische Kino. Wenn zum Beispiel Ford oder Volkswagen ein neues Automodell präsentieren wollten, bauten wir auf der Automobilmesse ein Kino auf, in dem Image- oder Präsentationsfilme gezeigt wurden, die beduftet wurden. Bei der Vorstellung des Cabrios von VW sah man diesen im Werbefilm durch eine schöne Landschaft fahren – über Wiesen, durch Wälder, entlang des Meeres. Und wir bedufteten die Filmvorführung mit entsprechenden Gerüchen. Am Ende des Spots schwenkte die Kamera von oben ins Wageninnere – und in diesem Moment konnten die Zuschauer den Duft von edlem Leder riechen.

2008 lief im Kino der Animationsfilm „Ratatouille". Im Auftrag von Pixar Disney sollten wir einen zwanzigminütigen Filmtrailer mit Düften ausstatten. Dafür wurden eigens kleine Duftkinos entworfen, mit denen man durch die europäischen Großstädte tourte. Die mobilen Kinos wurden auf öffentlichen Plätzen aufgebaut. Unter jedem dritten Sitz war ein Beduftungssystem installiert, mit dem die Gerüche verbreitet wurden. Im Mittelpunkt der Handlung von „Ratatouille" steht eine Ratte namens Remy, die eines Tages als Koch in einem Pariser Restaurant landet. Olfaktorisch gesehen bot der Film für uns Duftdesigner tolle Möglichkeiten. Kochen und Riechen – das ist natürlich eine perfekte Kombination. Bei „Ratatouille" roch es köstlich nach geschmortem Gemüse, Auberginen, Zucchini, Zwiebeln, Knoblauch, frischen Kräutern und vielem mehr. Die Düfte versetzten die Zuschauer auch mit ihrem Geruchssinn in Remys Küche.

Auch wenn sich die Technik im Laufe der hundert Jahre seit den ersten Versuchen revolutioniert hat, wird das Duftkino aus wirtschaftlichen Gründen immer einen Eventcharakter haben und nicht massentauglich werden.

Dennoch bin ich überzeugt, dass Duftfilme eine Zukunft haben, denken wir nur an die Möglichkeiten, die sich durch „Virtual und Augmented Reality" ergeben. Virtuelle Realität, VR, steht für eine Technologie, die ein neues Computer-Zeitalter eingeläutet hat. Nutzer ziehen eine VR-Brille auf, das Display verschwindet und sie befinden sich in ihrer Wahrnehmung mitten im Filmgeschehen. Die Zuschauer werden zu Augenzeugen einer

Handlung, die sie in 360 Grad umgibt. Das Einzigartige an diesem Medium ist das „Eintauchen" in die virtuelle Welt. Bei gut gemachten VR-Filmen haben die Nutzer das Gefühl, an einem anderen Ort zu sein. Zu einer echten VR-Erfahrung, um also völlig in andere Welten einzutauchen, gehört auch das Riechen. Mittlerweile ist die Technik, mit der individuell und gezielt Düfte verteilt werden, so verfeinert, dass man Düfte erscheinen und sofort wieder verschwinden lassen kann. Wenn man als VR-Nutzer den Kopf senkt und auf den Boden schaut, riecht man das Gras dort, dann dreht man sich um, sieht das Meer und riecht nur das Meer. Dann blickt man nach oben, sieht den Himmel und riecht frische Luft – und nichts sonst. Zurzeit arbeiten wir an einer Mikrotechnologie, mit der wir Duftsysteme minimieren, vergleichbar mit einem USB-Stick, den man an eine VR-Brille anschließt, auf die das Bild projiziert wird.

Auf dem New Yorker Tribeca-Filmfestival hatte unlängst ein spektakulärer VR-Film Premiere. Er trägt den Titel „Tree" – „Baum". Darin wird der Zuschauer selbst zum Hauptdarsteller, also zu einem gigantischen Baum inmitten des Regenwalds, er erlebt den Film aus der Perspektive des Baumes, was faszinierend und erschreckend zugleich ist. Denn der Baum wird abgebrannt. Als Zuschauer spürt man das alles intensiv und beinahe körperlich, man sieht und hört nicht nur, wie das tödliche Feuer langsam näher kommt und wie der Baum zu brennen beginnt, man riecht die Glut, das Feuer und die Holzkohle. Eine völlig neue Erfahrung. Dabei hat „Tree" auch einen ernsten Hintergrund und ein wichtiges Anliegen: Er klagt den Raubbau an der Natur des Regenwalds an, das Abholzen von Millionen von Bäumen, um Ackerflächen für den Soja-Anbau zu schaffen. Bei „Tree" haben wir im Auftrag der Produktionsfirma „New Reality" die Düfte entwickelt sowie die Technologie – sogenannte Scentcontroller – bereitgestellt, die an den entsprechenden Stellen im Film die Gerüche von Holzkohle, Baum, Urwald und Feuer sehr akzentuiert und der Dramaturgie entsprechend verbreiten.

8. Der schlimmste Duft, den ich kenne ...

... trägt einen an sich schönen Namen: *Paris 1738*. Wenn man meine Mitarbeiter fragt, welcher denn der unangenehmste Duft gewesen sei, den wir jemals kreiert haben, werden ebenfalls alle wie aus der Pistole geschossen antworten: „*Paris 1738*!"

Dieser Duft stammt aus einem berühmten Film, den wir vor einigen Jahren beduftet haben: „Das Parfum", basierend auf dem gleichnamigen Roman von Patrick Süskind. Mit dem Duft *Paris 1738* wurde die legendäre Geburtsszene der Hauptfigur Jean-Baptiste Grenouille aromatisch untermalt: Wir schreiben den 17. Juli 1738 und befinden uns auf einem Fischmarkt mitten in Paris, es stinkt bestialisch, nach Fisch, nach Verwesung, nach Abfällen, nach Kot und Urin. In dieser Umgebung, unter einem Markttisch, kommt Jean-Baptiste zur Welt. Seine Mutter, eine Fischhändlerin, kümmert sich nicht um das Neugeborene, von dem sie denkt, es sei eine Totgeburt, sie lässt es nackt und unversorgt auf dem Boden liegen. Dann aber fängt das Baby an zu schreien, erweckt durch die Gerüche seiner Umgebung, und die Geschichte eines Mörders auf der Suche nach dem perfekten Parfüm nimmt ihren Lauf.

Noch während der Dreharbeiten zu dem Film bekamen wir von Constantin Film den Auftrag, für die Beduftung ausgewählter Kinovorstellungen und Premieren fünfzehn verschiedene Düfte zu adaptieren, sie sollten zu Schlüsselszenen im Film passen. Wir machten uns an die Arbeit, zusammen mit dem Parfümeur Christophe Laudamiel, der heute in New York lebt und arbeitet. Er machte seine Ausbildung zum Parfümeur an der Procter & Gamble-Schule. Ende der 1990er Jahre entwickelte er den Duft des Weichspülers „Lenor Kirschblüte". Nach seinem Wechsel ins Parfümfach war er unter anderem an der Kreation berühmter Düfte wie *Cool Spray Summer* von Tommy Hilfiger, Ralph Laurens *Polo Blue for Men* oder dem Abercrombie & Fitch-Duft *Fierce* beteiligt. Über die Arbeit an den Duftkreationen für den Film „Das Parfum" sagte Christophe in einem Interview:

„Patrick Süskind besitzt ein überwältigendes Fachwissen. Es ist erstaunlich, wie exakt er die Vorgänge in der Parfümerie kennt und beschreibt."

Die Düfte, die Christophe für „Das Parfum" kreierte, waren sehr prägnant und einzigartig, unter anderem der schon erwähnte Geruch auf dem Fischmarkt, aber es gab auch den Duft eines Babys oder des Aprikosenmädchens, den des Kellers, in dem Jean-Baptiste seine Laborküche betreibt und in der es nach einem Gemisch vieler Rohstoffe riecht. Der letzte Duft im Film war die größte Herausforderung, denn er musste dem perfekten Parfüm entsprechen, das Grenouille schließlich findet, dem ultimativen Duft. Grenouille wird am Ende der Handlung des Mordes überführt und soll hingerichtet werden. Er hat junge Frauen getötet, um deren betörenden Duft einzufangen. Am Tag der Exekution wird Grenouille von tausenden Schaulustigen erwartet. Die Menge ist voller Hass und fordert lautstark seinen Tod, doch plötzlich schlägt die Stimmung um. Auf einmal wenden sich die Menschen dem Mörder zu, sie empfinden keinen Hass mehr, sondern Liebe. Grund dafür ist das Parfüm, das Grenouille aus den Düften seiner Opfer hergestellt hat und das ihm nun eine Aura verleiht, die die Menschen berauscht und das Geschehene vergessen lässt. Grenouille entgeht der Hinrichtung, die Szene endet in einer Massenorgie.

Der Film wurde als Duftfilm bei den Premieren in London, Paris, Tokio, São Paulo, New York, Los Angeles, Seoul und Moskau gezeigt.

Gleichzeitig brachte der französische Modezar Thierry Mugler damals ein Set der Düfte aus dem Film als Parfüms heraus: *Baby*, *Paris 1738*, *Atelier Grimal*, *Virgin Number One*, *Boutique Baldini*, *Amor & Psyche*, *Nuit Napolitaine*, *Ermite*, *Salon Rouge*, *Human Existence*, *Absolu Jasmin*, *Sea*, *Noblesse*, *Orgie* und *Aura*, der ultimative Duft der Düfte. Nun konnte jeder so riechen wie der Film, also auch wie der Pariser Fischmarkt im Jahr 1738. Aber wer wollte das schon? Keiner, würde man denken. Falsch gedacht, es gab tatsächlich Liebhaber dieses Parfüms! Einer von ihnen war Pierre Huyghe, einer der wichtigsten französischen Künstler der Gegenwart, von dem ich schon erzählt habe, und auch seine Studiomanagerin Anne war hingerissen. Die beiden haben *Paris 1738* gerochen und zu ihrem Lieblingsduft erkoren. Sie sagten damals zu mir, das sei genau das richtige Parfüm für diese Zeit, die Avantgarde in Paris werde ihn lieben. Ob sich Anne und Pierre aber trauten, sich selbst auch à la Fischmarkt zu parfümieren, und wie lange ihre Passion vorhielt, kann ich nicht sagen.

Auch Stinkendes kann gut riechen

Die Basis für *Paris 1738* war das Sekret aus den Analdrüsen der Zibetkatze, ein Sexuallockstoff, für dessen

Herstellung heutzutage nur noch künstliche Ersatzstoffe verwendet werden. Das Sekret der Zibetkatze hat in seiner reinen Form einen extrem unangenehmen Geruch, verdünnt aber bekommt es ein moschusartiges, ledriges, erdiges Aroma. Dazu muss man wissen, dass aggressive und nach Fäkalien riechende Rohstoffe in minimaler Menge ganz häufig die Basis für wunderbare, komplexe Parfüms sind. Die Gewinnung des Sekrets der Zibetkatzendrüse ist zum Glück seit einiger Zeit verboten. Die Tiere mussten in früheren Zeiten zur Gewinnung des Sekrets ihr Leben lassen.

Auch ein anderer Rohstoff wird heutzutage nicht mehr der Natur entnommen: Ambra, eine seltene und daher teure Substanz, die fast ausschließlich in tropischen Gewässern zu finden ist und zur Herstellung von Parfüm benutzt wird. Obwohl Ambra zunächst einen unangenehmen Duft verströmt, ändert sich dieser, wenn er einige Zeit an der Luft gelegen hat. Ambra entsteht im Magen von Pottwalen, die Unverdauliches in einer wachsähnlichen Substanz einschließen, die sie erbrechen oder ausscheiden. Der Duft von Ambra ist unterschiedlich, manchmal leicht erdig, moschusartig und oft sehr süßlich. Parfümhersteller zahlen Unsummen für eine Unze davon. Seit es gelungen ist, das kostspielige Naturprodukt durch synthetische Essenzen zu ersetzen, ist der Handel mit den Ausscheidungen des Pottwals fast zum Erliegen gekommen. Heute wird Ambra nur noch von wenigen Parfümherstellern verwendet. Er verbindet und verfeinert blumige und süßliche Duftnoten, auch solche, die nach Wald oder Vanille riechen.

Ambra ist schon seit der Antike legendär, auch als Heilmittel und Aphrodisiakum. Der seltene graue Ambra galt als so kostbar, dass er mit Gold aufgewogen wurde. Als sogenannter Fixateur in der Parfümherstellung verlangsamt er die Verdunstung leicht flüchtiger ätherischer Öle, die meist aus Pflanzen gewonnen werden.

Früher glaubten die Menschen, die duftenden grauen Steine, die an den Strand gespült wurden, stammten von See-Ungeheuern. Erst Anfang des 19. Jahrhunderts wurde das Rätsel gelöst: Walfänger fanden Ambra im Darm von Pottwalen. Diese Wale ernähren sich unter anderem von Tintenfischen und Kraken. Man vermutet, dass sich Ambra bei der Verdauung der scharfkantigen Kiefer von Kraken bildet. Nach dem Ausscheiden reagieren die auf der Meeresoberfläche treibenden Klumpen chemisch mit Sonnenlicht und Sauerstoff, wobei die wohlriechenden Ambrakörper entstehen. Ambra direkt aus dem Darm des Pottwals riecht dagegen sehr unangenehm und ist für die Parfümherstellung unbrauchbar. Die Rohsubstanz wird zu feinem Puder zermahlen und mit Alkohol versetzt. Mehrere Monate muss die Lösung dann reifen, bevor sie dem Parfüm beigemischt werden kann. Vor allem in den 1920er Jahren kamen französische Parfüms, die nach Ambra dufteten, in Mode. Der amerikanische Schriftsteller Herman Melvilles schreibt schon in seinem berühmten Roman „Moby Dick" aus dem Jahr 1851, in dem Kapitän Ahab wie besessen den gleichnamigen Pottwal jagt:

„Wer würde wohl denken, dass die feinsten Damen und Herren sich an einem Wohlgeruch laben, den man aus den ruhmlosen Gedärmen eines kranken Pottwals holt! Und doch ist es so. Der graue Amber wird von manchen für die Ursache, von anderen für die Folge mangelhafter Verdauung gehalten, an der Wale mitunter leiden."

Gelegentlich liest man in der Presse von Fischern, denen ein Ambraklumpen durch Zufall in die Netze gegangen ist, wie einem Fischer aus Oman, dem der Fang von achtzig Kilo Ambra einen unerwarteten Reichtum bescherte.

Übrigens: Sprachlich sind sie leicht zu verwechseln: Ambra und Amber. Und sie werden oftmals auch als Synonyme verwendet, obwohl Ambra und Amber zwei ganz unterschiedliche Substanzen und Duftnoten sind. Amber nämlich ist ein dünnflüssiges Harz, das von Pflanzenarten abgesondert wird, die vor allem in den Tropen und Subtropen wachsen. Beim Verbrennen von Holz und Harz der Bäume wird ein harzig-aromatischer Duft verbreitet, der zudem eine beruhigende Wirkung erzeugt. Der Duft von Ambra, der Ausscheidung des Pottwals, wiederum ist erdig, süß, animalisch, moschusartig mit aphrodisierendem Einschlag.

Der sicherlich bekannteste Duftstoff aus dem Tierreich ist der Moschusduft, der ursprünglich aus den Moschusbeuteln des asiatischen Rotwilds gewonnen wurde. Um an den begehrten Rohstoff zu gelangen, wurde die Brunftdrüse, die das Moschus enthält, den männlichen Tieren entfernt und getrocknet. Ein weiterer begehrter Duftstoff heißt Bibergeil und entstammt den Drüsensäcken der Biber. Bibergeil wird auch eine aphrodisierende Wirkung nachgesagt. Es handelt sich um eine bräunliche Substanz, mit der Biber ihr Revier markieren. Neben der mittlerweile überwiegenden synthetischen Herstellung wird der Stoff aber auch auf Biberfarmen mit Hilfe von Dosen gewonnen, an denen die Biber den Duftstoff abstreifen.

9. Gestank und schlechte Gerüche – Warnsignal und Geschmackssache

Die Geschmäcker sind verschieden, heißt es, und das gilt auch für Gerüche. Menschen reagieren auf Düfte völlig unterschiedlich, denn was der eine gerne riechen mag, ist für den anderen schlicht unerträglich, was das Beispiel von *Paris 1738* deutlich macht. Wer oder was entscheidet aber darüber, ob wir etwas als gut riechend empfinden oder ob uns etwas so richtig stinkt? Ist uns ein grundsätzliches Geruchsempfinden angeboren, also ein Instinkt, allen Menschen gleich verfügbar? Oder ist uns das Riechempfinden anerzogen? Und inwiefern ist es kulturell geprägt?

Nichts riecht so gut wie Babys. Darauf kann man sich bei allen Unterschieden im Geruchsempfinden einigen. Babyduft mögen die meisten Menschen. Hat die Natur das so eingerichtet, damit wir sofort einen Schutzinstinkt für das Neugeborene empfinden? Für Eltern ist der Geruch des eigenen Babys das schönste Parfüm. Wenn man fragt, was genau denn den Duft eines Babys ausmacht, sind die Antworten allerdings sehr im Ungefähren und Vagen: „einfach gut", „nach Frische", „irgendwie vanille- und puderartig". Am Hals und am Bauch kann man den Geruch eines Babys besonders intensiv wahrnehmen. Viele Mütter beschreiben, dass sie den Geruch ihres Babys gar nicht so spüren. Weil sie das Baby rund um die Uhr bei sich haben, nimmt das Hirn seinen Geruch bereits als Teil des Eigengeruchs wahr. Australische Forscher fanden heraus, dass Mütter die Windeln der eigenen Kinder als weniger stinkend empfinden als die fremder Kinder.

Der Geruch von Babys weckt aber nicht nur bei den unmittelbar Beteiligten, den Eltern, Gefühle wie Fürsorglichkeit und Zärtlichkeit, man assoziiert mit dem Geruch auch glatte, faltenfrei makellose Haut. Das macht sich eine Wellnessklinik zunutze. Nach den Behandlungen ziehen sich dort die Kundinnen – zumeist sind es Frauen – in einen Ruheraum zurück, wo sie sich noch eine Weile erholen können, bevor es zurückgeht in den Trubel des Alltags. Die Ruheräume werden mit einem Aroma beduftet, das an den Duft von Babycreme erinnert. Nach Verlassen des Ruheraums wurden die Kundinnen befragt, wie sie sich fühlen. Eine der häufigsten Antworten lautete: „glatter und straffer", „irgendwie frischer und jünger". Interessant wäre zu erfahren, ob Personen, die keine Wellnessbehandlung hinter sich haben, sich allein aufgrund des Babycremedufts ähnlich verjüngt fühlen.

Angeboren oder anerzogen?

Zu dieser Frage sagt Duftforscher Professor Hanns Hatt, unsere gesamte Geruchsbewertung sei gelernt und müsse immer im kulturellen Kontext gesehen werden. So lerne man schon als Kind, dass Fäkalien oder Schweiß stinken. Deswegen mögen wir ihren Geruch nicht. Ein Baby wird gleich nach der Geburt insofern geprägt, als die Muttermilch und auch muttermilchähnliche Präparate einen vanilleartigen Geschmack haben. Aus diesem Grund wird man den Rest des Lebens diesen Geschmack besonders wahrnehmen. Der Geruch von Vanille ist für die meisten Menschen ein zutiefst vertrauter und vertrauenerweckender Duft. In einem Raum, in dem es nach Vanille duftet, fühlt man sich immer geborgen und sicher. So ist es in unserem Gehirn abgespeichert. Die geschmackliche Prägung beginnt schon vor der Geburt, ab der 28. Schwangerschaftswoche, wenn das Ungeborene zu riechen beginnt. Die Nahrungsmittel, welche die Mutter zu sich nimmt, prägen das Präferenzprofil des Babys. Kinder von Müttern, die während der Schwangerschaft zum Beispiel Anis zu sich genommen haben, mögen Anisgeruch und Anisgeschmack lieber als andere.

Aber ist wirklich alles gelernt? Wie sieht es mit giftigen und ungesunden Gerüchen aus? Was ist mit Verwesungsgeruch?

„Ich kenne keine wissenschaftlich gesicherte Arbeit, die für eine genetische Duftpräferenzierung sprechen würde", erläutert Professor Hatt. „Im Bereich des normalen Riechens sind alle unsere Geruchsempfindungen erziehungs- und erfahrungsbedingt. Wenn die Konzentration eines Geruchs aber sehr hoch ist, werden andere sensorische Systeme wie der Trigeminusnerv aktiviert." Hohe Duftkonzentrationen könnten reflexartige und schmerzhafte Reaktionen auslösen, sagt Hatt, zum Beispiel eine brennende, beißende oder stechende Empfindung. „Jeder Duft in einer sehr hohen Konzentration, also auch vermeintlich gute Gerüche oder ein Parfüm, das man ansonsten gerne mag, reizt den Trigeminus und kann schmerzhafte Reaktionen auslösen." So riechen Lösungsmittel oder auch Menthol in niedriger Konzentration ganz angenehm, hochkonzentriert können sie bei vielen Menschen sogar zu Hustenkrämpfen führen. Verwesungsgeruch indes sei so extrem, dass er Übelkeit verursache. Schwachen Brandgeruch assoziierten wir zunächst mit einem gemütlichen Holzfeuer im Kamin, mit Lagerfeuer oder Grillen. „Erst wenn der Brandgeruch eine bestimmte Konzentration übersteigt, reizt er den Trigeminus, brennt und beißt, sodass wir selbst nachts davon aufwachen", erklärt der Duftforscher.

Auch andere Wissenschaftler gehen davon aus, dass gesellschaftliche Konditionierung, Erfahrung und Erziehung entscheiden, ob wir einen Duft mögen oder ablehnen. Dies würde erklären, warum manche dem Geruch von Fäkalien oder dem eines geruchsintensiven Fischmarkts etwas abgewinnen können.

Andere Experten werfen die Frage auf, warum wir Menschen von angeborenen Präferenzen ausgenommen sein sollen. Labormäuse zum Beispiel, die noch nie in ihrem Leben eine Katze gesehen haben, fürchten den Geruch des Katzenurins. Sind wir also doch olfaktorisch nicht ganz unbelastet auf die Welt gekommen? Dem israelischen Neurobiologen Noam Sobel gelang es, anhand der Struktur von Duftmolekülen vorherzusagen, ob seine Versuchspersonen sie riechen mögen oder nicht. Das galt auch über Kulturgrenzen hinweg. Genetisch festgelegt scheint demnach unsere Abscheu vor dem Geruch faulen Fleisches zu sein. Ähnliches gilt für Gefahrensignale wie ausströmende Gase.

Allerdings werden diese nicht allein über die Riechzellen wahrgenommen, sondern, wie auch Professor Hatt sagt, zusätzlich über den Trigeminusnerv, der mit seinen Ausläufern die Nasenschleimhaut durchzieht und eine Art Frühwarnsystem darstellt. Bei Aromen wie Eukalyptus, Knoblauch oder Senf trägt er entscheidend zum Sinneseindruck bei.

Ein kleines kulinarisches Beispiel für geschmackliche Prägung ist Hakarl, eine Spezialität aus Island, die aus fermentiertem Fleisch des Grönlandhais besteht und die ich einmal in einem Berliner Restaurant genießen durfte. Hakarl bedeutet wörtlich übersetzt „verrotteter Hai". Der Name ist Programm. Geruch und Geschmack sind sehr intensiv. Das Haifischfleisch wird in einem Loch mit Kies eingegraben, mit Steinen beschwert, wo es mehrere Wochen lang verrottet. Anschließend wird es für zwei bis vier Monate in einer Trockenhütte aufgehängt, damit das Ammoniak, das beim Verrottungsprozess entsteht, verdunsten kann. Für die Isländer ist Hakarl eine wahre Delikatesse, für unsere Nasen und Gaumen hingegen eine Herausforderung, denn der Ammoniak-Geruch ist weiterhin prägnant. Ich benutze das Wort „stinken" nicht gerne, denn Geruchswahrnehmungen sind relativ. In diesem Fall wäre es vielleicht doch angebracht. Angeblich aber stärkt der Verzehr von Hakarl das Immunsystem, senkt den Cholesterinspiegel und hat eine antioxidative Wirkung.

Schule des Riechens

Was können wir tun, um unserem Geruchssinn auf die Sprünge zu helfen? Eine meiner Meinung nach richtig gute Idee hatte die norwegische Künstlerin und Duftexpertin Sissel Tolaas. Sie setzte darauf, den Geruchssinn schon bei Kindern zu trainieren. Sissel Tolaas sagt, dass wir uns an Gerüche aus unserer Kindheit nur deshalb so gut erinnerten, weil unsere Nase in jungen Jahren noch nicht manipuliert worden sei. Daher gelte es, das Riechen früh zu fördern. Sissel Tolaas unterrichtete Kinder aus europäischen Schulen in Berlin im Riechen, wobei sie Gerüche simulierte, mit denen die Kinder in ihrem Umfeld tagtäglich konfrontiert sind. Und sie ließ ihre Schüler dabei frei assoziieren, was sie mit den Gerüchen verbinden.

Übung: Mit Kindern die Natur erschnüffeln

Eine einfache Übung, die man mit Kindern machen kann, um ihnen den Spaß am Riechen zu vermitteln, sieht so aus: Nehmen Sie kleine Gläser mit Schraubverschluss und gehen Sie in die Natur. In den Garten, einen Park oder Wald. Sammeln Sie Erde, Blätter, Blüten, Kerne, Steine, Rinde oder was Ihnen sonst auffällt, und verstauen Sie Ihre Fundstücke – jedes für sich – in einem Glas. Wenn Sie wieder zu Hause sind, lassen Sie Ihre Kinder – mit verbundenen Augen – erriechen, was sich in den Gläsern befindet. Es klingt banal, aber auch in jedem Blumenladen können Sie Ihre Nase trainieren. Riechen Sie an den Blüten! Erkennen Sie die unterschiedlichen Düfte! Jede Blume riecht anders.

Ob angelernt oder angeboren – Düfte können uns, wenn wir denn in der Lage sind, sie zu erkennen, in bestimmten Situationen vor Gefahren warnen, sodass wir dann bei entsprechender Risikoeinschätzung richtig handeln. Das Training des Geruchssinns kann Leben retten, zum Beispiel bei Feuerwehreinsätzen. Für das Training der Feuerwehren stellen wir Brand- und Gasgerüche her.

Ganz wichtig ist auch das Erkennen gefährlicher Gerüche in einem anderen sicherheitsrelevanten Bereich, nämlich in Flugzeugen. Dort kann ein schnelles und korrektes Verhalten beziehungsweise Eingreifen der Crew lebensrettend sein. Im Auftrag der Lufthansa unterstützen wir Trainingseinheiten, bei denen die Crewmitglieder geschult werden, bei bestimmten Gerüchen innerhalb der Maschine möglichst schnell die Ursache zu erkennen. Geht von einem Geruch eine Gefahr aus, und wenn ja, welche? Solche Trainings werden in Simulatoren auf dem Boden abgehalten, in einzelnen Teilen eines Flugzeugs, die aus einer Maschine herausgeschnitten und für Übungen präpariert sind und fest im Hangar stehen. Unsere Duftsysteme werden in verschiedenen Flugzeugteilen angebracht, ein Übungsleiter löst per Knopfdruck das Verströmen der Gerüche aus. Es handelt sich um verschiedene Brandgerüche, Chemikalien, Chlor, aber auch Düfte, die keine Gefahren darstellen. Sie sollen Situationen an Bord simulieren, wenn zum Beispiel etwas stark Riechendes im Handgepäck eines Passagiers ausläuft.

Die Teilnehmer der Übung müssen schnell reagieren und identifizieren, um welchen Duft es sich handelt. Ist für plötzlich aufkommenden Brandgeruch ein Kabelbrand verantwortlich? Entströmt der Geruch der Kombüse, weil bei dem Essen etwas angebrannt ist? Oder warum riecht es plötzlich nach Chlor? Manchmal ist ein Geruch auch nur unangenehm, hat aber keine weiteren Auswirkungen auf die Sicherheit an Bord. Trainings für die Geruchswahrnehmung sind auch deswegen wichtig und sinnvoll, weil eine nicht unbeträchtliche Zahl von Notlandungen jedes Jahr aufgrund falsch identifizierter Gerüche stattfindet, die an Bord auftreten. Die Kosten für eine Notlandung können in die hunderttausende Euro gehen. Kein Wunder, dass man unnötige Landungen vermeiden möchte.

Einmal musste eine Maschine notlanden, weil die Flug-
begleiter kurz nach dem Start einen Brandgeruch wahrgenommen hatten, die Quelle aber nicht lokalisieren
konnten. Um kein Risiko einzugehen, entschloss sich der
Pilot zur Umkehr. Nach der Landung und dem Aussteigen
der Passagiere war der unheimliche Geruch aber plötzlich
verschwunden. Woher also kam der Brandgeruch? Man
ging der Sache auf den Grund. Und irgendwann, nachdem
man auch mit allen Passagieren gesprochen hatte, fand
man heraus, dass vier Reisende, die zusammen unterwegs
waren, in der Nacht zuvor ein Lagerfeuer gemacht hatten. Ihre Kleidung und Haare rochen noch lange intensiv
danach. Also eindeutig ein Fall von Fehlalarm, den man
hätte vermeiden können.

Häufige Ursache für Geruchsbelästigungen in Flugzeugen ist – man ahnt, was jetzt kommt – die Bordtoilette. Es
kam schon vor, dass der Geruch so unerträglich war, dass
eine Maschine umkehren musste. So geschehen auf einem
British-Airways-Flug von London nach Dubai, als der Pilot
die Ansage machte:

„Sie haben wahrscheinlich schon bemerkt, dass ein
penetranter Gestank aus einer der Toiletten kommt ...“
Das ist natürlich ein Extremfall. In der Regel geht auch
von Geruchsbelästigungen dieser Art kein Sicherheitsri-
siko aus. Kürzlich gab US-Schauspieler Neil Patrick Harris,
bekannt aus „How I Met Your Mother“, via Social Media
seinen persönlichen Tipp, wie man schlechte Gerüche in
der Bordtoilette schnell und problemlos beseitigen könne:

„Betätigen Sie die Spülung, während Sie auf der Toilette sitzen, und wenn Sie fertig sind, auch noch einmal.
Danach seifen Sie Ihre Hände, aber auch Ihre Arme ein

und machen dann eine Art Tai-Chi-Bewegung mit den Armen." Dieses Armwedeln solle den Duft der Seife in der Luft verteilen und die Gerüche in der Toilette überdecken. Harris ist überzeugt: „Immer, wenn ich das mache, sind die Gerüche verschwunden."

Eine Frage stellt sich beim Thema Warngerüche: Riechen wir eigentlich auch, während wir schlafen?

Dazu Professor Hanns Hatt: „Mit jedem Atemzug werden Duftmoleküle, die in der Atemluft sind, analysiert. Sie stimulieren die Riechrezeptoren der Riechsinneszellen in unserer Nase, und die aktivierten Riechzellen senden einen Strompuls ins Gehirn – und dabei arbeitet die Nase die Nacht über genauso wie am Tage. Nur wie das Gehirn diese Informationen verarbeitet, ist unterschiedlich im Vergleich zum Tag."

Manche Fachleute erklären, dass wir im Schlaf Gerüche nur schlecht wahrnehmen. Am ehesten noch in der Einschlafphase, nicht aber, wenn wir uns im Tiefschlaf befinden. Während uns laute Geräusche in der Regel aufwecken, funktioniert also das Frühwarnsystem Nase während der nächtlichen Ruhephase nur bedingt. An der Brown-Universität im amerikanischen Providence hat man folgendes Experiment durchgeführt: Die Wissenschaftlerinnen Mary Carskadon und Rachel Herz ließen sechs Personen während des Schlafs abwechselnd einen angenehmen Pfefferminz- und einen aggressiven Rauchgeruch atmen. Das Ergebnis: Keine der Testpersonen wachte vom Pfefferminzduft auf. Und auch der Brandgeruch konnte den Schlaf nur in wenigen Fällen stören und rief in den tiefsten Schlafstadien überhaupt keine Reaktionen hervor.

Wie sollte es im Schlafzimmer riechen, damit man gut schläft? Studien haben ergeben, dass wir in einer Umgebung, deren Geruch wir nicht mögen, schlechter träumen als in einem uns angenehmen Duftumfeld. Das Zentralinstitut für Seelische Gesundheit in Mannheim ließ Testpersonen vor dem Schlaf verschiedene Düfte riechen: Schwefelwasserstoff, Rosenduft und neutrale Kontrollluft. In zehn von fünfzehn Fällen wussten die Probanden nach dem Aufwachen noch, was sie geträumt hatten. Nach übel riechenden Düften hatten sie ihre Träume negativer in Erinnerung, nach dem Riechen angenehmer Aromen deutlich positiver. Rosenduft sorgte bei den weiblichen Probanden für schöne Träume und der Geruch fauler Eier eher für Albträume. Was aber nicht bedeutet, dass ein guter Geruch im Schlafzimmer jeden Albtraum verhindert.

Wie intensiv sollte es im Schlafzimmer duften? „Wenn man im Schlafzimmer überhaupt einen Duft versprühen möchte", sagt Professor Hatt, „dann sollte er möglichst unaufdringlich sein, gerade so, dass man ihn gerade noch erriechen kann, wenn man aufmerksam schnuppert. Alles andere wäre schlafstörend."

Die Vertreibung schlechter Gerüche

Die Bekämpfung und Vertreibung schlechter Gerüche ist nicht meine Hauptbeschäftigung. In meiner Arbeit geht es vielmehr darum, von vornherein ein Geruchsumfeld zu kreieren, das stimmig und angenehm ist. Gleichwohl werde ich mit der Frage, wie man den einen oder anderen ungewünschten Geruch beseitigen kann, immer wieder konfrontiert. Unschöne Gerüche wie die auf öffentlichen

Toiletten kann man nicht wegzaubern, da hilft auch Lüften nur bedingt. Also muss man versuchen, durch Kombination des schlechten Geruchs mit einem anderen Duft etwas Positives zu schaffen, den Gestank zu maskieren oder zumindest seine Wahrnehmung zu minimieren. Bei der Bekämpfung von Uringeruch gibt es neue Entwicklungen, die in Zukunft hoffentlich dabei helfen werden, den Besuch öffentlicher Toiletten erträglicher zu machen. Experten, darunter Professor Hanns Hatt, haben einen Rezeptor identifizieren können, der für die Geruchswahrnehmung von Urin verantwortlich ist.

Wenn indes der Rezeptor bekannt ist, kann man ein Molekül entwickeln oder – falls es schon existiert – auf eines zurückgreifen, das sich auf diesen Rezeptor setzt und ihn blockiert. Der Uringeruch hat keine Chance, sich in der Nase breitzumachen, weil ein anderes Duftmolekül den Rezeptor bereits besetzt hat. Dafür muss der Raum, also die öffentliche Toilette, natürlich beduftet werden. Wenn im Raum gleichzeitig der gute Duft und der schlechte Geruch vorhanden sind, dann setzt sich das Molekül in dem Moment auf die Rezeptoren, in dem man es einatmet, und beeinflusst sofort die Wahrnehmung des schlechten Geruchs.

Darüber, wie man unangenehme Gerüche von Essen eindämmen kann, und zwar im Bereich des Flugzeugcaterings, berichten die Duftexperten Mirko und Filippo Micalef. Die beiden Brüder vertreiben mit ihrer Agentur Raumdüfte für alle Lebensbereiche. Ein großer Caterer, der Fluggesellschaften mit Essen und Getränken beliefert, kämpfte mit einem Geruchsproblem im Bereich seiner Großküche. Bevor das dort zubereitete und anschließend verpackte Essen an Bord der Flugzeuge transportiert werden konnte, wurde es einer strengen Kontrolle unterzogen, die in einem separaten Bereich, einer Art Testlabor, stattfand. „Problematisch dabei war, dass der Weg ins Testlabor an der Großküche vorbeiführte, wo es streng und unangenehm roch, nach Kohlsuppe und nicht aufgeräumten Biotonnen", berichten die Micalefs. Diesen Geruch hatte man ständig in der Nase, und dieses Geruchsprobem sollte gelöst werden.

„Die Aufgabe bestand darin, den unangenehmen, aber unvermeidbaren Essensgeruch so mit einem neuen Duft zu kombinieren, dass es ab sofort angenehm roch. Die Geruchsursache war schnell identifiziert: Fett, ein sehr leistungsstarker Dufttransporteur. Jeder weiß, wie hartnäckig sich Fettgeruch in der Wohnung hält, wenn man Fritten gemacht hat. Und das stelle man sich nun potenziert in einer riesigen Küche vor, in der Unmengen an Gerichten zubereitet werden." Die Lösung fanden die Micalefs in der Kombination des Fettgeruchs mit einem besonderen Vanillegeruch. „Beides zusammen ergab einen schönen Backgeruch." Auch hier war also die richtige Kombination verschiedener Geruchskomponenten das richtige Mittel.

Ein weniger glückliches Händchen hatte ein Fastfood-Restaurant, das einen Litschiduft einsetzte. Das Duftprofil von Litschi erinnert an das Aroma süßer Trauben – was aber in diesem Fall keine gute Wahl war, denn das Zusammenspiel von Litschi mit dem Fettgeruch des Schnellimbiss-Restaurants war eine eindeutige Geruchsverschlimmerung. Hier passte einfach nichts zusammen.

Was wir gerne riechen – der Duft des Partners

Mit der Frage, warum Frauen gerne den Geruch ihres Partners riechen, hat sich der Kasseler Evolutionsphysiologe Professor Harald A. Euler beschäftigt und herausgefunden, dass mehr als 80 Prozent der Frauen, die er und sein Team befragten, schon einmal an einem Kleidungsstück des Partners gerochen haben. Zwei Drittel von ihnen gaben an, in einem Kleidungsstück des Partners geschlafen zu haben. Männer jedoch teilen die Vorliebe der Frauen für solche Dufttröster nicht, auch das ergab die Untersuchung. Lediglich etwas mehr als 30 Prozent riechen gerne an den Kleidungsstücken ihrer Partnerin, und kaum ein Mann simuliert mit dem Pyjama oder einem anderen Kleidungsstück die Nähe der Frau, wenn sie nicht da ist.

Frauen empfinden beim Riechen ein Gefühl von Nähe, Vertrautheit und Geborgenheit. Ebenso muss es, wenngleich keine Frau, Dichterfürst Johann Wolfgang von Goethe ergangen sein, als er mittels Kleidungsstück die Nähe zu seiner großen Liebe Charlotte von Stein suchte. Eines Tages gestand er seiner Geliebten nämlich, ein kurz zuvor noch von ihr getragenes Mieder gestohlen zu haben, um immer daran riechen zu können. Gleiches beschreibt Goethe in Faust I: „Schaff mir etwas vom Engelsschatz! Führ mich an ihren Ruheplatz! Schaff mir ein Halstuch von ihrer Brust, ein Strumpfband meiner Liebeslust!" So Faust zu Mephistopheles.

Ob der Geruch des Mieders der Frau von Stein Goethe auch künstlerisch inspirierte, ist nicht überliefert. Sein Freund Friedrich Schiller hingegen konnte angeblich nur schreiben, wenn ein besonderer Duft ihn betörte: Schiller liebte Äpfel, aber die aß er nicht, sondern er ließ sie verfaulen. Modrig gewordene Äpfel sollen überall in seinem Schreibzimmer, in allen Schubladen herumgelegen haben. Goethe soll davon einmal übel geworden sein. Sein Vertrauter, der Schriftsteller Johann Peter Eckermann, zitierte in seinen „Gesprächen mit Goethe", was der Dichter über einen Besuch bei Schiller erzählte:

„Wir waren, wie gesagt und wie wir alle wissen, bei aller Gleichheit unserer Richtungen Naturen sehr verschiedener Art, und zwar nicht bloß in geistigen Dingen, sondern auch in physischen. Eine Luft, die Schillern wohltätig war, wirkte auf mich wie Gift. Ich besuchte ihn eines Tages, und da ich ihn nicht zu Hause fand und seine Frau mir sagte, dass er bald zurückkommen würde, so setzte ich mich an seinen Arbeitstisch, um mir dieses und jenes zu notieren. Ich hatte aber nicht lange gesessen, als ich von einem heimlichen Übelbefinden mich überschlichen fühlte, welches sich nach und nach steigerte, sodass ich endlich einer Ohnmacht nahe war. Ich wusste anfänglich nicht, welcher Ursache ich diesen elenden, mir ganz ungewöhnlichen Zustand zuschreiben sollte, bis ich endlich bemerkte, dass aus einer Schieblade neben mir ein sehr fataler Geruch strömte. Als ich sie öffnete, fand ich zu meinem Erstaunen, dass sie voll fauler Äpfel war. (…) Indes war seine Frau wieder hereingetreten, die mir sagte, dass die Schieblade immer mit faulen Äpfeln gefüllt sein müsse, indem dieser Geruch Schillern wohltue und er ohne ihn nicht leben und arbeiten könne."

„Riechen ist Nähe, riechen ist fühlen", sagt Professor Euler. „Geruch ist ein sehr alter und auch sehr weiblicher Reiz." Früher brauchten Männer für die Jagd ein gutes

Auge und schnelle Reflexe. „Frauen mussten genau wissen, ob sie die Nahrung noch ihrem Kind geben konnten oder ob die Beeren bekömmlich waren. Daraus resultiert noch heute ein Geruchssinn, der dem männlichen überlegen ist."

Auch Mediziner Professor Thomas Hummel kann bestätigen, dass Frauen die besseren Nasen haben als Männer:

„Grundsätzlich gibt es Menschen mit empfindlichen und weniger empfindlichen Nasen. Dabei gilt auch, dass junge Leute besser riechen können als ältere Leute, das zeigen immer wieder Studien. Und dann gibt es einen Geschlechtsunterschied. Frauen können typischerweise besser riechen als Männer. Und am besten können es junge Frauen. Dass Frauen besser riechen können als Männer, scheint schon angeboren zu sein. Es gibt Hinweise darauf, dass neugeborene Mädchen ein größeres Interesse an Düften zeigen als männliche Neugeborene. Auch reagieren sie schon eher auf Düfte, als es die Jungs tun."

In der kindlichen Entwicklung setzt sich die Tendenz fort, sagt Professor Hummel. Während Jungen und Mädchen im Alter von neun bis zehn Jahren Gerüche noch ähnlich wahrnähmen, reagierten Mädchen nach der Pubertät deutlich stärker auf Düfte.

„Siebzehn- bis zwanzigjährige Frauen geraten bei Wohlgerüchen in Verzückung und rümpfen bei üblen Ausdünstungen angewidert die Nase. Junge Männer lässt dieses breite Spektrum eher kalt. Nach der Pubertät interessieren sich die männlichen Teenager weniger für Düfte", erklärt Professor Hummel. Bei den jungen Frauen falle die Bewertung dagegen „sehr akzentuiert" aus.

Warum das so ist? „Düfte sind Sozialsignale", betont der Experte. Das habe viel mit Nahrungsaufnahme und Essen zu tun, aber auch mit Körpergerüchen. „Frauen verfügen in der Regel über eine höhere Sozialkompetenz als Männer, da sie Kinder zur Welt bringen und diese erziehen. Daher sind Düfte auch für Frauen interessanter als für Männer. So lautet zumindest die medizinische Hypothese." Man sehe diese Unterschiede in allen Altersgruppen, so Professor Hummel. Männer ab Mitte fünfzig nähmen Gerüche immer schwächer wahr, gesunde Frauen könnten oft bis ins hohe Alter noch gut riechen.

Woran das liegt, ist nicht endgültig geklärt. Generell wird Frauen zugeschrieben, Eindrücke und Gefühle besser ausdrücken zu können. „Wenn wir untersuchen, wie Düfte auf Menschen wirken, unterteilen wir die Auswertungen nach Frauen und Männern", sagt Professor Hummel. „Die weibliche Nase benötigt in der Regel eine geringere Intensität eines Duftes, um diesen wahrzunehmen, als die männliche Nase." Und Frauen reagierten grundsätzlich auch positiver auf Düfte.

„Vielleicht fällt es Frauen nur leichter, Gerüche zu beschreiben. Und vielleicht achten Frauen stärker auf den Geruchssinn", so das Fazit des Forschers. Anatomische Gründe fanden die Forscher bislang nicht. Der Riechkolben im Vorderhirn und das Riechfeld in der Nasenhöhle sind laut Hummel bei Frauen sogar kleiner als bei Männern. „Anatomisch betrachtet müssten Frauen eigentlich die schlechteren Riecher sein."

Und offenbar ist unser Riechvermögen auch hormonell beeinflusst. Viele Frauen kennen das Phänomen während ihrer Schwangerschaft: Vor allem im ersten

Drittel sind sie besonders geruchsempfindlich. Manche Schwangere reagieren zum Beispiel auf Gerüche von Nahrungsmitteln sensibel, anderen wird übel, wenn sie Putzmittel riechen oder Körperpflegeprodukte, die sie bislang gerne rochen.

Schwedische Wissenschaftler haben 120 schwangere Frauen befragt. 70 Prozent von ihnen gaben an, dass sie Gerüche während der Schwangerschaft intensiver wahrnahmen. 60 Prozent hatten das Gefühl, dass bestimmte Duftstoffe so unangenehm waren, dass sie Übelkeit und Erbrechen auslösten. Und 14 Prozent der Befragten nahmen sogar sogenannte Phantomgerüche wahr, die gar nicht existierten.

Die Forscher verglichen außerdem, ob das ausgeprägte Riechen nur eine subjektive Empfindung ist oder ob die Schwangeren wirklich besser Gerüche wahrnehmen können. Sie ließen schwangere Frauen und Nichtschwangere an verschiedenen Proben riechen. Tatsächlich nahmen die Schwangeren Geruchsstoffe wesentlich besser wahr, und das auch schon in recht niedriger Konzentration. Dieser Effekt wird als Hyperosmie bezeichnet. Wie es dazu kommt, ist nicht genau geklärt. Experten gehen davon aus, dass es sich um einen uralten Schutzmechanismus des Körpers handelt. So wird möglicherweise verhindert, dass schwangere Frauen Substanzen zu sich nehmen, die schädlich für das Baby wären. Diese These wird dadurch gestützt, dass die Nase der werdenden Mutter oft nur im ersten Schwangerschaftsdrittel so sensibel ist. Also in der Zeit, in der die Organe des Kindes gebildet werden. Oft lassen die Geruchsempfindlichkeiten im Laufe der Schwangerschaft nach.

Übung: Können Sie Ihren Partner erriechen?

Ist Ihnen der Geruch Ihres Partners oder Ihrer Partnerin so vertraut, dass Sie ihn oder sie am Geruch eines T-Shirts erkennen? Um das herauszufinden, riechen Sie an verschiedenen Kleidungsstücken Ihres Partners oder Ihrer Partnerin. Um die Übung zu erschweren, riechen Sie auch an Kleidungsstücken von Freunden oder auch einem eigenen getragenen Kleidungsstück. Versuchen Sie herauszufinden, welches Kleidungsstück zu wem gehört, und beschreiben Sie, was der Duft aussagt. Es ist dabei durchaus denkbar, dass Sie Ihren eigenen Geruch gar nicht wahrnehmen. Versuchen Sie es!

10. Ich kann dich gut riechen –
Liebe und Partnerschaft

Die meisten Sprichwörter und Redewendungen, die sich um unseren Geruchssinn und unsere Nase drehen, beschreiben negative Aspekte menschlichen Zusammenlebens: Man hat die Nase gestrichen voll oder fällt auf selbige, es stinkt zum Himmel, man schnüffelt in fremden Angelegenheiten, man riecht etwas drei Meilen gegen Wind, man ist hochnäsig oder bindet jemandem etwas auf die Nase, die man auch rümpfen oder an der man einen herumführen kann, man ist stinkig – irgendwie klingt das alles nicht richtig schön. Und dann gibt es noch eine Redewendung, die lautet: „Ich kann dich nicht riechen" oder eben auch andersherum, „Ich kann dich gut riechen".

Dahinter verbirgt sich viel mehr als nur eine Floskel. Die beiden Sätze beschreiben eine wesentliche Bedingung menschlicher Existenz: Liebe und Partnerschaft kann es nämlich nur dann geben, wenn wir unsere Auserwählte oder unseren Auserwählten riechen können, im wahrsten Sinne des Wortes.

Was es bedeutet, keinen eigenen Geruch zu haben, und welch böse Folgen dies haben kann, beschreibt Patrick Süskind in seinem schon erwähnten Roman „Das Parfum". Jean-Baptiste Grenouille, die Hauptfigur, verfügt über einen sehr guten Geruchssinn, besitzt jedoch keinen Eigengeruch. Damit fehlt ihm ein Teil seiner Identität. „Er riecht überhaupt nicht", bemerkt die Amme, als sie das Baby im Arm hält. Bald wird Grenouille selber gewahr, dass er keinen Eigengeruch besitzt. Diesen Zustand empfindet er als unerträglich. Im weiteren Verlauf der Geschichte tut er alles dafür, um sich selbst einen Geruch zu verschaffen. Er sucht nach einem Duft für sich, der die Menschen so betört, dass sie ihn lieben. Grenouille beginnt, den Geruch von anderen Menschen zu imitieren, und beobachtet die Reaktionen. Schnell wird ihm klar, dass Gerüche über Sympathie und Antipathie entscheiden. Grenouille, der Mann ohne Geruch, wird zum Mörder, weil er den Duft junger Frauen für das perfekte Parfüm braucht.

Jemanden gut riechen können

Schöne Augen, eine Superfigur und ein toller Charakter – alles schön und gut, aber es reicht nicht aus. Am Ende bestimmt unser Körpergeruch unser Beziehungsglück. Wen wir besonders gut riechen können und wen nicht, das nimmt unsere Nase bereits beim ersten Aufeinandertreffen wahr und leitet die Informationen in Sekundenschnelle ans Gehirn weiter, wo die Auswertung stattfindet. Das Ergebnis ist sexuelles Begehren oder Sympathie. Oder auch Abneigung. Mehr als jeder siebte Deutsche – 15,2 Prozent – hat sich einer Umfrage zufolge schon einmal in jemanden hauptsächlich wegen ihres oder seines Duftes verliebt.

Dass es von elementarer Bedeutung ist, wie ein Artgenosse gerochen wird, wissen wir seit langem aus dem Tierreich. So gibt der Urin eines Wolfes nicht nur Auskunft über sein Geschlecht, sondern auch über sein Alter und seine soziale Stellung im Rudel. Der Angstschweiß der Ratten warnt die Artgenossen, und rivalisierende Mäusemännchen liefern sich regelrechte Duftduelle. Sie alle sondern Pheromone ab, die ganz entscheidend auf die Artgenossen wirken.

Aber auch beim Menschen ist das individuelle Duftprofil verantwortlich dafür, ob die Chemie zwischen zwei Artgenossen stimmt. Kein Mensch gleicht geruchsmäßig einem anderen. Wir haben sozusagen einen olfaktorischen Fingerabdruck, einen Urduft, der genetisch verankert ist. Auch wenn wir noch so viel duschen und baden, Parfüms, Deos und Bodylotions auftragen, oder wie auch immer wir uns ernähren, bleibt dieser Bestandteil des Körpergeruchs immer gleich. Die Gewebemerkmale, die den Körpergeruch einer Person prägen, sind im sogenannten Haupthistokompatibilitätskomplex gebündelt, *MHC* von engl. *Major Histocompatibility Complex*. Fast alle Zellen des Körpers, also auch die Riechzellen, sind wiederum mit solchen MHC-Molekülen verknüpft. Je unterschiedlicher dieses Gewebemerkmal ist, so die Erkenntnisse der Forscher, desto angenehmer empfinden zwei Menschen den Körpergeruch des jeweils anderen. Mit der Nase suchen wir zielsicher denjenigen Menschen aus, der sich genetisch so unterscheidet, dass die besten Voraussetzungen für die Zeugung gesunder Kinder gegeben sind. Heißt: Wenn eine Frau jemanden gut riechen kann, dann ist der Mann ein potenzieller Vater ihrer Kinder.

„Jeder Mensch hat seinen eigenen Körpergeruch, der durch die Gene bestimmt wird, und Frauen auf Partnersuche bevorzugen Männer mit sehr unterschiedlichem Körpergeruch im Vergleich zu ihrem eigenen, also mit großen genetischen Unterschieden", sagt Professor Hatt.

Zu diesem Ergebnis kamen auch Claudia Wedekind und Manfred Milinski von der Uni Bern, die 1995 untersuchten, inwieweit wir bei der Partnersuche durch unsere Nase geleitet werden. Dazu ließen sie Frauen an T-Shirts schnüffeln, die Männer über mehrere Tage getragen hatten. Das Ergebnis: Ihnen gefiel vor allem der Duft jener Männer, deren Duftprofile sich von ihren eigenen unterschieden. Evolutionsbiologisch ist das auch sinnvoll: Wenn sich bei der Paarung verschiedene Gene zu einem neuen, vielseitiger reagierenden Immunsystem vermischen, erhöht das die Fitness der Nachkommenschaft.

Anders riechen – durch die Pille

Der Geruch führt also diejenigen zusammen, die sich gut riechen können und gut zueinander passen. Doch was, wenn die Präferenzen beim Riechen sich ändern? Während einer Schwangerschaft geben Frauen häufig an, ihren Partner „nicht mehr riechen zu können". Plötzlich sind nicht mehr unähnliche Körperdüfte anziehend, sondern ähnliche. Dasselbe galt jahrzehntelang für Frauen, die die Pille nahmen, die ja eine Schwangerschaft hormonell vortäuscht. Die Geruchswahrnehmung der Frau wird durch das Hormonpräparat manipuliert. In diesem Zustand verändert sich die Libido und auch die Partnerpräferenz, das haben verschiedene Studien herausgefunden, die berühmteste wurde 2008 von Craig Roberts und seinem Forschungsteam an der Universität Liverpool durchgeführt. Vereinfacht gesagt, benötigt die Frau jetzt mehr den treuen Versorger als den Verführer – und entscheidet sich so womöglich für den falschen Mann, wenn es um Sexualität und Fortpflanzung geht. Zu dieser Erkenntnis passt auch eine Studie der Florida State University aus dem Jahr

2014. Frauen, die ihre Ehemänner kennengelernt hatten, als sie die Pille nahmen, fanden diese weniger attraktiv, als sie die Einnahme beendeten, so der Schluss der Forscher.

Dieses Problem mit der Anti-Baby-Pille ist mit der neuen Generation der Präparate allerdings verschwunden, wie Professor Hatt betont: „Die alten Pillen hatten sehr hohe Konzentrationen, die sogar Scheinschwangerschaften erzeugten." Heute lässt sich davon ausgehen, dass die Einnahme der Pille keine Auswirkungen bei der Partnerwahl im beschriebenen Sinne mehr hat.

T-Shirt-Partys und „Smell Dating"

Dass Frau und Mann sich gut riechen können, ist also entscheidend bei der Partnerwahl. Und da das Duftprofil auch an Textilien, die sehr gute Duftspeicher sind, hängen bleibt, hat sich eine besondere Form geselliger Dating-Zusammenkünfte entwickelt: die T-Shirt- oder auch Pheromon-Party. Jeder Teilnehmer schläft vor der Party drei Nächte lang im selben T-Shirt, das anschießend in einen Plastikbeutel gepackt und mit einer Nummer versehen wird. Auf der Pheromon-Party kann jeder Teilnehmer an den T-Shirts schnüffeln und die Nummer mit seinem Lieblingsduft notieren. Was tut man nicht alles für die Liebe … Wenn der Duft gefällt, ist das zumindest keine schlechte Voraussetzung für eine perfekte Partnerwahl.

Auch bei der professionellen Partnersuche im Internet wird mittlerweile auf den Geruch gesetzt. Der Werbespruch einer App namens „Smell Dating" heißt: „Vertraue Dir selbst, Deine Nase kennt Dich." Singles, die teilnehmen, erhalten per Post ein T-Shirt. Das sollen sie dann drei Tage und drei Nächte tragen. Deos sind tabu, weil sie den körpereigenen Geruch verfälschen. Danach schicken die Kandidaten das T-Shirt zurück und bekommen im Gegenzug zehn getragene Kleidungsstücke von anderen Teilnehmern. Jetzt heißt es schnüffeln und die Probe auswählen, die am verführerischsten ist. Entscheiden sich zwei Teilnehmer für das T-Shirt des jeweils anderen, gibt die Agentur die Telefonnummer raus. Alles Weitere müssen die Kandidaten regeln ...

Welcher Geruch zieht mich an?

Welcher Geruch tatsächlich anziehend auf einen wirkt, ist individuell sehr unterschiedlich. Im Auftrag des Deo-Herstellers Axe wurde untersucht, welcher männliche Duft „die Frauen provoziert", wie es in einem Axe-Werbeslogan heißt. Dafür wurde nach den Duftpräferenzen von weiblichen Jugendlichen in zehn US-Großstädten gefragt. Heraus kamen sehr unterschiedliche regionale Duftvorlieben: In New York stand man auf Kaffeeduft, in Philadelphia auf den Duft frischer Wäsche, Chicago – Vanille, Minneapolis – geschnittener Rasen, Atlanta – Kirsche, Dallas – Kamin/ Rauch, Houston – Barbecue, Phoenix – Eukalyptus, Los Angeles – Lavendel, San Diego – Sonnencreme. Gemeinsam mit dem Marktforschungsinstitut Strategy One fand Axe heraus, dass mehr als die Hälfte der Befragten kein Date mit einem Mann eingehen würden, dessen Geruch sie an ihren Vater erinnert. Zwei Drittel der jungen Frauen gaben an, sie würden am liebsten ein Date mit jemandem vereinbaren, der für sie gut riecht. Jede Zweite gestand, ein Kleidungsstück des Freundes zu bewahren, um seinen

Geruch bei sich zu haben, 58 Prozent der Befragten würden in einem Kleidungsstück des Freundes schlafen, und 60 Prozent erinnerten sich nach Trennung an das Parfüm ihres Ex.

Jungbrunnen Grapefruit?

Dr. Alan Hirsch von der Smell and Taste Foundation in Chicago, der regelmäßig durch medienwirksame Duftstudien auf sich aufmerksam macht, will herausgefunden haben, dass der Duft von Grapefruit Frauen jünger erscheinen lässt. Seinen Probanden, die 2005 an einer Studie teilnahmen, wurden Fotos von Models gezeigt, deren Alter sie schätzen sollten. Dabei trugen die Testpersonen parfümierte Atemmasken. Unter Einfluss des Duftes von Pink Grapefruit lagen die Schätzungen im Durchschnitt um drei Jahre unter dem tatsächlichen Alter der Models, die männlichen Probanden verschätzen sich sogar um sechs Jahre zugunsten der Damen auf den Bildern. Bei anderen Düften, mit denen man die Atemmasken beträufelte, unter anderem Lavendel und Spearmint, kam es zu weniger Fehleinschätzungen. Ob nun ein Parfüm mit Pampelmusenanteilen seine Trägerin tatsächlich jugendlicher wirken lässt, sei dahingestellt.

Tränen lügen nicht

Was Männer sexuell abtörnt, ist offenbar der Geruch weiblicher Tränen. Das zumindest fanden die Wissenschaftler des Weizmann Institute of Science im israelischen

Rechovot heraus. Dieser Geruch, so heißt es, lasse den Testosteronspiegel von Männern sinken. Hierdurch werde wohl die Empathie erhöht, nicht aber das sexuelle Verlangen. Für die Studie brachte man weibliche Testpersonen durch traurige oder romantische Filme zum Weinen und sammelte die Tränenflüssigkeit ein. Dann ließen die Forscher männliche Freiwillige an den Proben dieser Tränen und an Proben von Salzwasser schnuppern. Die Männer nahmen dabei keinen Unterschied im Geruch wahr. In einem zweiten Teil des Experiments wurde den männlichen Probanden ein Pflaster unter die Nase geklebt, das entweder mit einer weiblichen Tränenprobe oder mit dem Salzwasser getränkt war. Nun sollten sie Bilder von Frauengesichtern, die man ihnen auf einem Computerbildschirm zeigte, nach verschiedenen Kriterien bewerten. Dabei wussten weder die Labormitarbeiter noch die Probanden, welche Proben unter den Nasen klebten. Das Resultat: Wenn es darum ging, die auf dem Bild ausgedrückten Gefühle der Frauen einzuschätzen, unterschieden sich die Bewertungen der Probanden nicht. Ob Tränen oder Salzwasser, das Urteil darüber, ob das Gesicht traurig oder mitleidig schaute, zeigte keinerlei Beeinflussung. Anders sah es aus, wenn die Probanden gebeten wurden, den Sex-Appeal der Frauen einzuschätzen. Die Männer, die weibliche Tränen rochen, stuften die Frauenbilder tendenziell weniger attraktiv ein als ihre Kollegen mit Salzwasserpflastern unter der Nase. Im nächsten Test bekamen die männlichen Probanden erneut Tränen oder Salzwasser unter die Nasen geklebt und sollten sich unter diesem Einfluss Filmsequenzen anschauen. Wer dabei Tränen roch, zeigte bei den entsprechenden Szenen deutlich weniger unbewusste körperliche Erregung als diejenigen, die an Salzwasser rochen. Auch der im Blut gemessene Testosteron-Spiegel fiel bei ersteren niedriger aus.

Ob auch Männertränen ähnliche Auswirkungen auf Frauen haben oder was der Geruch von Tränen beim gleichen Geschlecht auslöst – das wurde bislang nicht untersucht.

Sympathie auf den ersten Riecher

Nicht nur in romantischen Beziehungen und bei der Auswahl des Sexualpartners spielen Düfte eine große Rolle. Wann immer Menschen aufeinandertreffen, entscheidet der Geruch über Sympathie oder Antipathie. Wie man riecht, kann einen sympathischen Eindruck machen oder abschrecken, zum Beispiel in einem Bewerbungsgespräch: Wie jeder Mensch entscheiden auch Chefs und Personalverantwortliche spontan und unterbewusst, wen sie gut riechen können. Dabei hat eine Untersuchung von Professor Robert A. Baron von der US-Universität Purdue ergeben, dass Männer in Labortests heftiger auf Duftstimulanzien reagierten als Frauen. Männliche Personaler stuften parfümierte Kandidaten in einem Bewerbungsgespräch als weniger intelligent, als unfreundlicher und auch unattraktiver ein als diejenigen ohne Eau de Toilette. Weibliche Personaler reagierten genau umgekehrt. Experten raten ohnehin dazu, es nicht zu übertreiben: Eine zu heftige Duftspur, etwa durch ein Parfüm, kann mitunter negativ wahrgenommen werden. Letztlich ist es eine Frage des persönlichen Geschmacks, der eigenen Erfahrungen und Erlebnisse, welchen Duft in welcher Konzentration man mag und welchen nicht.

Romeo und Julia – welchen Duft gibt man der Liebe?

Welchen Duft hat denn nun die Liebe? Darüber kann man trefflich streiten, hängt diese Frage doch mal wieder sehr von persönlichen Vorlieben ab. Schon im 19. Jahrhundert wurden Theater parfümiert, um so eine bestimmte Atmosphäre zu schaffen. 2009 durften wir im Teatro Real in Madrid, dem königlichen Theater, eine Inszenierung von William Shakespeares *Romeo und Julia* über Düsen in der Belüftungsanlage beduften. Die Zusammensetzung der Aromen hatte sich der Regisseur als ein besonderes Mittel seiner Inszenierung überlegt. In der Balkonszene spricht Julia am Fenster die berühmten Worte, denen Romeo heimlich lauscht:

„Was ist ein Name? Was uns Rose heißt, wie es auch hieße, würde lieblich duften."

In dem Moment sollte es nach Rosen riechen, dem Symbol der Liebe schlechthin. Was eine technische Herausforderung war, über die Klimaanlagen des Hauses mit Luftauslässen aus den Böden unterhalb der Sitze ließ sich die Beduftung aber bewerkstelligen. Dabei kann die Rose viel mehr als „nur" gut riechen und schön aussehen. Die Heilkraft von Rosenöl wird seit Jahrtausenden geschätzt. Die Damaszener-Rose, bekannt für ihren schweren und betörenden Duft, ist besonders reich an Duftmolekülen, ihr Rosenöl dient als Basis für die Parfüm- und Kosmetikproduktion. 2013 wurde die Damaszener-Rose zur

Heilpflanze des Jahres gekürt. Es heißt, sie wirke entzündungshemmend, krampflösend und fiebersenkend. Diese schönen Aspekte der Rose gaben bei der Duftwahl für Romeo und Julia im Teatro Real allerdings nicht den Ausschlag, sondern hier ging es natürlich um die erotische Anspielung.

11. Schweiß – ein ganz besonderer Duft

Denkt man an den Geruch von Menschen, ist man schnell beim menschlichen Schweiß. Mit Schweiß verbinden wir Anstrengung und Mühe – „ohne Schweiß kein Preis" oder „im Schweiße meines Angesichts" heißt es. Etwa einen halben bis einen Liter Flüssigkeit verliert der Mensch pro Tag über die Atemluft und die Verdunstung auf der Haut. Diese beiden Formen des Schwitzens sind für unser Auge nicht sichtbar, die Schweißdrüsen sind daran nicht beteiligt und inaktiv. Gerät unser Körper jedoch ins Schwitzen und produziert über die entsprechenden Drüsen Schweiß, so ist der Wasserverlust weitaus höher. Man schätzt, dass der Körper durch starke körperlicher Betätigung bei Arbeit und Sport oder bei hohen Temperaturen bis zu zehn Liter, in Extremfällen bis zu fünfzehn Liter Wasser verlieren kann. Die Schweißmenge ist nicht an allen Körperstellen gleich hoch. Dort, wo die Schweißdrüsen besonders dicht und zahlreich vorkommen, also auf den Handinnenflächen und Fußsohlen, in den Achselhöhlen, Ellenbeugen und auf der Stirn, wird mehr geschwitzt als dort, wo nur wenige Schweißdrüsen sind. Anzahl und Dichte sagen jedoch nichts über die Aktivität der Schweißdrüsen und die Schweißmenge aus, die an einzelnen Stellen am Körper entstehen kann. An der Stirn etwa sitzen zwar viele, aber längst nicht die meisten Schweißdrüsen. Und dennoch entsteht dort besonders viel Schweiß. Wir kennen es aus eigener Erfahrung, wenn uns bei Hitze oder Anstrengung zuerst der Schweiß auf der Stirn steht.

Entscheidend für das Ausmaß der Schweißproduktion ist also die Menge an Schweiß, die in einer bestimmten Zeit auf einer bestimmten Fläche unserer Haut entsteht. Nur der Mensch, kein anderer Primat, verfügt über Duftdrüsen in der Achselhöhle.

Das, was uns bei körperlicher Betätigung, beim Sport oder wenn es heiß ist, aus den Poren rinnt, riecht zunächst einmal nicht unangenehm. Denn das austretende klare Körpersekret, das die Aufgabe erfüllt, bei Hitze und Anstrengung den Körper auf seine Betriebstemperatur zu kühlen, besteht zu 99 Prozent aus Wasser. Das verbleibende eine Prozent ist für unangenehme Gerüche verantwortlich. Neben Salz setzt es sich vor allem aus Eiweißen, Aminosäuren, Milchsäure, Harnstoff, Zucker und Fett zusammen. Schweiß stinkt, wenn diese Stoffe von Bakterien auf der Haut zersetzt werden. Dabei werden unter anderem Buttersäure oder Methylhexansäure frei – die chemische Grundlage des menschlichen Schweißgeruchs. Je länger die Bakterien am Werke sind, desto unangenehmer wird die Geruchsbelästigung. Im Laufe des Lebens altern auch unsere Schweißdrüsen und ihre Aktivität nimmt ab. Weshalb ältere Menschen zum Beispiel im Sommer aufpassen sollten, sich nicht zu überhitzen.

Der Kampf gegen den Schweißgeruch ist ein gigantisches Geschäft. Milliarden werden weltweit für Deos ausgegeben. Knapp 780 Millionen Euro investieren allein die Deutschen im Jahr in Deodorants. Die meisten Konsumenten kaufen Sprays, um gut zu duften. Sie machen einen Umsatz von mehr als 400 Millionen Euro aus, dahinter folgen mit fast 200 Millionen Euro die Deoroller.

Man könnte denken, dass man einfach den guten, frischen Schweißgeruch nehmen und ihn als Gegenduft für den schlechten Geruch einsetzen muss. Aber so einfach ist es leider nicht. Und so wird auf dem Gebiet der Schweißgeruchsbekämpfung viel geforscht. Mit welchen Molekülen lässt sich Schweiß am besten maskieren und minimieren? Mit welchen Molekülen kann man Rezeptoren besetzen?

Als Duftdesigner beschäftige ich mich mit Schweiß nur indirekt. Wir überlegen, welcher Duft in welches Umfeld passt. Dafür müssen wir wissen, welche Gerüche bereits vorhanden sind. Was passiert, wenn sich ein neuer Duft mit dem vorhandenen verbindet? Möglicherweise ist die Kombination dann noch unangenehmer als zuvor. Daher ist es immer wichtig zu wissen, mit welchen schlechten Gerüchen wir es zu tun haben.

Der beste Duft des Menschen

Im Jahr 2013 fand eine internationale Konferenz von Duftexperten statt, 250 Parfümeure, Kosmetikhersteller, Vertreter großer Dufthäuser, Duftmarketingfachleute und Händler aus aller Welt kamen bei der Scent World Expo in einem Hotel in Downtown New York zusammen, um neue Duftkreationen vorzustellen und diese zu testen. New York ist eine sehr lebendige, pulsierende und geruchsintensive Metropole. Die Stadt riecht geradezu nach Multikulti, vor allem im Sommer, wenn es heiß und stickig ist. Die amerikanische Sängerin Beyoncé hat in einem Interview einmal gesagt, dass sie New York allein am Geruch erkennen würde: „Der Geruch dort ist sehr speziell, aber ich mag ihn. Wenn ich auf Tour war und nach New York komme, kann ich die Stadt mit geschlossenen Augen am Geruch erkennen." New York City rieche rau, echt und gut.

Der Duft der Großstadt wurde auf der Konferenz im Jahr 2013 allerdings nicht getestet, dafür aber viele andere spannende Düfte. Die Konferenzteilnehmer erhielten Riechstreifen der neuen Kreationen und sollten sie beurteilen. Uns war dazu etwas Ungewöhnliches eingefallen. Wir haben immer schon gerne herumexperimentiert und ließen als eine neue Entwicklung einen Schweißduft testen, einen frischen Sportschweißduft.

Wir hatten ihn im Labor hergestellt, indem wir die Zusammensetzung echten Schweißdufts nach dem Sport mit einem Gastomatographen analysierten und mit der Formel den Duft dann nachbauten. So kam er dem realen Schweißgeruch sehr nah. Die Essenz war flüssig, sie wurde auf die Riechstreifen aufgetragen. Man ließ sie kurz trocknen und konnte dann den Geruch wahrnehmen.

Wir waren gespannt, was die Profis zu dieser besonderen Kreation sagen würden und wie sie im Vergleich mit allen anderen Düften, die vorgestellt wurden, abschneiden würde. Die Fachleute sollten bewerten, wie innovativ ein Duft ist, welche Assoziationen beim Riechen entstehen, und am Ende ging es darum, aus allen Düften einen als Sieger zu küren. Natürlich haben wir unseren Schweißduft den Experten nicht als solchen kenntlich gemacht, und wir beobachteten sehr gespannt, wie die Reaktionen beim Riechen ausfielen.

Das Ergebnis hat uns dann regelrecht sprachlos gemacht: Keiner der Duftfachleute hatte unseren Duft als

Schweißduft identifiziert, sondern alle waren überzeugt, er sei ein Parfüm, das sehr frisch, mineralisch und vor allem energiegeladen duftete. Und am Ende schlug der Schweiß alle anderen neuen Düfte und landete nach der Abstimmung mit Abstand auf Platz eins.

Trotz des guten Abschneidens wurde aus unserem Sportschweiß später keine neue Parfümmarke. Einmal haben wir ihn dann aber doch noch einsetzen können: als Bestandteil eines Duftes für einen internationalen Sportartikelhersteller. Mit ihm wurden die neuen Flagship-Stores in New York, Sankt Petersburg und Peking beduftet. Der Schweißgeruch wurde mit anderen Duftstoffen kombiniert, unter anderem Leder und Iris. Bei einer Befragung im New Yorker Geschäft gaben 98 Prozent der Kunden an, dass der Duft positiv auf den Store wie auch auf die Marke wirke.

So viel zur Ehrenrettung des Schweißgeruchs, der frisch gar nicht übelriechend und unangenehm ist, sondern eher sinnlich und anregend.

Verschwitzte Traditionen

Es gibt etliche Untersuchungen, die belegen, dass sich frischer Schweiß auf die sexuelle Anziehung auswirken kann. Kein Wunder: Mit dem Schweiß werden nämlich Duftstoffe – die schon mehrfach erwähnten Pheromone – ausgeschüttet, die Lebewesen biochemisch kommunizieren lassen. Ein bestimmtes männliches Pheromon haben Forscher der University of California in Berkeley im Schweiß nachgewiesen: das Androsteron, ein Abbauprodukt des Testosterons, das Männer über den Schweiß absondern und auf dessen Geruch Frauen, das haben Tests gezeigt, mit einer gesteigerten Atem- und Pulsfrequenz sowie höherem Blutdruck reagieren.

Die Anziehungskraft von Schweiß spiegelt sich in vielen Traditionen und Ritualen wider. So sollen einst in Niederösterreich die jungen Frauen beim Tanzen ein Stück Apfel in ihrer Achselhöhle getragen haben. Hinterher gaben sie den Apfel einem jungen Mann zu essen. Auch in anderen europäischen Regionen kennt man diesen Brauch, mit variierenden Lebensmitteln. Michaela Vieser zitiert in ihrem Buch „Für immer und jetzt" aus einer historischen Anleitung für junge Damen aus der ostniedersächsischen Landschaft Wendland:

„Wenn ein Mädchen die Liebe eines Jungen haben will, so soll sie etwas Essbares unter den Arm (in die Achsel) thun, dasselbe durchschwitzen und dann zu essen geben."

Am französischen Hof machte folgende Anekdote über den betörenden Duft einer jungen Frau die Runde:

„1572 wurde die Hochzeit des Königs von Navarra mit Margarete von Valois im Louvre gefeiert, zu Gast war auch der Prinz von Condé mit seiner Frau, Maria von Clèves, eine ungeheuer schöne und liebliche Frau von neunzehn Jahren. Nachdem sie lang getanzt hatte und sich abkühlen wollte, zog sie sich in eine der Garderoben zurück, wo eine der Zofen sie anwies, das Hemd zu wechseln. Just in diesem Moment betrat der Herzog von Anjou das Gemach, um sich die Haare zu kämmen, und wischte sich aus Versehen sein Gesicht mit ihrem Hemd ab. Von diesem Moment an war er unsterblich in sie verliebt."

Der Achselschweiß steckt voller Pheromone, und die deutsche Kulturanthropologin Ingeborg Ebberfeld bestätigt, dass Frauen vom Achselgeruch der Männer nicht nur sexuell erregt werden. Sie können daran auch den passenden Partner für eine gemeinsame gesunde Nachkommenschaft identifizieren.

Manche Evolutionsbiologen sagen, dass die Pheromone erst in die Achselhöhle wanderten, als der Mensch begann, aufrecht zu gehen – weil damit die Intimzone mit ihrer Geruchsvielfalt zu weit von der Nase entfernt lag.

Interessanterweise riechen viele Asiaten nicht nach Schweiß. Das liegt nicht etwa am vielen Baden und außergewöhnlicher Reinlichkeit, sondern an einer Genveränderung. Sie bewirkt, dass in den sogenannten apokrinen Drüsen unter den Achseln die Ausgangsubstanzen für stinkende Stoffe nicht freigesetzt werden. Wer in Japan dennoch Achselschweiß verbreitete – etwa weil er vielleicht Vorfahren aus einem anderen Genpool hatte –, wurde bisweilen sogar vom Militärdienst befreit. Denn der Schweißgeruch galt den Japanern als Makel, den man niemandem zumuten wollte.

Angstschweiß

Die Produktion und Freisetzung von Angstschweiß oder kaltem Schweiß ist ein physiologisches Phänomen, das in Angst- oder Stresssituationen auftreten kann und vom Angstreflex ausgelöst wird. Schon die Steinzeitmenschen besaßen diesen für sie in Gefahrensituationen lebenswichtigen Reflex, da nicht nur Angstschweiß produziert, sondern auch innerhalb kürzester Zeit alle Energie mobilisiert wird, welche für den Kampf oder die Flucht benötigt wurde. Die schon erwähnte norwegische Duftforscherin und Künstlerin Sissel Tolaas hat sich dem Phänomen Angstschweiß sehr intensiv und auf sehr außergewöhnliche Weise gewidmet. So sammelte sie den Schweiß von Phobikern und präsentierte die Geruchsproben in Ausstellungen, zum Beispiel in Basel und New York. Interessant war, wie die Besucher auf den Schweißgeruch reagieren würden. Sissel Tolaas berichtete 2015 in einem Interview des Jugendmagazins der Bundeszentrale für politische Bildung über das Projekt:

„Das war ein Auftrag des Massachusetts Institute of Technology (MIT). Der Hintergrund waren Terror, Angst und Paranoia, die nach dem 11. September 2001 in den USA um sich griffen. Mich interessierte die Frage, ob ich Angstzustände von Personen riechen kann. Dazu traf ich mich weltweit mit Psychologen und Psychiatern, die mich wiederum mit Menschen bekannt machten, die an den unterschiedlichsten Phobien litten. Während ihrer Angstanfälle haben diese Patienten mit speziellen Geräten ihren Schweiß für mich eingefangen und mir die Proben geschickt. Die Moleküle habe ich chemisch analysiert und sie schließlich synthetisch als Öl reproduziert. Die synthetischen Geruchsmoleküle wurden dann in Mikrokapseln eingepackt, damit ich sie an die Wand streichen konnte." Diese Sammlung von Angstgerüchen wurde 2006 am MIT ausgestellt und ist dann durch die Welt gereist.

Die Reaktionen, so Tolaas, seien teilweise extrem gewesen, zum Beispiel Erregung, Übelkeit und Würgereize, da solche Gerüche schwer zu ertragen seien. Aber es gab auch ganz besondere Reaktionen. In Seoul besuchte ein alter Mann die Ausstellung, der als Soldat im Koreakrieg gewesen war. Einer der Gerüche habe ihn an den Krieg und die Nähe zu seinen schwitzenden Kameraden erinnert. Der Mann habe in diesem Moment zu weinen begonnen. In verschiedenen Kulturen reagierte man ganz unterschiedlich auf die Ausstellung. „In den USA ist Körperschweiß ja mehr oder weniger tabu", sagt Tolaas. Entsprechend reserviert hätten die Ausstellungsbesucher reagiert. In Südostasien hingegen hätten manche gar nicht genug davon bekommen können, weil die eigenen Körper dort ja selbst kaum Schweiß produzierten.

Tolaas wehrt sich gegen Intoleranz gegenüber Gerüchen, die von der Nase als unvertraut oder tabuisiert eingestuft werden. „Die meisten Menschen denken nur in einfachen Kategorien: gut oder schlecht. Und sie halten ihre Wahrnehmung für das Maß aller Dinge." Dagegen kämpfte sie schon Anfang der 1990er Jahre an, als sie begann, überall auf der Welt Geruchsträger wie Kamelmist oder Abfall zu sammeln und in Dosen zu konservieren. Mittlerweile ist ihr Geruchsarchiv auf mehr als 7 000 Proben angewachsen. Für große Aufmerksamkeit sorgte auch ein Projekt, das wir 2014 gemeinsam mit Sissel Tolaas für das Militärhistorische Museum der Bundeswehr in Dresden umsetzten. Tolaas reproduzierte den Geruch der Schlachtfelder des Ersten Weltkriegs. Eine Duftmischung aus Verwesung, Munition, verbrannten Körpern, Gas, Blut, Erde und Angstschweiß, die bei mir Ekel und ein Gefühl der Beklemmung erzeugte. Dieser

Geruch ließ nur erahnen, wie es den Menschen im Krieg ergangen sein musste, als sie dem Leid, dem Tod und der Hoffnungslosigkeit auf den Schlachtfeldern ausgeliefert waren.

Ist Angst ansteckend?

Wenn wir fremden Angstschweiß riechen, kann das in uns selbst Angstzustände auslösen? Dieser Frage ging Liliane Mujica-Parodi von der Stony-Brook-Universität in New York nach und erforschte das Phänomen mit Hilfe von Fallschirmspringern: Die Probanden ließen sich vor einem Fallschirmsprung mit kleinen Kissen ausstatten, die sie beim Sprung unter den Achseln tragen sollten. Für die Teilnehmer der Studie war es der erste Sprung aus großer Höhe. Demnach rechnete die Forscherin damit, dass die Springer eine Menge Angstschweiß produzieren würden. Nach dem Sprung extrahierten die Forscher den Duft aus den Kissen. Anschließend mussten vierzig Testpersonen in einem Versuchslabor die Gerüche der Springer inhalieren. Damit die Forscher sehen konnten, was im Gehirn der Probanden vor sich ging, wurden diese an einen Magnetresonanztomographen angeschlossen. Es zeigte sich: Wer Angstschweiß roch, bei dem wurde das Angstzentrum im Gehirn aktiv, im Gegensatz zu einer Kontrollgruppe, die an gewöhnlichem Schweiß gerochen hatte. Dass es sich um Angstschweiß handelte, nahmen die Probanden nicht bewusst wahr. Liliane Mujica-Parodi resümiert, dass „Angst buchstäblich ansteckend ist". Die Testreihe wurde übrigens finanziert vom US-Verteidigungsministerium.

Die Uni Kiel beschreibt auf ihrer Website Experimente mit menschlichem Schweiß, die zu weiteren spannenden Ergebnissen kamen. Zunächst wurde der Angstschweiß von 49 Probanden vor einer wichtigen Prüfung mittels Wattepads unter den Armen gesammelt. Als Kontrollduft dienten Schweißproben derselben Probanden, den man nach sportlichen Betätigungen gewonnen hatte. 28 andere Freiwillige rochen an den unterschiedlichen Proben in einem sogenannten Olfaktometer einem für die Studie konstruierten Gerät, während gleichzeitig die Hirnaktivität aufgezeichnet wurde. „Die Probanden lagen im Scanner und atmeten abwechselnd Kontrollgerüche und Angstgerüche über eine Atemmaske ein", erläutert Studienteilnehmer Alexander Prehn-Kristensen von der Klinik für Kinder- und Jugendpsychiatrie. „Es handelte sich um ganz kurze Geruchspräsentationen, und nur die Hälfte der Teilnehmer hat überhaupt etwas gerochen." Die Resultate waren dennoch eindeutig, und zwar unabhängig davon, ob die Teilnehmer die Gerüche bewusst wahrgenommen hatten oder nicht.

„Zu den Zeitpunkten, an denen wir den Angstgeruch präsentierten, wurden die Gehirnregionen aktiviert, die – wie man aus anderen Studien weiß – mit Empathie zu tun haben, also dem Vermögen, sich in andere hineinzuversetzen", so Prehn-Kristensen. „Mit dem Geruch haben wir die Bereitschaft angestoßen, empathisch zu reagieren, ohne dass das den Leuten, die im Scanner lagen, klar war."

Die automatische Geruchsverarbeitung ist für Professor Roman Ferstl, der die Studie geleitet hat, das

Frappierendste an den Ergebnissen. „Die Angstsignaler-kennung erfolgt offensichtlich automatisch, ohne dass wir uns dessen bewusst sind. Die ausgelöste Reaktion muss man sicher noch weiter untersuchen. Es spricht aber sehr viel dafür, dass der Angstgeruch ein sehr starkes soziales Signal aussendet." In einer anderen Kieler Studie habe man herausgefunden, dass Probanden unter diesem Eindruck des Angstgeruchs Gesichter völlig anders bewerteten. Reaktionen des Schreckens, die während der Präsentation des Angstgeruchs ausgelöst wurden, fielen wesentlich stärker aus als unter Sport-schweißgeruch. Ferstl kommt zu dem Schluss: „Unser Organismus, unser ganzer psychischer Apparat, wappnet sich für mögliche Gefahren. Soziale Signale aus dem Gesicht, vermutlich auch aus der ganzen Körperhaltung, werden anders eingeschätzt."

Die Psychologin Bettina Pause von der Düsseldorfer Heinrich-Heine-Universität sammelte wie in dem Kieler Experiment den Angstschweiß von Studenten vor und während einer Abschlussprüfung. Unter der Achsel mussten die Teilnehmer ebenfalls ein Wattepad tragen. Außerdem nahm auch sie von ihren Testpersonen Schweißproben, die sie bei sportlicher Betätigung absonderten. Anschließend setzte Pause eine weitere Gruppe von Probanden dem Geruch von Sport- und Angst-schweiß aus. Die Konzentrationen beider Schweißarten waren so niedrig, dass man den Geruch nicht bewusst wahrnehmen konnte. Dennoch, sobald die Probanden den Angstschweiß in der Nase hatten, versetzte dieser sie in Alarmbereitschaft. Darüber hinaus stellte die Psychologin eine Veränderung der Wahrnehmungsfähigkeit fest. Die Probanden konnten auch auf Fotos, die man ihnen zeigte und die man sie beurteilen ließ, besser erkennen, ob Menschen einen ängstlichen Gesichtsausdruck hatten.

12. Geruchssinn und Gesundheit – kann man Krankheiten riechen?

Lässt sich vom Geruchsempfinden eines Menschen auf dessen Gesundheitszustand schließen? Kann man bestimmte Krankheiten riechen? Und was passiert eigentlich, wenn wir unseren Geruchssinn einbüßen? Welcher Verlust an Lebensqualität geht ganz konkret damit einher? Man muss nur daran denken, wie eingeschränkt man ist, wenn einen ein Schnupfen quält und die Nase zu ist. Man riecht nichts, man schmeckt nichts. Heuschnupfen-Betroffene können davon ein Lied singen.

Unterschieden wird bei Riechstörungen zwischen: der Hyposmie, dem eingeschränkten Verlust des Geruchssinns; der Anosmie, dem völligen Verlust des Geruchssinns; der Hyperosmie, der Überempfindlichkeit gegenüber Gerüchen; und der Dysosmie, die man auch als Fehlriechen bezeichnet. Im letzten Fall nimmt der Betroffene völlig falsche Gerüche wahr, da die sogenannten höheren Verarbeitungszentren geschädigt sind.

Leben ohne zu riechen

Etwa 5 Prozent der Bevölkerung leiden unter einer sogenannten Anosmie, das heißt, sie können nicht riechen. Eine erstaunlich hohe Zahl. Und laut Professor Hummel kommt jeder 7 000. Mensch ohne die Fähigkeit zu riechen auf die Welt. Das liege dann an der für das Riechen verantwortlichen Gehirnstruktur, die nicht richtig ausgebildet sei.

„Der Verlust des Geruchssinnes im Erwachsenenalter kann verschiedene Ursachen haben, wie ein Schädelhirntrauma oder eine Entzündung in der Nase", erklärt der Mediziner. Sehr häufig gehe der Riechverlust aber auch mit dem Altwerden einher. Ab dem fünfzigsten Lebensjahr habe ein Viertel der Menschen Einschränkungen beim Riechen: „Wenn Sie Leute nehmen, die älter als siebzig sind, kann von denen etwa ein Drittel praktisch gar nicht mehr riechen. Und ab achtzig Jahren hat bereits die Hälfte der Menschen ein massives Riechdefizit. Man kann ganz eindeutig eine Altersabhängigkeit nachweisen." Dass Kinder ihren Geruchssinn verlieren, komme nur selten vor. Andere Ursachen für einen Geruchsverlust, ob komplett oder teilweise, sind chronische Entzündungen der Nase, der Nasennebenhöhlen; auch Polypen in der Nase, nasale Infekte oder Infekte der Atemwege führen zu einer Riechminderung. Oder ein Schädelhirntrauma, das durch einen Unfall verursacht wurde.

„Auch bei Demenz- und Alzheimer-Erkrankungen, neurodegenerativen Erkrankungen wie Parkinson stellen wir häufig fest, dass sie von einem Riechverlust begleitet werden", sagt Professor Hummel. Die allerhäufigste Ursache aber sei „eine chronische Nebenhöhlenentzündung, die den Geruchssinn der Betroffenen minimiert oder betäubt".

Was es bedeutet, seinen Geruchssinn zu verlieren, hat Andreas Responde aus Berlin auf tragische Weise am eigenen Leib erleben müssen. Andreas Responde ist von Beruf Koch – sein Traumjob, wie er selbst sagt; ein Beruf, bei dem man ohne Geruchssinn aufgeschmissen ist. Im Juli 2010 kam er von der Arbeit und hörte auf seinem Nachhauseweg die Hilfeschreie eines jungen Mädchens. Er eilte zu Hilfe und wurde selbst zum Opfer.

„Ich fiel zu Boden – und dann wurde auf mich eingetreten, immer weiter auf meinen Hinterkopf. Meine Nase wurde komplett zertrümmert, und durch die Tritte sind die Riechfäden gerissen."

In den ersten sechs Wochen nach dem Vorfall war sich Responde gar nicht darüber bewusst, dass er seinen Geruchssinn verloren hatte. „Meine Nase war komplett zu, wie bei einem starken Schnupfen, alles schmeckte gleich, wie ein Einheitsbrei. Es war mir egal, was ich gegessen habe, nichts schmeckte."

Als er zum ersten Mal wieder durch die Nase Luft holen konnte, sei das für ihn ein echtes Highlight gewesen. „Dass ich nicht mehr riechen konnte, ist mir da aber immer noch nicht wirklich aufgefallen, weil ich die Erinnerungen an die Gerüche abrufen konnte", erzählt er. „Ich sah eine Zitrone und wusste, wie sie riecht, ohne sie tatsächlich zu riechen. Nur wenn ich die Augen schloss, dann funktionierte das nicht mehr."

Die Erkenntnis, nie mehr riechen zu können, war „ein Riesenschock", sagt Responde. Niemand habe helfen können. „Nach einigen Monaten habe ich damit angefangen, meine Nase alleine zu schulen. Im Supermarkt habe ich versucht, intensiv an Paprika, Zucchini, Brokkoli oder Orangen zu riechen, um festzustellen, was ich noch wahrnehmen konnte. Oder ich ging zu den Gewürzen und habe versucht, die zu erkennen. Basilikum, Rosmarin und Thymian klappten, aber den Rest konnte ich nicht mehr riechen." Eine Operation hätte vielleicht eine Besserung bringen können – mit dem Risiko, auch noch den Rest des Geruchssinns zu verlieren. Dieses Risiko wollte er nicht eingehen. Nach einer einjährigen Auszeit wagte Responde die Rückkehr in seinen Beruf als Koch – eine enorme Anstrengung.

„Ich konnte mich zum Glück auf gute Kollegen verlassen, die mir dabei halfen, wieder arbeiten zu können. Sie schmeckten ab, was ich gekocht hatte. Ich wusste noch, wie ich etwas zubereiten musste, damit es schmeckt. Nach einfachem Imbisskram habe ich mich Schritt für Schritt wieder an das Kochen gewöhnt. Es war dennoch so, als müsste ich alles ganz neu erlernen."

Heute hat Andreas Responde sein Arbeitsleben auf die Einschränkungen eingestellt. „Ich koche Rezepte, die ich schon jahrelang gekocht habe, bei denen ich weiß, wie viel an Zutaten ich verwenden muss." Seine Freude am Essen und Genießen aber sei „bis heute weg, und das macht mich oft noch traurig". Und dennoch, auch wenn er nicht mehr riechen könne wie früher, sagt Andreas Responde, so koche er immer noch mit großer Leidenschaft.

Der Wert des Geruchssinns ...

... lässt sich in Gold nicht aufwiegen. Kann man seine Nase versichern lassen, wenn man von Berufs wegen auf sie angewiesen ist? Zweimal in meinem Leben habe ich mir ernsthaft Sorgen um meine Fähigkeit zu riechen gemacht: Als ich an einer schweren Virusgrippe litt und beide Male tagelang keinerlei Geruchsempfinden hatte.

Was passiert, wenn das so bleibt?, fragte ich mich damals. Meinen Job jedenfalls könnte ich nicht weiter ausüben.

Natürlich könne man eine Versicherung abschließen, sagt Parfümeur Geza Schön auf die Frage, ob auch er sich mit diesem Thema beschäftigt habe, aber kein Geld der Welt könne über den Verlust des Geruchssinns hinwegtrösten.

Vor ein paar Jahren kursierte in den Medien die Meldung über einen Niederländer namens Ilja Gort. Der Winzer und Weintester ließ bei dem britischen Versicherungsunternehmen Lloyd's seine Nase und seinen Geruchssinn angeblich für fünf Millionen Euro versichern, die fällig würden, könnte Gort plötzlich nicht mehr riechen. Die Vertragsbedingungen muten skurril an, so darf Gort weder Motorrad fahren noch boxen, und auch das Stutzen seines Vollbarts steht fortan unter besonderer Beobachtung. Ob das alles so ernst gemeint ist oder ob der Winzer nur in einem Atemzug mit Marlene Dietrich, die ihre berühmten Beine versichern ließ, genannt werden wollte, ließ Ilja Gort offen.

Auch in Deutschland kann man sich im Rahmen einer Unfallversicherung gegen den Verlust des Geruchssinns versichern lassen. Der Gesamtverband der Deutschen Versicherungswirtschaft (GDV) hat standardisierte Richtwerte für die sogenannte Gliedertaxe festgelegt, nach welcher man bei Verlust des Geruchssinns 10 Prozent der Versicherungssumme erhält. Zum Vergleich: Beim Verlust eines Auges erhält man 50 Prozent, bei Verlust des Gehörs auf einem Ohr 30 Prozent. Dabei handelt es sich um Mindestwerte, Versicherungen können den Prozentsatz auch erhöhen. Wie hoch die Versicherungssumme ist, kann der Versicherungsnehmer selber bestimmen, was wiederum davon abhängt, welche Bedeutung ein Körperteil für den Betroffenen hat. Wie hoch Versicherungen den Wert des Geruchssinns einschätzen, sagt vielleicht auch einiges über den Stellenwert des Riechens in unserer Gesellschaft aus.

Verlust sozialen Lebens

Dass der Verlust des Riechens mit einem Verlust an sozialem Leben einhergeht, wie es Koch Andreas Responde erfahren musste, bestätigt auch Professor Hummel. Menschen, die ohne Geruchssinn zur Welt kommen oder ihn verlieren, erfahren große Einschränkungen – beruflich wie privat.

„Nach außen hin ist diese Behinderung kaum wahrnehmbar. Für die Patienten aber bringt sie erhebliche Defizite." Etwa im sozialen Bereich. Zum Beispiel könnten Nichtriechende Körpergerüche viel schlechter oder gar nicht wahrnehmen, auch nicht ihren eigenen Körpergeruch.

„Sie wissen nicht einmal, wie die eigenen Kinder riechen oder was der Partner für einen Geruch hat. Für viele Menschen ist das ein erheblicher Verlust." Ein zweites großes Defizit sei die fehlende Fähigkeit, Risiken einzuschätzen und entsprechend zu reagieren.

„Man kann plötzlich Warnsignale nicht mehr wahrnehmen. Patienten, die nicht riechen können, bekommen häufiger Lebensmittelvergiftungen, weil sie zum Beispiel nicht erkennen, dass die Milch aus der Packung bereits vergoren ist. Oder sie essen verdorbene Fleischprodukte, was sehr schnell eine Lebensmittelvergiftung zur Folge haben kann. Gerüche – und das ist nicht zu unterschätzen – spielen in unserem alltäglichen Leben eine signifikante Rolle bei der Kontrolle von Lebensmitteln. Auch kann man ohne den Geruchssinn kein ausströmendes Gas riechen oder Brandgeruch frühzeitig erkennen." Schließlich bedeutet ein mangelhafter oder sogar fehlender Geruchssinn einen massiven Verlust an Lebensqualität, betont Professor Hummel. „Ohne Geruch und Geschmack ist das Leben buchstäblich fad. Denn die Aromawahrnehmung ist stark eingeschränkt oder nicht vorhanden. Wenn man in einen Apfel beißt, schmeckt er bestenfalls süßlich und säuerlich, aber das Apfelaroma nimmt man nicht wahr."

Viele Patienten seien in ihrer Sozialkompetenz stark eingeschränkt. Schließlich hätten viele Sozialkontakte mit essen oder trinken zu tun. „Früher, als ich noch riechen konnte, bin ich sehr gerne essen gegangen", sagt auch Andreas Responde, „aber das ist jetzt vorbei."

Olfaktorische Störungen können auch ein frühes Symptom neurodegenerativer Krankheiten sein. Die Riechleistung von Patienten mit Parkinson-Syndrom lässt oft bereits vier bis sechs Jahre vor dem Ausbruch motorischer Symptome schleichend nach. Der oft zu lesenden Aussage, dass Demenzkranke nicht mehr in der Lage seien, Pfefferminz zu riechen, widerspricht Professor Hummel allerdings vehement.

„So einfach ist das leider nicht. Man kann nicht einen Duft anbieten und sagen, wenn der Patient ihn nicht riechen kann, dann hat er diese oder jene Krankheit. Das ist eine schöne Vorstellung und würde bei der Diagnose helfen, klappt aber im richtigen Leben nicht." Bei

Demenzkranken komme zu den anatomisch begründbaren Riechschwierigkeiten erschwerend die Vergesslichkeit der Betroffenen hinzu.

„Zwar mögen sie noch eine normale Empfindlichkeit gegenüber Düften haben, tun sich aber mit deren Benennung schwer", sagt Professor Hummel. „Und die Erinnerung an frühere Momente, in denen sie einen Geruch empfunden haben, fehlt auch vielfach."

In der Regel aber liegen einer Geruchseinschränkung, so der Geruchsforscher, relativ harmlose Ursachen zugrunde.

„Häufig berichten mir Patienten, die einen Infekt mit sich herumschleppen, dass sie morgens aufwachen und plötzlich nicht mehr riechen können. Das fällt natürlich sofort auf und wirkt verstörend, weil sie ihr Parfüm nicht mehr riechen, ihr Shampoo und ihr Deo nicht. Auch den Kaffeeduft nehmen sie nicht mehr wahr. Und das Müsli, das sie zum Frühstück essen, schmeckt auf einmal nach Pappe."

Wenn lediglich die Nasenschleimhaut entzündet ist, werden entzündungshemmende Medikamente verabreicht, sagt Professor Hummel, wie Antibiotika, Nasenspülungen oder auch Cortisonsprays. In bestimmten Fällen schlägt der Mediziner auch eine Operation vor, je nachdem, wie der Befund aussieht und wie stark der Geruchssinn eingeschränkt ist.

Den Simulanten auf der Spur

Wenn aber einem Riechproblem nicht so einfach auf den Grund zu gehen ist, kommen wir ins Spiel. Gemeinsam mit Professor Hummel haben wir ein Duftsystem entwickelt, mit dem man die Geruchswahrnehmung der Patienten testen kann. Unter anderem im Auftrag von Krankenversicherungen: Denn wenn ein Patient aufgrund des Riechverlusts Leistungen einfordert, möchte die Versicherung bisweilen Klarheit darüber haben, ob der Patient nicht möglicherweise simuliert. Wenn der Verdacht besteht, dass jemand eine Krankheit simuliert, schickt ihn die Versicherung zu einem Riechtest, bei dem der Mediziner nicht nur feststellt, welche Düfte der Patient in welcher Quantität riechen kann, sondern auch die Gehirnströme des Patienten misst. Folgende signifikanten Düfte haben wir mit Professor Hummel für das Testverfahren entwickelt: Kaffee, Zimt, Orange, Birne, Pfefferminz, Ananas, Gras, Melone, Cola und Schokolade. Diese Düfte werden von einem Gerät, vor dem der Patient sitzt, abgesondert.

„Ob jemand riechen kann oder nicht, ist für Außenstehende nicht so einfach erkenntlich", sagt Hummel: „Ein Patient hatte einen Unfall, bei dem er mit dem Hinterkopf auf den Boden aufschlug. Dadurch habe er seinen Geruchssinn verloren, behauptete er. Die Versicherung wurde informiert und sollte finanzielle Maßnahmen einleiten. In diesem Fall hatte die Versicherung aber Zweifel an der Darstellung des Patienten. Bevor sie ihm Geld zahlte, wollte man sichergehen, dass er nicht simulierte. Man schickte ihn also für einem Riechtest zu uns."

In den meisten Fällen seien die Patienten ehrlich und machten korrekte Angaben darüber, was passiert sei. Einige wenige aber machten auch falsche Angaben, „die wir dann wiederum entlarven können". Unter anderem, indem man die Patienten an Riechstiften schnüffeln lässt. „Wir halten ihnen einen Duft vor die Nase und fragen sie, wie sie Düfte unterscheiden, ob sie bestimmte Düfte erkennen und bezeichnen können."

Manche sagen dabei aber die Unwahrheit, weshalb bei einem solchen Verdacht – unabhängig davon, wie der Patient mitarbeitet – dessen Hirnströme untersucht werden. „Dafür kommen die Düfte mit einer speziellen Apparatur in die Nase, die sehr genau und fein arbeitet, sodass die Düfte in einen ständig fließenden Luftstrom eingebettet sind", erklärt Professor Hummel. „Nur dann können wir erkennen, wie das Gehirn auf diese verabreichten Düfte reagiert. Mit dieser Untersuchungsmethode lässt sich eindeutig feststellen: Riecht die Person etwas, ist ihr Geruchsempfinden eingeschränkt oder ist es ganz verloren gegangen?"

Hierzu verwenden die Wissenschaftler zum Beispiel Rosenduft, einen sehr blumigen Duft also, und einen zweiten, der nach faulen Eiern riecht: Schwefelwasserstoff. Beide Düfte haben den Vorteil, dass sie sehr spezifische Duftreize sind.

Viele andere Düfte wie Essigsäure, Ammoniak oder Menthol haben noch einen anderen Effekt auf die Nase. Die riechen wir nicht nur, sondern sie kühlen, kitzeln oder stechen leicht in der Nase. Essiggeruch zum Beispiel hat etwas Beißendes.

„Bei der Untersuchung der Hirnströme möchten wir diese Reaktionen vermeiden", erklärt Riechforscher Hummel. „Der Patient soll wirklich nur riechen."

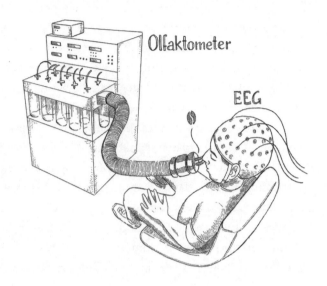

In der Riechsprechstunde

Schwerpunkt der Arbeit von Professor Hummel ist jedoch „nicht das Überführen von Simulanten, sondern Hilfe für Menschen, die leiden und für die wir eine spezielle Sprechstunde anbieten". In der Riechsprechstunde wird die Nase der Patienten untersucht, indem die Ärzte mit einem Endoskop in sie hineinschauen.

„Wir betrachten bei den Untersuchungen auch den Mund, den Hals und die Ohren. Nach dieser ersten Untersuchung führen wir eine Riechtestung und eine Schmecktestung durch." Die Riechtestung ist dabei untergliedert in drei Teile. Im ersten wird die Riechschwelle betrachtet: Ab wann kann der Patient überhaupt Düfte wahrnehmen? Dann wird untersucht, wie Düfte unterschieden werden können, und anschließend wird geklärt, ob und wie der Patient Düfte erkennen kann.

In einem nächsten Schritt wird ein Riechtest durchgeführt, bei dem die Düfte durch den Mund gehen. Wie nimmt man Düfte wahr, die von der Mundhöhle aus in die Nase gelangen und dann in der Nase wahrgenommen werden? Das nennt man retronasales Riechen, erklärt Professor Hummel. „Die retronasale Wahrnehmung erfolgt nach dem Transport flüchtiger aromatischer Verbindungen aus der Mundhöhle über den Rachenraum zu den Rezeptoren im Nasenraum. Sie steht im Gegensatz zum orthonasalen Riechen, wenn Gerüche über die Nasenlöcher in die Nase gelangen." Das retronasale Riechen wird gerne mit Kaffee- oder Kakaogeschmack getestet. Dabei ist das Besondere, dass der Kaffeegeschmack ebenso wie das Kaffeearoma eine Bitterkomponente hat."

„Uns interessiert bei dieser Untersuchung die Wahrnehmung des Kaffeearomas in der Nase und nicht der Bittergeschmack auf der Zunge", sagt Professor Hummel. „Im nächsten Schritt schauen wir uns mittels eines Elektroenzephalogramms (EEG) die Gehirnströme an, also die Reizverarbeitung der Düfte im Gehirn, sozusagen die Antwort auf die Duftwahrnehmung im Gehirn." Während der Patient an das EEG angeschlossen ist, werden ihm wiederholt Riechreize dargeboten. Anhand der Hirnstromkurve kann man dann genau erkennen, wie ein bestimmter Duft im Gehirn verarbeitet wird. Die Untersuchung der Hirnströme habe einen hohen Stellenwert bei Kindern und bei älteren Menschen oder wenn der Patient nicht glaubwürdig erscheine, erklärt Professor Hummel. Kinder seien oft schwer zu untersuchen, da sie sich noch nicht so präzise äußern können. Ähnlich sei es bei älteren Leuten, sobald sie demenzkrank oder anderweitig kognitiv eingeschränkt sind. „Die Gehirnströme zeigen uns letztlich, was passiert, wenn Menschen Düfte in die Nase bekommen, was sie in der Nasenschleimhaut auslösen können, wie der Riechkolben die Signale aussendet und wie die Düfte verarbeitet werden."

Die Auswahl der Düfte, mit denen die Patienten konfrontiert werden, hänge davon ab, was man untersuchen möchte, sagt Professor Hummel. Wolle man zum Beispiel herausfinden, ob der Proband Düfte erkennen kann, setzt man solche ein, die jedem vertraut sind, etwa Kaffee, Kakao, Orange oder Gewürznelke. Ist es Ziel der Untersuchung festzustellen, ob der Patient Düfte unterscheiden kann, verwendet man solche, die weniger bekannt und vertraut sind. Denn hier kommt es darauf an, ob man bei der Qualität die verschiedenen Düfte differenzieren kann.

„Es ist gar nicht so leicht, einen Duft wie den der Ananas zu bestimmen, wenn man ihn aus einer Düse angeboten bekommt, ohne dass eine Ananas auf dem Tisch liegt", sagt der Mediziner Hummel.

„Wir stellen den Probanden eine Dreiecksaufgabe. Von drei Düften sind zwei Düfte ähnlich, ein dritter riecht ganz anders, und diesen dritten Duft, der sich unterscheidet, gilt es herauszufiltern. Dabei ist nicht wichtig, den Duft an sich zu kennen und zu benennen, entscheidend ist allein, die Düfte zu unterscheiden. In einer weiteren Aufgabenstellung betrachten wir, wie empfindlich Menschen auf bestimmte Düfte reagieren, indem wir zum Beispiel ihre Riechschwelle bei dem Duft von Butanol oder Rosen überprüfen. Butanol riecht ein bisschen nach Käse und alten Socken. Ab welchem Schwellenbereich wird der Duft als Erstes wahrgenommen und ab welcher Konzentration?" Solche Tests ermöglichen den Ärzten, die Art der

Riechstörung zu diagnostizieren, um gezielt gegen sie vorzugehen und sie zu heilen.

Nach sechs bis neun Monaten werden die Tests wiederholt, um zu überprüfen, ob die Therapie eine Besserung gebracht hat.

In einer neuen Studie wollten die Geruchsforscher der TU Dresden herausfinden, ob sich nach einer Operation der Nasennebenhöhlen die Geruchswahrnehmung verbesserte und ob und wie sich danach die Hirnstruktur änderte. „Bei Patienten, die wegen einer entzündlichen Erkrankung in der Nase operiert werden, kann man drei bis vier Monate nach dem Eingriff eine Vergrößerung des Riechkolbens feststellen", erklärt Professor Hummel. Und auch im Gehirn fanden die Wissenschaftler Areale, die an Volumen zugenommen hatten, sodass Düfte besser verarbeitet werden konnten. „In diesem Fall hatte also die Operation als Therapie der Riechstörung ganz erhebliche Auswirkungen, weil sich das Gehirn positiv verändert und dadurch sich auch das Riechen verändert."

Das Geruchsvermögen ist trainierbar und flexibel, weiß Professor Hummel.

Übung: Nasenlangzeittraining

Professor Hummel empfiehlt, sich vier unterschiedliche Düfte auszusuchen und an ihnen jeden Morgen und jeden Abend intensiv zu riechen, und das nicht nur vierzehn Tage lang sondern mindestens ein halbes Jahr. Das tägliche Schnüffeln an den vier Geruchsproben soll ein kleines Ritual werden – zum Beispiel Rose, Eukalyptus, Zitrone und Nelke. Das Training verstärkt den Geruchssinn, interessanterweise nicht nur in Bezug auf die Düfte, an denen man regelmäßig schnuppert, sondern generell für alle Düfte. „Unser Geruchssinn ist beweglich. Wenn wir neue Düfte riechen, wachsen uns wahrscheinlich neue Riechzellen", sagt Professor Hummel. „Und auch im Gehirn vergrößern sich Strukturen, die mit dem Riechen im Zusammenhang stehen. In der Folge verbessert sich unser Geruchssinn." Entscheidend ist dabei, sich möglichst intensiv mit Düften und Gerüchen zu beschäftigen. „Wir wissen leider nicht genau, welche Düfte zum Training des Riechsinns besonders geeignet wären, daher die Empfehlung, vier verschiedene zu nehmen. Nur so können verschiedene Rezeptoren oder verschiedene Riechzellen aktiviert werden." Nach einem halben oder sogar ganzen Jahr wird das tägliche Training Früchte tragen. „Man wird von selber spüren, dass sich der Geruchssinn verbessert hat, ebenso wie der Geschmack, das geht ja Hand in Hand." Wer also besser riechen möchte, der muss Geduld haben.

Kann man Krankheiten riechen?

Der antike Arzt Hippokrates – ein Vater der Medizin – lehrte seine Schüler, Krankheiten durch deren Gerüche zu diagnostizieren, indem er sie an Speichel, Schweiß, Urin, vaginaler Flüssigkeit und Wunden – Bakterien in infizierten Verletzungen geben eine Reihe von Gerüchen ab – schnüffeln ließ. Auch Heilpraktiker, die nach der Traditionellen Chinesischen Medizin arbeiten, schließen aus dem Geruch des Atems auf mögliche Beschwerden. Selbst die moderne westliche Medizin hat erkannt, dass Krankheiten ihre Duftmarken hinterlassen. So verströmen Diabetiker oft einen leichten Geruch nach Aceton, der bei einer Unterversorgung mit Zucker entsteht. Der

Geruch von Aceton erinnert an Nagellackentferner. Eine kranke Leber, die manche Stoffwechselprodukte nicht mehr abbaut, lässt den Betroffenen nach tierischer Leber und Erde riechen, Nierenkranke riechen nach Ammoniak. Und der Geruch eines Menschen nach frischem Brot könnte auf eine Typhuserkrankung hindeuten. „Dieses Phänomen wird seit langem genutzt. Patienten, die an einer Lebererkrankung leiden, strömen einen besonderen Geruch aus, ebenso solche mit Nierenerkrankungen, wenn sich Abfallprodukte nicht abbauen lassen. Dadurch bekommt man einen seltsamen Körpergeruch", bestätigt Professor Hummel.

Auch an der Früherkennung von Tumoren wird seit Jahren gearbeitet. Inwiefern trägt der Körpergeruch dazu bei, dass man solche Erkrankungen früher erkennt? „Es gibt Studien, wonach Menschen, die einen Tumor haben, einen ausgeprägten Körpergeruch aufweisen", erklärt Professor Hummel. „Spannend wäre es, dieses Wissen für die Früherkennung zu nutzen." Sogenannte elektronische Nasen, technische Systeme zur Messung von Gerüchen, seien aber noch nicht verlässlich und ausgereift genug. „Ich kann aber mir vorstellen, dass es in naher Zukunft ein Warnsystem geben wird, das zum Beispiel gelb leuchtet, wenn ein Patient nach Diabetes oder nach Bluthochdruck riecht."

Das US-Fachmagazin „Psychology Today" berichtete von einer Frau, die angibt, Parkinson-Erkrankungen riechen zu können. Sie will eines Tages einen moschusartigen Geruch am Hals ihres Mannes wahrgenommen haben, ohne sich darüber zunächst weiter Gedanken gemacht zu haben. Sechs Jahre später jedoch wurde bei ihrem

Mann tatsächlich Parkinson diagnostiziert. Das Ehepaar ging regelmäßig zu einer Parkinson-Gruppe mit anderen Betroffenen und ihren Angehörigen. Hier roch Joy zu ihrem Erstaunen erneut den gleichen moschusartigen Geruch, der von anderen Patienten ausging. Nachdem sie ihrem Arzt davon berichtet hatte, führte ein Forschungslabor mit ihr ein Experiment durch. Dabei wählten die Studienleiter zwölf Personen aus – sechs gesunde und sechs an Parkinson erkrankte. Die Probanden wurden gebeten, einen Tag lang neue T-Shirts, alle vom gleichen Modell, zu tragen. Joy sollte nun durch den Geruch der T-Shirts herauszufinden versuchen, wie viele Probanden an Parkinson litten und wie viele gesund waren. Sie identifizierte fünf gesunde Personen und aufgrund des Moschusgeruchs sieben mit Parkinson, betonte aber, dass eine der gesunden Testpersonen auch den verräterischen Moschusgeruch aufweise und dass sie ihn deshalb der Gruppe der Parkinson-Kranken zugeordnet habe. Die Forscher folgerten, dass es nicht belegt sei, ob die richtigen Einschätzungen der Frau von elf der Testpersonen tatsächlich aufgrund des Körpergeruchs getroffen worden waren oder ob sie zufällig zustande gekommen waren. Zur Überraschung der Forscher wurde jedoch acht Monate später bei dem sechsten vermeintlich gesunden Probanden erstmals die Parkinson-Krankheit diagnostiziert, was Joys Trefferquote auf 100 Prozent erhöhte. Biomediziner versuchen jetzt, eine „elektronische Nase" zu schaffen, die flüchtige organische Verbindungen von Menschen mit Parkinson erkennen kann, sodass Ärzte Parkinson mehrere Jahre vor dem Auftreten der ersten Symptome diagnostizieren und frühzeitig behandeln können.

Ob Zufall oder Geruchssinn, auch diese Geschichte zeigt zumindest eines: Der menschliche Geruchssinn ist weitaus sensibler als Neurowissenschaftler und Experten lange Zeit vermutet haben. Vielleicht steht er dem des Hundes gar nicht so sehr nach wie bisher angenommen, das zumindest schrieb der Psychologe John McGann von der Rutgers University in der Fachzeitschrift „Science". Er behauptet, die menschliche Nase könne eine breite Palette wichtiger Düfte erkennen, von denen man früher meinte, sie könnten nur von Säugetieren wie Hunden und Ratten wahrgenommen werden: „Menschen können Geruchsspuren folgen und zeigen sogar ein hundeähnliches Suchverhalten, wenn die Spur die Richtung wechselt." Laut jüngsten Forschungen, so McGann, sei die Anzahl an Geruchsneuronen bei allen Spezies relativ gleich, auch wenn der Riechkolben unterschiedlich groß ausgebildet sei.

Der schwedische Geruchsforscher und Zoologe Matthias Laska von der Universität Linköping sagt, man könne zwar üben, Gerüche zu unterscheiden, die Sensibilität gegenüber den Gerüchen lasse sich aber nicht trainieren. Ein Parfümeur müsse viele Jahre seine Nase trainieren, um hunderte Gerüche unterscheiden zu können, als Weintester könne er dann aber zum Beispiel nicht arbeiten, da es beim Wein um ganz andere Gerüche gehe. Zudem mangele es an Grundlagenforschung, kritisiert Laska, zumal für den Vergleich des Geruchssinns von Hunden und Menschen.

Ob der Geruchssinn von Hunden möglicherweise ein Frühwarnsystem bei Krebserkrankungen sein könnte, wird seit Jahren diskutiert und untersucht. Experten der

Pine Street Foundation in San Anselmo, die sich in der Krebsforschung engagiert, wollen aufgezeigt haben, dass trainierte Hunde an menschlichen Atemproben erschnüffeln konnten, ob der Proband an Brust- oder Lungenkrebs erkrankt war oder nicht. Dass Hunde Krebs erschnüffeln können, liege – so die Verfechter der Theorie – vermutlich daran, dass sie auf Verbindungen reagieren, die aus dem gestörten Stoffwechsel resultieren. Tatsache ist, ein Schäferhund etwa hat um die 220 Millionen Riechzellen. Hunde sind Makrosmatiker und orientieren sich zum Großteil mit Hilfe ihrer Nase. Aber ob diese nun Krebs erriechen kann oder nicht, da widersprechen sich die Studien. Eine Untersuchung, die das „Journal of Breath Research" im Jahr 2016 veröffentlichte, weckt Zweifel. Österreichische und deutsche Wissenschaftler ließen sechs erfahrene Such- und Spürhunde – darunter ein Golden Retriever, ein Labrador, ein Riesenschnauzer, ein Großer Münsterländer, ein Havaneser und ein Deutscher Schäferhund – an Atemproben von 122 Menschen riechen. Bei 29 der Probanden war im Vorfeld Lungenkrebs diagnostiziert worden, die anderen 93 wiesen keinerlei Symptome für Lungenkrebs auf. Fünf Monate lang wurden die Tiere trainiert und belohnt, wenn sie die richtige Probe erkannten. Trotz dieser intensiven Vorbereitung war die Erfolgsquote mäßig, als es um den Ernstfall ging: Rochen Hunde an den Proben von Krebspatienten, lagen sie in der Spanne von 45 Prozent – was geringer ist als die Rate-Wahrscheinlichkeit – bis 74 Prozent richtig. Noch ungenauer fiel die Diagnose der Hunde bei Proben von Patienten ohne Krebs aus. Hier erkannten die Tiere nur im Bereich zwischen 29 und 52 Prozent, dass kein Tumor vorlag.

Während wir uns im Bereich des Krebserkennung durch die Nase des Hundes im spekulativen Bereich bewegen, stößt die Geruchsforschung derzeit beim Thema Krebs – angeführt von Professor Hatt und seinem Team – Türen auf, die in Zukunft vielleicht neue Therapien und Früherkennungsverfahren möglich machen. Alle menschlichen Zellen verfügen über Duftrezeptoren, fand Duftforscher Hatt bereits vor Jahren heraus. Das trifft auch auf Krebszellen zu. Neueste Studien der Wissenschaftler der Ruhr-Universität Bochum über den Zusammenhang zwischen Duftrezeptoren von Leberkrebszellen und ätherischen Ölen wurden im Journal „Archives of Biochemistry and Biophysics" veröffentlicht. Man fand heraus, dass bestimmte Inhaltsstoffe ätherischer Öle verschiedene Krebszellen, zum Beispiel bei Leberkrebs, am Wachstum hindern können. Verantwortlich dafür sind Terpene, eine chemische Verbindung, die Hauptbestandteil ätherischer Öle ist. Eine maßgebliche Rolle spielt bei Leberkrebs der Duftrezeptor OR1A2, der in Leberkrebszellen nachgewiesen wurde. Die Krebszellen reagieren auf das Terpen und stellen ihr Wachstum ein. Riechrezeptoren mit ähnlicher Wirkung konnten bei Troenan (Liguster) für Darmkrebs oder beta-Ionon (Veilchen) für Prostatakrebs gezeigt werden.

Professor Hatt erläutert seine Forschungen: „Wir untersuchen, wie sich die Duftrezeptoren in den Zellen unseres Körpers verhalten. Wobei der Name irreführend ist, denn die Duftrezeptoren zum Beispiel in der Leber haben mit dem Riechen über die Nase nichts zu tun." Um das Verhalten einer Zelle zu beeinflussen, müsse man Duftstoffe an die Zellen heranbringen, erläutert Hatt. „Mit Aufsprühen

oder Eincremen kann ich die Duftrezeptoren in den Hautzellen stimulieren. Sandelholzduft regt die Hautzellen
dazu an, sich zu vermehren. Das heißt, auf diese Weise
kann ich die Wundheilung beschleunigen."

Auch auf den Darmzellen gibt es viele Duftrezeptoren.
„Wenn ich also eine Orange esse und es gibt einen Oran-
genduftrezeptor im Darm, kann das Orangenaroma meine
Darmzellen beeinflussen", erklärt der Geruchsforscher.
Die Folge: Der Darm bewegt sich schneller und man kann
besser verdauen.

„In der Lunge haben wir Duftrezeptoren entdeckt, auch
im Herzen. Durch deren Aktivierung lässt sich die Herz-
frequenz erhöhen oder verringern. Überall also haben
wir solche Rezeptoren gefunden und eben auch in Krebszellen. Die Gründe kennen wir nicht. Und wenn man nun
die Duftrezeptoren der Krebszellen mit einem Duftstoff
stimuliert, kann man das Wachstum der Krebszellen hem-
men." Diese Forschungen eröffneten „hoffentlich eines
Tages ganz neue Möglichkeiten in der Krebstherapie", sagt
Hatt. „Aber wir stehen am Anfang, und es wird noch viele
Jahre intensiver Forschung bedürfen."

Wie man mit Düften Ängste vertreibt

Ein sehr prägnanter Geruch, mit dem die meisten Menschen eher unangenehme Gefühle verbinden, ist der
Geruch von Krankenhäusern und Zahnarztpraxen. Das
Geruchsgemisch aus Desinfektionsmitteln, Medikamenten und Krankheit weckt Ängste. Man fühlt sich beklom-
men und unsicher, denkt an Abschied und Schock. Ein
Geruch, den man so schnell nicht aus der Nase bekommt.

Worüber ich mir lange keine Gedanken machte, ist die Geruchsbelastung, der das Klinikpersonal Tag für Tag ausgesetzt ist, besonders diejenigen, die im OP arbeiten. Mitarbeiter eines großen Klinikums kamen auf mich zu und berichteten davon, wie belastend die Ausdünstungen und Gerüche während einer Operation für das Team seien, vor allem bei Eingriffen in der Bauchregion. Der Geruch im OP sei ein extremer Stressfaktor, zusätzlich zu den ohnehin hohen Anforderungen im Klinikalltag. Man habe schon alles Mögliche versucht, um für bessere Luft zu sorgen, was in einem sterilen Umfeld gar nicht einfach sei.

Wir entwickelten für diesen Zweck ein Spray auf Basis ätherischer Öle, die zudem antibakteriell wirken, einen Duft aus den Aromen von Orangen, Zitrus und verschiedenen Kräutern wie Majoran. Die Idee, den OP-Saal zu beduften, wurde von einigen Mitarbeitern zunächst skeptisch und kritisch betrachtet, doch zeigte sich schnell eine positive Wirkung. Kürzlich erst berichtete mir eine Ärztin, dass sich das Geruchsklima deutlich verbessert habe und dass das kleine Spray wahre Wunder wirke.

Interessant ist in diesem Zusammenhang eine Studie der University of Manchester, die bereits 2004 ergab, dass ätherische Öle, die man auch in der Aromatherapie einsetzt, die Fähigkeit haben, MRSA-Keime und E.Coli-Bakterien zu töten. Allerdings gingen die weiterführenden Überlegungen der Experten zunächst dahin, Seifen und Shampoos, die im Klinikalltag verwendet werden, mit entsprechenden ätherischen Ölen zu versetzen.

Werfen wir einen Blick auf die Patientenseite. Auch hier können Düfte helfen, unangenehme Situationen zu entschärfen. Die Kernspintomographie, auch

Magnetresonanztomographie oder kurz MRT genannt, ist eine Untersuchungsmethode, die häufig in der medizinischen Diagnostik zur Darstellung der Struktur von Geweben und Organen eingesetzt wird. Der Patient liegt in einer engen Röhre, die viele an einen Sarg erinnert. Dazu kommt ohrenbetäubendes Geratter des Geräts. Für Patienten mit Platzangst ist diese Untersuchungsmethode eine Tortur. Nach Aussagen von radiologischen Praxen bekommen etwa 15 Prozent der Patienten Probleme während der Untersuchung. Darüber hinaus gibt es Betroffene, die sich erst gar nicht überwinden können, sich in die Röhre zu legen. Schließt man diese ein, leiden Schätzungen zufolge 30 Prozent der Patienten unter Ängsten beim MRT. Um sie zu beruhigen und für Entspannung zu sorgen, wurden in MRT-Geräte Systeme eingebaut, die während der Untersuchungsprozedur einen leichten Duft verbreiteten, der für Entspannung sorgen sollte. Wir testeten verschiedene beruhigende Düfte und Duftkombinationen, wie Geraniol und Lavendel, ein Heilkraut, das seit Jahrtausenden verwendet wird. Lavendelöl wird unter anderem auch für die Behandlung von Angststörungen eingesetzt. Manche mögen den Geruch nicht, er erinnert an Omas Lavendelsäckchen, das zur Mottenabwehr im Kleiderschrank hing. Daher kombinierten wir den Lavendel- mit einem Vanille- oder Orangenduft und beobachteten die Reaktionen der Patienten, vor allem derer, die zuvor von Panikattacken berichtet hatten. Es zeigte sich, dass die Patienten weniger aufgeregt und ängstlich waren, wodurch sich auch die Scanzeit im MRT verkürzte. Und dadurch konnten mehr Patienten untersucht werden, was sich wiederum kostenreduzierend auswirkte. Die Beduftung der Röhre war also für alle Beteiligten – Patienten und Ärzte – eine Win-Win-Situation.

Ein weiteres Beispiel für Angstbekämpfung mit Düften: Ein Krankenhaus in Dänemark plant, der sinnlichen Wahrnehmung von Patienten, Besuchern und Personal Raum zu geben, indem jede Abteilung, die Aufenthaltsräume und auch Gänge unterschiedlich gestrichen und leicht beduftet werden. Farben und Aromen sollen aufeinander so abgestimmt sein, dass sie Stress abbauen und das gesamte Umfeld angenehmer wirken lassen. Wenn man sich über Korridore bewegt, soll einem das Gefühl eines Spaziergangs durch die Natur vermittelt werden, um Vertrauen aufzubauen und Angstgefühle zu nehmen.

Auch in Alten- und Pflegeheimen ließe sich mit einer leichten Beduftung – zum Beispiel aus Zitrusnoten, Grapefruit, Bergamotte, Blumen oder dem Duft frischer Wäsche – eine positivere Atmosphäre schaffen, als sie vielerorts vorherrscht. In einem Pflegeheim in Bayern machten wir sehr gute Erfahrungen, was sowohl die älteren Leute anging, die dort lebten und sich genauso mit dem Duft wohlfühlten, als auch ihre Familienangehörigen, die sie besuchten.

Immer mehr Zahnarztpraxen erkennen, dass sie mit dem Einsatz von Düften die Angst der Patienten vor dem Bohrer reduzieren können. 70 Prozent der Deutschen bekennen sich dazu, Angst vor dem Zahnarzt zu haben. Und etwa 10 Prozent geben an, Vorsorgetermine nicht wahrzunehmen, sondern erst dann zum Zahnarzt gehen, wenn sie unter Schmerzen leiden.

Duftet es jedoch beim Zahnarzt nach Orangen- und Lavendelöl, sinkt der Stresspegel, so zeigen es Studien.

Aufgrund ihrer beruhigenden Wirkung sind diese Öle besonders gut geeignet. Unter anderem belegt dies eine Studie von Dr. Johann Lehrner von der Uni Wien, an der sich 72 Zahnarztpatienten im Alter von 22 bis 57 Jahren beteiligten. Diese füllten Fragebögen aus, während sie im Wartezimmer saßen und dabei entweder normale oder mit Orangenduft versetzte Luft einatmeten. Die Kontrollgruppe bestand aus 14 Männern und 23 Frauen; die Probandengruppe, deren Warteraum beduftet wurde, setzte sich aus 18 Männern und 17 Frauen zusammen.

„Wir stellten fest, dass die Patienten, die dem Orangen- oder Lavendelduft ausgesetzt waren, einen niedrigeren Wert situationsspezifischen Angstgefühls hatten, positiverer Stimmung waren und höhere Ruhewerte hatten als die Patienten in der Kontrollkondition", so Dr. Lehrner. Die Auswertung ergab, dass besonders Frauen von dem aromatisierten Praxis-Ambiente profitierten. Möglicherweise spielt auch eine Rolle, dass der Orangenduft den Geruch von Sterilisationsmitteln überdeckt und so unangenehme Erinnerungen und die damit verbundenen Gefühle verhindert. Zudem bindet der Orangenduft die Aufmerksamkeit, die sich dann nicht mehr mit Angst und Sorgen beschäftigen kann. Veröffentlicht wurde die Studie im Jahr 2000 im Fachmagazin „Physiology & Behavior".

Gerade von Zahnärzten und ihren Mitarbeitern bekomme ich sehr direkte positive Rückmeldungen auf den Einsatz von Düften. Sie berichten davon, wie viel entspannter die Atmosphäre im Wartezimmer und in den Praxisräumen ist, weil viele Patienten weniger ängstlich und weniger aufgeregt dem Zahnarztbesuch entgegensehen.

DUFT IM WANDEL

„Ein Tag ohne Dufterlebnisse ist ein verlorener Tag."
Ägyptische Weisheit

13. Eine kurze Geschichte des Duftes

Kein anderer Sinnesreiz vermag so unmittelbar Gefühle auszulösen wie Düfte. So kann zum Beispiel ein bestimmtes Parfüm einen Menschen anziehender machen, uns aber auch abstoßen. Die Geschichte des Parfüms ist fast so alt wie die Geschichte der Menschheit selbst.

Mit der Entdeckung des Feuers haben die Menschen erkannt, dass Materialien wie Hölzer und auch Kräuter beim Verbrennen wohlriechende Düfte abgeben. Das Wort „Parfüm" hat seinen Ursprung in dieser Tatsache, es stammt vom lateinischen Ausdruck „per fumum", was so viel bedeutet wie „mit Hilfe des Rauchs".

Düfte und wohltuende Aromen waren ursprünglich mit religiösen und mythischen Ritualen verbunden. Früher waren Parfüms und Düfte den Göttern und Herrschern vorbehalten, heute sind sie ein Milliardengeschäft und aus unserem Alltagsleben nicht mehr wegzudenken.

Die ersten Beweise von der Existenz des Menschen reichen zwei bis drei Millionen Jahre zurück. Irgendwann in der langen Periode der Altsteinzeit, etwa zwischen 2,6 Millionen bis 12 000 Jahre vor Christus, beginnt der Mensch zu denken und sich seiner selbst bewusst zu werden. Etwa 35 000 Jahre vor Christus entstehen die ersten rudimentären weiblichen Statuen und damit die ersten Skulpturen menschlicher Figuren. Auf den Felsabbildungen tauchen neben Menschen, Tieren und Gegenständen auch Blumen auf. Historiker vermuten, die prähistorischen Menschen Blumen als erste, natürliche Parfüms verwendeten. Die

Wandmalereien in der Grotte von Altamira in Spanien und in der Höhle von Lascaux in Frankreich datieren Forscher auf den Zeitraum zwischen 15 000 und 20 000 Jahren vor Christus – auf ihnen sind neben den Tieren ebenso Pflanzen dargestellt, die wohl den Menschen damals bereits als Schmuck und Duftquellen dienten.

Doch erst in der Mittelsteinzeit, etwa zwischen 10 000 und 5 000 Jahren vor Christus, und in der Jungsteinzeit, ab 5 000 vor Christus, finden sich ausreichende Zeugnisse für die Verwendung von Kräutern und duftenden Salben, die in Keramikgefäßen aufbewahrt wurden. Professor Paolo Rovesti, Begründer der Osmotherapie, der Therapie des Riechens, entdeckte in den 1970er Jahren in Taxila, Pakistan, in einem Museum ein uraltes Destillationsgerät aus Ton. Es muss einem Volk gehört haben, das vor 5 000 Jahren lebte und bereits damals die Kunst des Destillierens beherrschte. Mit ihm wurden aus Kräutern ätherische Öle hergestellt – wahrscheinlich zu religiösen und medizinischen, aber auch zu Schönheitszwecken. Diesem historischen Vorbild folgt bis heute die Aromatherapie, also die Anwendung ätherischer Öle zur Linderung von Krankheiten und zur Steigerung des Wohlbefindens.

Auch die bronzezeitlichen Induskulturen entdeckten irgendwann nach 3 000 vor Christus auf dem indischen Subkontinent das Verfahren des Destillierens. Jenen Prozess also, der es ermöglicht, flüchtige Duftsubstanzen von ihren festen Trägermaterialien zu trennen. Düfte, duftende Pflanzen und Pflanzenauspressungen sowie Kosmetika waren der Priesterschaft und ihren religiösen Zeremonien vorbehalten. Man verwendete Düfte auch bei Bestattungsritualen und im Zwiegespräch mit den Göttern.

Düfte für die Götter und die Schönen

Zuerst diente das Verbrennen von Pflanzen, Hölzern und anderen Stoffen nicht dem eigenen Wohlbefinden, sondern allein religiösen Zwecken. Die Menschen glaubten, ihre Wünsche würden mit dem gut duftenden Rauch die Götter schneller erreichen. Das Ganze hatte allerdings einen angenehmen Nebeneffekt: Die berauschenden Schwaden versetzten die Menschen in religiöse Ekstase. Schon vor 5 000 Jahren verbrannten die Ägypter bei Sonnenaufgang wohlriechende Blumen, Kräuter und Harze. Myrrhe und der Saft des Balsaholzbaumes wurden geräuchert, wenn die Sonne im Zenit stand – zu Ehren des Sonnengottes Re. Reiche Aristokraten aus der ägyptischen Oberschicht nutzten diese Stoffe, um ihrem Stand in der Gesellschaft Ausdruck zu verleihen. Die edlen Essenzen konnte sich zwar nur die Oberschicht leisten, aber auch das einfache Volk versuchte Spiritualität durch Düfte zu erlangen, indem man gut riechende Naturhölzer oder Kräuter verbrannte.

Während die Duftherstellung also zunächst ausschließlich religiösen Zeremonien diente, entwickelte sich das Parfüm im Laufe der Zeit zu einem Luxusgut der oberen Schichten, für die es so weiter verarbeitet wurde, dass es sich zum persönlichen Gebrauch eignete.

Ägypten gilt als Wiege des Parfüms. Die reichen Damen der damaligen Zeit benutzten Cremes und Pomaden aus Rosmarin, Anis und Zitrone. Wer weniger wohlhabend war, verwendete Rizinusöl mit Thymian und Minze. Auch Kleopatra, berühmt für ihre Schönheit und Extravaganz, soll feine Salben genutzt haben, um ihre verführerische

Wirkung zu erhöhen. Vielleicht war sie das erste Glamourgirl der Geschichte. Immerhin wusste sie um die betörende Wirkung des Parfüms. Der Legende nach soll Kleopatra die Segel ihrer Schiffe mit duftenden Stoffen behandelt haben, sodass sie und ihre Entourage bei Nilfahrten in eine Wolke von Wohlgeruch gehüllt waren. Außerdem heißt es, Kleopatra habe sich für jeden Tag der Woche einen anderen Duft zusammenmischen lassen. Dafür gab es Parfümeure, die eigens für sie arbeiteten. Angeblich verführte Kleopatra Cäsar nicht nur mit ihrer Schönheit, sondern auch durch ihr Parfüm. Auch andere ägyptische Monarchen waren schönen Düften zugetan: Im Grab von Tutanchamun fand man Gefäße mit duftenden Flüssigkeiten, sie sollten dem Verblichenen das Leben nach dem Tod angenehmer machen.

Vom Vorderen Orient und dem Fernen Osten aus eroberte das Parfüm die ganze Welt. Immer neue Düfte wurden von Parfümeuren und Alchimisten kreiert, die Verfahren für die Herstellung der Grundessenzen verbesserten sich. Die Griechen traten in die olfaktorischen Fußstapfen der Ägypter, sie verfeinerten deren Techniken und kreierten sogar verschiedene Düfte für die unterschiedlichen Körperpartien. Die Phönizier, ein Seefahrervolk, verbreiteten die Parfümessenzen im Mittelmeerraum, in Asien sowie in Afrika.

Im alten Rom wurde das Parfümieren Teil des alltäglichen Lebens und Ausdruck des ausufernden Reichtums der Oberschicht. Vor allem der Einsatz von Räucherstäbchen war unter der Herrschaft Kaiser Neros beliebt. Nero soll so viele Räucherstäbchen entzündet haben, dass die Araber in der Produktion kaum nachkamen. Auch Tiere – Pferde,

Hunde – wurde parfümiert. Natürlich beträufelte man auch ganze Räume, Wände und Fußböden mit Düften.

Im Laufe der Jahre änderten sich die Zusammenstellung und die Anwendung der duftenden Substanzen. Taputti, ein Chemiker aus Mesopotamien, gilt als erster Parfümeur der Welt. Spuren von über 4 000 Jahre alten Parfümfabriken wurden vor einiger Zeit entdeckt. Als in Persien die Dampfdestillation erfunden wurde, war dies der Beginn einer neuen Ära: Aus Blumen konnten nun Duftöle gewonnen werden.

Mittelalter

Für die Kirche im Mittelalter galt Parfümierung lange als unkeusch und sündig. Aufhalten konnte die Kirche den Siegeszug des Parfüms jedoch nicht. Die Kreuzritter brachten wertvolle Elixiere und Verfahrenstechniken mit nach Europa, und das Wissen über die Herstellung duftender Essenzen verbreitete sich in Spanien und Südfrankeich. Als es gelang, aus Wein reinen Alkohol zu destillieren, war eine wichtige Grundlage für die Herstellung von Parfüm geschaffen. Nun waren also auch die Europäer in der Lage, Parfüms zu kreieren.

Düfte veränderten das Leben und die Lebensart. Im Hochmittelalter begannen die Menschen, der Schönheit in Gedichten und Liedern zu huldigen. Auch das trug zum Siegeszug der schönen Gerüche bei. 1190 bestätigte König Philipp August von Frankreich von allerhöchster Stelle die Gesetze, die sich die neue Gilde der Handschuh- und Parfümmeister gegeben hatte. Das Berufsbild des Parfümeurs war begründet. Bis dahin waren vor allem Alchimisten und Ärzte für die Herstellung von Parfüms zuständig. In Zeiten der Pest, der Millionen Menschen im Mittelalter zum Opfer fielen, glaubte man, gute Gerüche könnten vor Epidemien und Krankheiten Schutz bieten, ein Mythos, der sich schnell in der Bevölkerung verbreitete. Ärzte hatten beobachtet, dass in den damals üblichen Badestuben die Ansteckungsgefahr besonders hoch war – und zogen den falschen Schluss, dass das Wasser die Krankheitserreger übertrage. Die Menschen scheuten fortan Wasser und wuschen sich unregelmäßig, was zu katastrophalen hygienischen Zuständen führte. Das Mittelalter stank zum Himmel. Und den Gestank versuchte man, sofern man es sich leisten konnte, mit Parfüm zu überdecken.

Frankreich als Geburtsort des Parfüms der Neuzeit

Katharina von Medici hat die Parfümwelt viel zu verdanken. Die Florentinerin reiste zu ihrer Vermählung mit dem späteren französischen König Heinrich II. im Jahr 1533 aus Italien nach Frankreich, wo sie von nun an lebte. Ihrer Entourage gehörte ein junger Parfümeur und Handschuhmacher aus Florenz an. Katharinas Faible für feine Lederhandschuhe war schon bald legendär und ging in die Geschichte ein: Sie trug nämlich zu jeder Gelegenheit Lederhandschuhe, immer farblich abgestimmt und mit einem Duft versehen, der den penetranten Geruch des gegerbten Leders überdecken sollte. Besonders der Duft von Neroli und Rose hatte es Katharina angetan. Aus ihrer Heimat Florenz erhielt sie aber auch Rezepte für Düfte aus Weihrauch, Lavendel und Myrrhe, Veilchen und

Patschuli. Katharinas Passion für Lederhandschuhe verhalf der Stadt Grasse, dem damaligen Zentrum für Lederverarbeitung in der Provence, zu einem Aufschwung. Die Medici war sozusagen eine Trendsetterin – fortan wollten alle nur noch wohlriechende Lederhandschuhe tragen. Rund um Grasse entstanden große Blütenfelder, um die Nachfrage nach den duftenden Essenzen befriedigen zu können.

Als im späten 16. Jahrhundert das mondäne Paris parfümierte Handschuhe trug, verbanden sich somit Duft- und Lederherstellung in Grasse. Die Gerber durften sich nun auch Parfümhersteller nennen und aus dem Nebenwurde schließlich ein Haupterwerb für die Stadt. Bis heute trägt Grasse den Beinamen „Weltmetropole der Düfte". Nach und nach entwickelte sich neben Grasse auch Venedig zu einem wichtigen Handelszentrum, das mit Düften aus dem Orient handelte und den Rest Europas mit diesen versorgte.

Zu Zeiten Ludwigs XIV. (1643–1715) war es um die Hygiene nicht gut bestellt, denn es galt als unschicklich, sich zu waschen. Hygiene existierte schlichtweg nicht. Sauberkeit? Ein Fremdwort. Man konnte sich ja parfümieren … Kaum vorstellbar, wie es in Versailles gerochen haben mag. Immerhin umfasste der Hofstaat des Sonnenkönigs 20 000 Personen. Düfte wurden in solchen Mengen genutzt, dass im 18. Jahrhundert der Hof von Ludwig XV. (1710–1774) als „Hof des Parfüms" bezeichnet wurde. Madame de Pompadour, Mätresse des Königs, soll ein Vermögen für Parfüms ausgegeben haben, wahrscheinlich eine halbe Million Francs pro Jahr, nur für Duftwässer und wohlriechende Salben, um sich des Königs Gunst zu sichern. In dieser Zeit entstanden auch die ersten größeren Duftmarken in Paris.

Bis ins frühe 19. Jahrhundert bestanden Parfüms aus rein natürlichen Inhaltsstoffen, also aus Pflanzenteilen und tierischen Produkte wie Moschus, Ambra oder Zibet. Der Duft *L'Eau de Lubin* wurde 1798 in Paris kreiert. Er war eines der ersten modernen Parfüms mit den Zutaten Zitrus, Tonka, Tuberose, Benzoe und Vanille. Im Zuge der Aufklärung verbesserten sich endlich auch die hygienischen Zustände und die Parfüms wurden leichter.

Nach der Französischen Revolution war das Parfümieren erst einmal wieder verpönt gewesen. Wiederbelebt wurde es von Kaiserin Joséphine, der Gattin Napoleon Bonapartes, die auch ihren Mann dazu bewegen konnte, sich zu parfümieren. Napoleon Bonaparte soll seine geliebte Joséphine gebeten haben, sich bitte bloß nicht zu waschen, bevor er von seinen Eroberungen zurückkäme – so sehr gefiel ihm ihr natürlicher Körpergeruch.

Parfüm war ausschließlich dem Adel vorbehalten. Im 19. Jahrhundert wurde es im Bürgertum populär. Pierre-François Pascal Guerlain war einer der ersten Starparfümeure. Er belieferte die Reichen in ganz Europa mit seinen Kreationen wie dem Duftklassiker *Eau Impériale*. Sein Sohn Aimé kreierte mit *Jicky* einen Meilenstein in der Parfümgeschichte, und auch sein Enkel Jacques schuf 1925 mit *Shalimar* einen noch heute beliebten Duft. Modemacher wie Coco Chanel, Christian Lacroix oder Christian Dior setzten ihrerseits Trends in der Parfümindustrie.

Wie riechen und rochen eigentlich die Deutschen? Im Gegensatz zur französischen Parfümerie, deren Rohstoffe unter besten klimatischen Bedingungen gedeihen konnten, verdankt die deutsche Duftstoffindustrie ihr Entstehen vor allem der chemischen Forschung. Als Wiege der Duftstoffindustrie gilt die 1829 in Leipzig gegründete Firma Spahn & Büttner, später unter dem Namen Schimmel & Co. bekannt. Sie beschäftigte sich hauptsächlich mit dem Handel von Arzneidrogen. Ihre wissenschaftlichen Entwicklungen bildeten die Grundlage für Technologien, die noch heute in der Industrie verwendet werden. Schriften wie „Die ätherischen Öle", veröffentlicht von Eduard Gildemeister und Friedrich Hoffmann (1899), und „Theorie der Gewinnung und Trennung der ätherischen Öle durch Destillation" von Carl von Rechenberg (1908) dienten als Grundlage für die Herstellung und Nutzung dieser Produkte. Weitere Duftstoffunternehmen entstanden in Hamburg, Holzminden und München.

Die ersten synthetischen Düfte

Die chemische Synthese von Duftstoffen gilt als wesentliche Weiterentwicklung der modernen Parfümerie. 1834 wurde erstmalig Zimtaldehyd aus Zimtrindenöl isoliert. 1875 gelang es den Chemikern Ferdinand Tiemann und Wilhelm Haarmann, Vanillin durch einen Oxidationsprozess aus Coniferin, das im Saft von Nadelhölzern vorkommt, herzustellen. Es folgte die Synthese von Cumarin, das für den Heugeruch beim Trocknen von Gras verantwortlich ist. Schon bald entdeckte die Parfümerie die neuen kreativen Möglichkeiten, die sich durch die chemische Industrie erschlossen.

Revolutionär war das bereits erwähnte Parfüm *Jicky* von Guerlain (1889), der erste Duft mit synthetisch erzeugter

Vanille. *Jicky* ahmte nicht mehr einen natürlichen Duft nach, sondern schuf ein „Gefühl im Flakon", wie Paul Guerlain sagt. Weitere Parfüms, die synthetische Bestandteile enthielten, waren *Fougère Royale* von Houbigant (1882), *La Rose Jaqueminot* von Coty (1904), *Après L'Ondée* von Guerlain (1906) und *Quelques Fleurs* von Houbigant (1912).

1921 sorgte der Duft einer berühmten Modemacherin für Aufsehen: *No. 5* von Coco Chanel ist bis heute eine Parfümikone. Gleichzeitig läutete Coco Chanel mit dieser Lancierung eine neue Verbindung ein: die zwischen Designern und Düften, und das, obwohl Coco Chanel zuvor immer gesagt haben soll: „Frauen parfümieren sich nur, wenn sie schlechte Gerüche zu verbergen haben." Zum Glück änderte sie ihre Meinung.

Christian Dior schuf 1947 mit *Miss Dior* einen Maiglöckchenduft, Yves Saint Laurent nannte sein erstes Parfüm schlicht *Y*, und auch Traditionshäuser wie Armani und Gucci setzten neben der Mode auf duftende Kreationen.

Mit der Möglichkeit, Duftstoffe in großem Maßstab synthetisch herzustellen, begann eine neue Ära der Parfümerie. Duftstoffe standen nun sowohl in qualitativer als auch quantitativer Hinsicht ausreichend zur Verfügung. Das starke Wachstum des Konsumgütermarkts in den 1950er und 1960er Jahren führte auch zu einer weiteren Expansion der Duftstoffindustrie. Heute gibt es eine Vielzahl an verschiedenen Düften, die von diversen großen Anbietern vertrieben werden. Tausende Wettbewerber versuchen, ihre Parfüms zu vermarkten. Die Werbeetats zur Einführung eines neuen Parfüms sind zum

Teil gigantisch. Dennoch ist bemerkenswert, dass sich nur die wenigsten Neuerscheinungen durchsetzen können und viele innerhalb weniger Jahre wieder vom Markt genommen werden.

14. Weihrauch – Comeback eines Klassikers

„Den Göttern Weihrauch, den Menschen Lob", sprach der antike griechische Philosoph Pythagoras. Die Verwendung des Weihrauchs hatte schon immer eine religiöse Bedeutung. Im alten Indien vertrieb er angeblich Dämonen, im Mittelalter die Hexen. Kaum ein religiöses Ritual der Antike kam ohne eine Räucherung mit dem Harz des Weihrauchbaums aus. In der katholischen Kirche gilt sein Rauch als Symbol für das aufsteigende Gebet. Weihrauch war auch eine der drei Gaben der Heiligen Drei Könige an der Krippe des Jesuskindes.

In der Antike wusste man, dass Weihrauch eine heilende und schmerzhemmende Wirkung besitzt. Er war ein so wichtiges und wertvolles Gut, dass nach ihm eine Handelsstraße – die Weihrauchstraße – benannt wurde. Diese führte von Südarabien nach Palästina. Auf der über 3 000 Kilometer langen Strecke wurden zwischen 1000 vor Christus und 500 nach Christus neben Weihrauch auch Gewürze und zahlreiche andere Produkte aus Indien und Ostafrika an die wichtigen Handelsplätze der Mittelmeerregion transportiert. Allein in Babylon verbrannte man pro Jahr 26 000 Kilogramm Weihrauch, und die Beisetzung von König Herodes sollen tausende von Weihrauchgefäße schwenkenden Sklaven begleitet haben.

Dass der Weihrauch psychoaktiv wirksam ist, wurde schon länger vermutet. Amerikanische und israelische Wissenschaftler fanden heraus, dass der Rauch das Gehirn stimuliert und beruhigend wirkt. Sicherlich ein

Grund, warum in religiösen und kultischen Zeremonien seit dem antiken Ägypten die Gläubigen nicht nur durch Worte, Gesang, Rituale, Kunst und Architektur, sondern auch durch Drogen in die richtige Stimmung versetzt wurden.

Und wie ist es heute? Nicht jeder mag den Geruch von Weihrauch, es ist ein Duft, der polarisiert. Viele denken bei seinem Geruch an alte Kirchenmauern und fühlen sich zurückversetzt in katholische Gottesdienste. Andere empfinden den Weihrauch als altmodisch, altbacken und penetrant. Ich hingegen bin ein großer Fan des Weihrauchs. Deswegen hat dieser besondere Duft es auch verdient, ein eigenes Kapitel in diesem Buch zu bekommen.

In den vergangenen Jahren feierte der Weihrauch ein regelrechtes Comeback. Viele Dufthäuser, unter anderem das japanische Modehaus Comme des Garçons, das eine ganze Duft-Serie von Weihrauchparfümen auflegte, greifen auf den alten Stoff zurück. Italiens Modeikone Giorgio Armani nutzt die allfällige Assoziation von sonntäglichen Besuchen der katholischen Messe offensiv für die Werbung für seinen Weihrauchduft *Bois d'Encens* aus der hochpreisigen Privékollektion: „Ich wollte den Duft von Weihrauch aus meiner Kindheit verwenden, er erinnert mich an die Kirchgänge mit meiner Großmutter." Es heißt, Armani bedufte auch seine Privatgemächer mit orientalischem Weihrauch. Zur Herstellung von Parfüm mit Weihrauchnoten wird zumeist das aus dem Harz destillierte Weihrauchöl verwendet.

Die Duftexperten Mirko und Filippo Micalef beobachteten in Deutschland geografische Unterschiede bei der Beliebtheit von Weihrauchduft als Raumdüfte. Weihrauch verkaufe sich deutlich besser in Norddeutschland als im Süden und er komme im Norden besonders gut bei einer männlichen Zielgruppe an. Vielleicht sind die Dufterinnerungen von Messdienern im katholisch geprägten Süden nicht sonderlich verkaufsfördernd für Weihrauchraumsprays oder Duftkerzen.

Das Wort „Weihrauch" stammt vom althochdeutschen Wort „wîhrouch", was so viel bedeutet wie „Heiliges Räucherwerk". Es bezeichnet die zum Räuchern verwendeten Harze sowie jene Pflanzenarten, aus denen diese Harze gewonnen werden, und schließlich den Rauch selbst. Weihrauch, auch Olibanum genannt, wird aus dem Weihrauchbaum gewonnen. Er wächst in Trockengebieten in Somalia, Äthiopien, Eritrea, Sudan, Arabien, im Süden Omans, im Jemen sowie in Indien und wird etwa eineinhalb bis acht Meter groß. Die Rinde des harzspendenden Baumes blättert ab, wirkt papierartig und bildet traubenartige Blütenstände, die bis zu 25 Zentimeter lang werden. Für die Weihrauchgewinnung werden Stamm und Äste angeritzt. Die austretende klebrige Flüssigkeit wird an der Luft getrocknet. Das Ergebnis der Trocknung ist dann das Weihrauchharz. Die Erntephase dauert von Ende März bis Anfang April. Jeder Baum wird mehrfach abgeerntet. Bei jeder weiteren Ernte steigert sich die Qualität des gewonnenen Harzes. Je nach Alter und Größe eines Baumes liegt die Ausbeute zwischen drei und zehn Kilogramm. Die Ernte von Weihrauch basiert auf jahrhundertealtem Wissen. Die Herausforderung besteht darin, den Baum im richtigen Alter an den richtigen Stellen zur richtigen

Jahreszeit mit der entsprechenden Technik und mit den dazugehörigen Werkzeugen zu bearbeiten.

In der Gattung Boswellia gibt es 25 Arten, wovon aber nur vier Arten relevant sind für die Weiterverarbeitung: Boswellia sacra, Boswellia carteri, Boswellia papyrifera und Boswellia serrata. Die Bäume werden hunderte Jahre alt und spenden erst nach vielen Jahren das begehrte Harz. Das Holz ist sehr wertvoll. Versuche, den Baum an anderen Orten nachzuzüchten, waren bislang erfolglos. Die in Europa bekannten Balkonpflanzen namens Weihrauch haben übrigens nichts mit den Weihrauchbäumen zu tun. Lediglich der Geruch ist ähnlich, ansonsten besteht keine Verwandtschaft zu den Weihrauchbäumen.

Der Weihrauchbaum zählt inzwischen zu den bedrohten Pflanzen. Laut Experten der Universität Wageningen in den Niederlanden könnte sich sein Bestand im Mittleren Osten und um das Horn von Afrika in den kommenden Jahren um 90 Prozent verringern – durch Feuer, Schädlingsbefall und eine intensive Aberntung.

Es ist spannend, mit einem solch alten und mit vielen Traditionen und Erinnerungen behafteten Duft in unserer heutigen Welt zu arbeiten und ihn neu zu entdecken. Mitten in Berlin-Kreuzberg steht die Sankt-Agnes-Kirche, ein massives Betongebäude des Architekten Werner Düttmann, entstanden Ende der 1960er Jahre. Heute beherbergt Sankt Agnes die Ausstellungsflächen des Berliner Galeristen Johann König. Bevor der mit dem Umbau des Kirchengebäudes in eine Kunstgalerie begann, haben wir den Duft von Sankt Agnes aufgenommen. Das Kirchengebäude besaß eine sehr besondere Duftmischung: Der

Betongeruch des modernistischen, auch brutalen Baus mischte sich mit dem Geruch des alten Holzes der Sitzbänke, auf denen jahrzehntelang die Gläubigen saßen und knieten. Alles war hintergründig durchdrungen vom Geruch des Weihrauches, der den Beton-Stein-Geruch stark kontrastierte. Wie fängt man aber den Geruch eines Kirchengebäudes ein? Mit dem immer noch besten Analyseinstrument, das uns zur Verfügung steht: mit unserer eigenen Nase. Wir arbeiteten uns – gemeinsam mit dem Parfümeur Fred Naraschkewitz – riechend durch das gesamte Gebäude, wir krochen in alle Ecken, schnüffelten an den Wänden und Böden, an den Holzbänken und notierten detailliert die einzelnen Geruchseindrücke, auf deren Basis man später im Labor mit Riechstoffen den Gesamtduft wieder zusammensetzte. Mit Fred Naraschkewitz haben wir später auch den Duft eines anderen alten Gebäudes, der Kunsthalle Bern, nachgebaut. Fred sagte in einem Interview für die Webseite wissen.de:

„Ich bin ein Nasentier und wie alle Parfümeure ein Sinnes- und Genussmensch. Düfte beeinflussen mein gesamtes Leben. Ich selbst verwende wenig Parfüm, aber ich liebe die Geschmackserlebnisse beim Kochen."

Der Duft der Berliner Sankt-Agnes-Kirche lagert heute in einer kleinen Flasche im Keller meiner Firma. Es war die Idee Jeppe Heins, des dänischen Künstlers mit Hang zu außergewöhnlichen Duftkreationen, den alten Kirchenduft zu konservieren, um ihn eines Tages möglicherweise für ein Kunstprojekt zu verwenden.

Ein ganz besonderes und faszinierendes Erleben von Weihrauch bietet ein Museum in Berlin, die Feuerle Collection des Kunstsammlers Desiré Feuerle. Eröffnet wurde das Museum im Herbst 2016 in einem früheren Welt-kriegsbunker. Dort, im Untergeschoss, befindet sich der sogenannte Incense-Room, der „Weihrauchraum", in dem eine zweitausend Jahre alte chinesische Zeremonie abge-halten wird, an der jeweils vier Museumsbesucher teilneh-men können, die sich zuvor dafür angemeldet haben. Bei dieser Zeremonie sitzen die Besucher im Kreis um einen speziellen Tisch, auf dem ein Stück Weihrauchholz erhitzt wird. Das austretende Öl setze einen Duft frei, so berichtet Feuerle im Gespräch mit der „Berliner Zeitung", den man sich teile wie eine sehr gute Flasche Wein. Dazu eingela-den zu werden, sei „die größte Ehre, die einem in China zuteilwerden kann". Die Zeremonie sei der Höhepunkt einer spirituellen Disziplin, die einst nur Gelehrten, hoch-rangigen Mönchen, Kaisern und Würdenträgern des Hofes vorbehalten war. Die chinesische Philosophie besage, der Duft des Weihrauchs nähre den Geist. Bei dem Ritual wird uraltes Holz des Weihrauchbaums verbrannt, das wert-voll und erlesen ist. Und auch sehr teuer. Es kommt vor, dass ein Stück dieses Holzes mehr als 100 000 Euro kostet, was wiederum erklärt, dass ein Besuch im Berliner Incen-se-Room, der eintausend Euro kostet, eine sehr exklusive Dufterfahrung ist.

15. Der Duftkrieg von Köln

Ich bin im Kölner Umland aufgewachsen, wohne heute noch dort und fahre jeden Tag in mein Büro nach Köln. Mit den berühmten Ziffern 4711 bin ich sozusagen groß geworden. Im Kölner Hauptbahnhof erblickt jeder Reisende beim Ein- und Aussteigen aus dem Zug das 4711-Logo in Übergröße. „Schenke von Herzen! Doch was es auch sei: 4711 ist immer dabei", mit diesem Werbeslogan wurde das Duftwasser im Jahr 1954 beworben. Denkt man an Köln, denkt man an den Dom, an den Karneval und an 4711. Was die wenigsten wissen: Über Jahrhunderte tobte in Köln ein Duftkrieg. Die Kontrahenten waren zwei berühmte Dufthäuser, die darüber stritten, wer das Kölnisch Wasser erfunden hatte.

Köln muss im 18. Jahrhundert ziemlich übel gerochen haben. Wie in allen Städten verfügte kaum ein Haus über eine Toilette, die Menschen wuschen sich aus Angst vor Krankheiten nur selten, den Hausmüll kippte man einfach aus dem Fenster auf die Straße. Über der Stadt lag der Geruch von Unrat, Kot und Abfall. In diesem Umfeld entstand vor dreihundert Jahren eines der ersten modernen Parfüms der Welt. Sein Schöpfer hieß Johann Maria Farina (1685–1766). Farina stammte aus dem Piemont und übersiedelte nach Köln. Ihm wurde der absolute Geruchssinn nachgesagt. Ähnlich wie die Hauptfigur Grenouille in Patrick Süskinds „Das Parfum" konnte Farina Gerüche in seine Bestandteile zerlegen. Diese Gabe wurde zu seinem Beruf und er bereiste die ganze Welt auf der Suche nach dem schönsten Duft. Er entwickelte die Rezeptur für sein Parfüm, das nicht wie damals üblich auf schweren Moschusessenzen basierte, sondern auf leichten Düften der Bergamotte. Er war der erste Parfümeur, der mithilfe eines modernen Manufakturbetriebs eine gleichbleibende Qualität seines Produkts halten konnte. Seine Kreation benannte Farina zu Ehren seiner Wahlheimat im Rheinland „Eau de Cologne", woraus später der Gattungsbegriff für einen leichten Duft wurde. Anfangs wurde der Duft bei Koliken, Kopf- und Zahnschmerzen sogar als Heilmittel eingesetzt. Selbst bei schwierigen Geburten sollte Farinas Parfüm heilsame Wirkungen vollbringen.

„Mein Duft ist wie ein italienischer Frühlingsmorgen nach dem Regen, Orangen, Pampelmusen, Zitronen, Bergamotte, Cedrat, Limette und die Blüten und Kräuter meiner Heimat", so charakterisierte Farina sein Wasser aus Köln. Und in einem Brief an seinen Bruder Jean-Baptiste schreibt er 1709: „Ich habe ein Parfüm gefunden, welches mich an einen italienischen Frühlingsmorgen und eine Orangenblüte nach einem Regenschauer erinnert".

Die Kopfnote besteht aus Bergamotte, Limette mit grünen Noten, Lavendel, Estragon und der Note von Rosa Pfeffer. Die Herznote bekommt durch Weihrauch, indischen Jasmin und Mate seinen Charakter. Die Basisnote besteht aus Patschuli, Eichenmoos und Moschus.

Die Soldaten König Ludwigs XV. brachten den Duft während des Siebenjährigen Krieges von Köln nach Frankreich, und das Eau de Cologne hielt Einzug am französischen Hofe. Sein Name wurde bald zu einem allgemeingültigen Begriff. Das Farina Original Eau de Cologne war lange Zeit ein Duft der Könige. Zeitweise kostete eine Flasche des Parfüms das halbe Jahresgehalt eines Beamten. Farina belieferte Adelshöfe in ganz Europa. Jeder, der etwas auf sich hielt, bestellte bei ihm. Auch Napoleon Bonaparte soll verrückt nach dem Duftwasser gewesen sein und monatlich mehr als sechzig Liter davon verbraucht haben. Dabei soll er sich nicht nur selbst eingesprüht haben, sondern auch seine Gemächer und sein Pferd. Die Rezeptur für das Wunderwasser hielt Farina streng geheim, weshalb Napoleon 1811 ein Dekret erließ, nach welchem alle Rezepturen von Arzneimitteln – und als solches war Kölnisch Wasser klassifiziert – zur Überprüfung nach Paris geschickt werden mussten. Was machte Farina? Er verkaufte seine Erfindung ab sofort als Duftwasser und nicht mehr als Heilmittel.

Die geheime Rezeptur gab der Destillateur erst kurz vor seinem Tod im Jahr 1766 an seinen Nachfolger weiter. Und diese Rezeptur beinhaltete neben der Zusammensetzung auch das Wissen über die Anbaugebiete und die Ernte jeder einzelnen Essenz.

Dank Farina kam die Stadt Köln in den Ruf einer Duftmetropole. Doch wo Erfolg ist, gibt es Konkurrenten. Vorhang auf für den Duftkrieg von Köln. Wilhelm Muelhens, ein Kölner Kaufmann, erkannte, dass sich mit Düften gutes Geld verdienen ließ. Seit 1797 war Muelhens in der Kölner Glockengasse ansässig. Seit 1799 vertrieb er Kölnisch Wasser. Die Gründungsgeschichte baut auf der Legende auf, dass ein Kartäusermönch namens Franz Maria Farina, ihm, Wilhelm Muelhens, die Geheimrezeptur für das Duftwasser zur Hochzeit geschenkt haben soll. Ob diese Geschichte der Wahrheit entspricht, ist bei Historikern umstritten. Jedenfalls erkannte Muelhens, dass der Name Farina verkaufsfördernd war, und stellte einen Mann namens Farina ein, der mit dem berühmten Johann Maria Farina allerdings nichts zu tun hatte. Später firmierte man sogar unter dem Namen „Franz Maria Farina in der Glockengasse 4711 der Post gegenüber". Dadurch konnte Muelhens das Eau de Cologne unter dem prestigeträchtigen Namen herstellen. Zudem veräußerte er die Namensrechte an seinem Farina an dreißig andere Firmen im In- und Ausland. Die echten Farinas zogen dagegen vor Gericht, doch erst im Jahr 1881 verbot das Königliche Oberlandesgericht zu Cöln dem Unternehmer Ferdinand Muelhens die Verwendung des Namens „Farina".

Wilhelms Muelhens Sohn, Peter Joseph Muelhens, hatte 1825 die Geschäfte übernommen. Er führte die Farben Blau und Gold als Unternehmensfarben ein und ließ in der Glockengasse ein neues Haus errichten. 1873 übernahm Ferdinand Muelhens das familiengeführte Unternehmen. Es war seine Idee, den Duft nach dem Rechtsstreit mit Farina nach der Gebäudenummer aus der französischen Zeit zu benennen – auch hier sind sich Experten uneinig, wie viel davon Legendenbildung ist.

4711 jedenfalls wird ein Exportschlager. Zu Beginn des 19. Jahrhunderts findet der Duft in Frankreich viele Käufer und er wird sogar nach Übersee exportiert. Ferdinand Muelhens, Spitzname „De Naas vun Kölle", gründete Niederlassungen in New York und Riga und ließ im Westen Kölns eine neue Produktionsstätte bauen. Ende des 19. Jahrhunderts machte er „4711 Echt Kölnisch Wasser" zu einem Massenprodukt mit hohem Wiedererkennungswert, da er auch viel Geld in die Werbung investierte. Im Jahr 1921 kam das Parfüm *Tosca* auf den Markt, etwa zeitgleich mit *Chanel No. 5*, und war mit diesem das damals meistverkaufte Parfüm der Welt. Der Name „Tosca" war eine Hommage an den Komponisten Giacomo Puccini und seine gleichnamige Oper.

Nach den beiden Weltkriegen wollte die Firma Muelhens das angestaubte Image ihres Duftwassers 4711 aufpolieren. Die jüngere Generation sollte dazu gebracht werden, 4711 als Markenparfüm zu tragen. Muelhens' Marke wurde 1994 an den Konzern Wella verkauft. Nach einer Zwischenstation bei Procter & Gamble ist 4711 nun in den Händen des Stolberger Unternehmens Mäurer & Wirtz.

Erst achtzig Jahre nach Erfindung ihres Duftes, also 1789, ließ die Firma Farina ihre Marke in Deutschland eintragen. Jede Flasche ziert bis heute Farinas Unterschrift. Das Unternehmen drohte aufgrund der Kämpfe um die Namensrechte immer wieder unterzugehen. Es ist schon fast eine Familientradition, sich gegen die Gegner zur Wehr zu setzen. Das Unternehmen führte in den dreihundert Jahren Firmengeschichte zahllose Prozesse gegen Nachahmer. Doch heute ist das stark nach Bergamotte riechende Duftwasser 4711 bekannter als Farinas Eau de Cologne und gilt als Inbegriff des Kölnisch Wassers.

Farinas Eau de Cologne aus dem Jahr 1709 und das Kölnisch Wasser von 4711 aus dem Jahr 1799. Mythos gegen Kopie oder doch zwei gleichwertige Düfte, die

Geschichte geschrieben haben? In Parfümerien und Dufthäusern auf der ganzen Welt jedenfalls ist „Eau de Cologne" längst ein feststehender Begriff. Nur an Köln und seine Duftpioniere denkt dabei kaum mehr jemand.

16. Wie entsteht ein Parfüm?

Die Namen ihrer Kreationen sind weltberühmt und uns bestens vertraut, denn wir lesen sie tagtäglich beim morgendlichen Griff zum Parfümflakon. Doch die Namen der kreativen Köpfe hinter den Düften kennen wir nicht, von ihnen haben die meisten noch nie gehört. Dabei sind sie wahre Genies und Könner ihres Fachs. Oder sagt Ihnen der Name Ernest Beaux etwas, Parfümeur der russischen Zarenfamilie, der gemeinsam mit Coco Chanel Anfang der 1920er Jahre die Parfümikone *Chanel No. 5* kreierte? Man fragt sich, warum dieser Duft eigentlich so heißt. Weil es der fünfte Duft aus dem Hause Chanel war? Könnte man denken, stimmt aber nicht, denn dieses Parfüm war Chanels Duftpremiere, und die Antwort ist recht profan. „Ich lanciere meine Kollektionen jeweils am fünften Tag des fünften Monats, die Fünf scheint mir Glück zu bringen", so Coco Chanel. Immerhin rangiert No.5 seit Jahrzehnten unter den Parfümtopsellern. Laut Aussage des Hauses Chanel geht alle dreißig Sekunden irgendwo auf der Welt ein Flakon des Duftes über den Ladentisch. Der Name des Parfüms *Chanel No. 19*, im Jahr 1971 auf dem Markt gekommen und kreiert von Henri Robert, langjähriger Chefparfümeur bei Chanel, ist eine Reminiszenz an den Geburtstag Coco Chanels am 19. August. So viel zur „Parfümnumerologie".

Die wichtigste Voraussetzung, um Parfümeur zu werden, liegt auf der Hand: ein überdurchschnittlich guter Geruchssinn in Kombination mit jahrelanger Berufserfahrung. Parfümeure sind gleichzeitig Künstler und

Handwerker. Geza Schön ist einer von ihnen. Mit ihm arbeite ich seit vielen Jahren zusammen. Schon als wir uns kennenlernten, trieb uns eine Idee um, die wir bislang nicht umsetzen konnten, aber noch nicht ganz aufgegeben haben. Wir wollen ein Smartphone mit einer Duftvorrichtung ausstatten. Schaut man sich auf seinem Handy den Werbespot für ein neues Parfüm an, kann man dieses auch riechen. Genauso könnte man einen Trailer für einen neuen Kinofilm beduften oder Freunden – neben einem Foto und einem individuellen Klingelton – auch einen individuellen Duft zuordnen. Den Duft des Lieblingsparfüms zum Beispiel.

Geza Schön ist in meinen Augen ein Querdenker unter den Parfümeuren. Er geht ganz neue Wege und arbeitet sehr minimalistisch. Mit dem Parfüm *Molecule 01* hat er einen Meilenstein der Parfümerie geschaffen und als Parfümeur seine Duftmarke gesetzt. Das gelingt nicht jedem Parfümeur, von denen es nur wenige überhaupt gibt. Die Welt des Parfüms ist klein und übersichtlich.

„Es gibt etwa vierhundert Parfümeure weltweit", berichtet Geza Schön, der freiberuflich in Berlin arbeitet, „das bedeutet, es gibt doppelt so viele Astronauten wie Parfümeure. Man kennt sich also. Als Parfümeur kommt man irgendwann an den Punkt, an dem man sich spezialisiert. Die Branche lässt sich in drei große Bereiche unterteilen: Haushaltsparfümerie, dazu zählen Waschpulver, Spülmittel, Reinigungsmittel und vieles mehr. Der Bereich Toiletries beschäftigt sich mit Körperpflegeprodukten wie Bodylotion, Shampoo, Duschgel oder Deodorant. Und dann gibt es die Feinparfümerie für alkoholische Lotionen wie Eau de Toilette, Parfüm und so weiter. Die Feinparfümerie ist der prestigeträchtigste Bereich, in dem jedoch nur die wenigsten Parfümeure arbeiten: schätzungsweise achtzig oder neunzig weltweit. Der Rest verteilt sich auf die Bereiche Haushalt und Toiletries. Ich habe auch nicht gleich in der Feinparfümerie angefangen. In Singapur entwickelte ich den Duft für eine Seife von Unilever. Der Bedarf an Parfümöl dafür lag bei dreißig Tonnen pro Jahr – das war irre. Bald darauf kam ich zur Feinparfümerie. 2005 zog ich nach Berlin, wo ich heute lebe und arbeite. Womit für mich ein lang ersehnter Wunsch in Erfüllung ging."

In seiner Berliner Wohnung hat sich Geza Schön einen Arbeitsraum eingerichtet. Er selbst nennt den winzigen Raum, in dem er seine Düfte kreiert, seine Stinkhöhle. Um die eintausend Rohstoffe bewahre er hier auf, erzählt er, im täglichen Gebrauch seien davon aber höchstens zwei- bis dreihundert. „Die anderen benutze ich nur ein paar Mal im Jahr, wenn ich einen exklusiven Effekt brauche. In meinem Labor befinden sich wirklich nur die Rohstoffe und meine Waage. Einen Duft zu kreieren ist keine Zauberei, auch wenn viele Leute das denken. Es ist ein Arbeitsprozess, als Parfümeur kann man nicht aus Wasser Gold machen. Die Kunden kommen zu mir und sagen, sie brauchen einen Duft, der zu ihrer Marke passt. ‚Wir finden cool, was du machst, wir mögen deine Handschrift, kannst du uns etwas kreieren?' Die Rezeptur und Idee für einen neuen Duft entsteht erst einmal in meinem Kopf. Ich fange nicht einfach wild an herumzumischen. Meine Arbeit basiert auf erlernten Strukturen, auf einer Art Harmonielehre. Erst wenn die Rezeptur im Kopf steht, mische ich die Rohstoffe zusammen, mit Becherglas und Waage."

Jeder Parfümeur habe seine eigene Handschrift, genau wie jeder Schriftsteller und jeder Maler. Geza selbst beschreibt seine Duftkreationen als frisch, würzig, balsamisch, holzig und animalisch. Ein anderer Parfümeur würde seine Kreationen sicherlich mit anderen Adjektiven beschreiben.

„Mir ist es wichtig, Paradigmen aufzubrechen, indem man auf etwas verzichtet. Indem man etwas weglässt, was man eigentlich verwenden würde, erzielt man einen neuartigen und überraschenden Effekt. Wenn ich es kann und ich es darf und es auch Sinn macht, dann arbeite ich minimalistisch. Jeder Text ist besser, wenn er kurz und prägnant verfasst und nicht mit redundanten Wörtern gefüllt ist. Ein Essen ist besser, ein Buch ist besser, ein Kunstwerk ist besser, wenn es nicht zu kompliziert und zu verkorkst ist. Und das gilt auch für einen Duft. Er sollte immer eine Kombination sein von natürlichen und künstlichen Molekülen. Nur das eine oder nur das andere riecht meist schräg. Wer denkt, ein Parfüm ist nur dann gut, wenn es aus rein natürlichen Inhaltsstoffen bestehen, hat keine Ahnung. Du brauchst die Komplexität von allem."

Er habe nicht das Gefühl, dass seine Nase mehr könne als die anderer Leute, meint Geza. „Wir haben alle die gleichen Voraussetzungen: einen Riechkolben und die Fähigkeit, Dinge olfaktorisch wahrzunehmen. Im Alter von dreizehn fing ich an, Parfümproben zu sammeln. Nach einiger Zeit hatte ich an die hundert verschiedene Herrendüfte beisammen. Ich habe jeden Tag blind an den Proben gerochen. Das hat mir richtig Spaß gemacht. Ich kam aus der Schule und machte mich erst einmal über meine

Parfümproben her. Damals, Mitte der 1980er Jahre, gab es noch nicht so viele Männerdüfte wie heute. Der Boom setzte erst später ein, als jedes Label und jeder Modedesigner seinen eigenen Duft auf den Markt brachte. Mit sechzehn bin zum ersten Mal nach Holzminden gefahren, zu Haarmann & Reimer, heute Symrise, einem der weltgrößten Geruchsstoffunternehmen." Nach dem Abitur und dem Zivildienst nahm Geza einen Job in Holzminden an, zwei Jahre später, im Januar 1992, begann er dort eine Ausbildung zum Parfümeur, zusammen mit einem Argentinier, einem Franzosen und einem Deutschen.

„Zu Beginn der Ausbildung riecht man sich erst einmal durch das komplette Sortiment des Unternehmens. Das waren an die zweitausend Produkte, davon dreihundert bis vierhundert Naturprodukte. Der Rest waren chemische Riechstoffe. Wochenlang haben wir nur an allem gerochen, dann mussten wir leichte Riechübungen lösen, zum Beispiel ein Gemisch aus fünf Naturprodukten nachstellen wie etwa den Geruch einer Rose oder eines Maiglöckchens. Im Laufe der Zeit traute man sich an komplexere Kompositionen heran und spielte mit eigenen Ideen herum. Oder wir mussten die Zusammensetzung von Klassikern wie *Cool Water* oder *Chanel No. 5* studieren und versuchen, diese Düfte nachzubauen. Ich habe mich sehr lange an dem Duft *Giorgio Beverly Hills* aus dem Jahr 1981 versucht. Ein Frauenduft, den ich bis heute Hammer finde, sehr ausdrucksstark und intensiv. Oder an *Aliage* von Estée Lauder, ein Parfüm, das 1972 herauskam. Wir haben die Rezepturen der Klassiker studiert und versucht, perfekte Imitationen zu kreieren, um auf diese Weise zu lernen, wie ein guter Duft aufgebaut ist."

Die Ausbildung zum Parfümeur, die kein klassischer Lehrberuf ist, dauerte mehrere Jahre, nach insgesamt zwölf Jahren in Holzminden verließ Geza das Unternehmen und machte sich selbstständig.

„Ich finde, jede Nase könnte das machen. Jeder könnte auch einen Tisch bauen, aber nicht jeder tut es. Oder manche können nur nach Rezept kochen und manche holen sich einfach geile Zutaten und kochen drauflos. Und so ist es beim Riechen auch. Wir können alle riechen, jeder kann den Beruf des Parfümeurs erlernen. Es bedarf keines besonderen Talents."

Der Charakter eines Duftes

Woraus besteht eigentlich ein Duft, und wie sieht der Prozess der Duftkreation aus? Düfte besitzen Charakter, und dieser ganz spezielle Charakter setzt sich aus drei Komponenten zusammen. Ein Parfüm besteht üblicherweise aus 150 bis 250 Bestandteilen, die in verschiedene Noten aufgeteilt werden. Es gibt aber auch Parfümeure wie Geza Schön, die reduzierter und minimalistischer arbeiten. Die klassische Duftkomposition basiert auf der Duftpyramide, bestehend aus Kopf-, Herz- und Basisnote. Deren harmonisches Zusammenspiel ist die große Kunst der Parfümkomposition.

Die Kopfnote ist der erste Eindruck eines Parfüms. Sie verfliegt schnell und spiegelt deshalb nicht den Charakter eines Duftes wider. Sie ist per se frisch, typischerweise sind es Zitrusnoten. Die Kopfnote eignet sich daher schlecht, um zu beurteilen, ob uns ein Parfüm gefällt oder nicht. Verflüchtigt sie sich, macht sie der Herznote Platz.

Die Herznote beschreibt den tieferen Charakter eines Parfüms. Sie entfaltet ihr komplexes Volumen erst zehn Minuten nach dem Verschwinden der Kopfnote. Sie ist lange wahrnehmbar und kann über mehrere Stunden anhalten. Ihre Duftessenzen – würzig oder blumig – bilden fein-harmonische Abstufungen zwischen der Kopfnote und der Basisnote.

Die Basisnote ist Fundament des Duftes, auch Fond genannt, und bildet den Ausklang des Parfüms. Sie entsteht erst in der Verbindung mit der Haut des Trägers. Es kann bis zu einer Stunde vergehen, bis sich die Basisnote komplett entwickelt. Man kennt das Phänomen, dass Parfüms an unterschiedlichen Personen anders riechen. Was dem einen gut steht, passt zum anderen überhaupt nicht. Genau dafür ist die Basisnote zuständig. Sie entwickelt bei jedem Träger eines Parfüms eine individuelle Duftnuance. Parfümeure setzen bei der Basisnote zum Beispiel auf Patschuli, Moschus, Vanille, Weihrauch, auf Holznoten wie Sandelholz oder kräftige Gewürzdüfte. Je trockener die Haut eines Menschen ist, umso schwächer kann sich das Aroma eines Duftes entwickeln. Hauteigene Fette, sogenannte Lipide, sind dafür verantwortlich, dass die Duftmoleküle an der Haut haften bleiben und sich entfalten.

Düfte aus natürlichen Rohstoffen

Die Enfleurage gilt als älteste Methode zur Gewinnung von Duftstoffen. Sie ist aufwendig und teuer, weshalb sie nur noch selten angewandt wird. Im französischen Grasse etwa wird sie verwandt, um die Duftstoffe von Jasmin und Tuberosen – einer Agavenart – zu gewinnen.

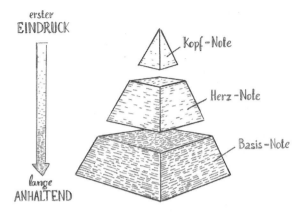

Die Blütenduftstoffe werden durch Fett absorbiert. Bei der „enfleurage à froid", der kalten Parfümherstellung, wird gereinigtes, geruchsfreies tierisches Fett, wie Schweine- und Rinderschmalz, im Verhältnis zwei zu eins auf eine in einem Holzrahmen eingelassene Glasplatte gegeben. Dann werden die frisch geernteten Blütenblätter auf das Fett gelegt. Stunden später, wenn die Blüten ihre Duft- stoffe an das Fett abgegeben haben, werden die Blätter entfernt und durch neue ersetzt. Das wiederholt sich meh- rere Male. Nachdem das Fett von Duftstoffen durchdrun- gen ist, wird es mit Alkohol ausgewaschen. Diese Prozedur ergibt ist ein feines, teures Blütenöl, genannt „absolue d'enfleurage".

Neben der „enfleurage à froid" gibt es die „enfleurage à chaud", die warme Parfümherstellung, auch Mazera- tion genannt. Gereinigtes Tierfett, Schweine- und Rinder- schmalz, wird im Verhältnis eins zu eins auf 50 bis 70 Grad Celsius erhitzt. Blüten- und Pflanzenteile werden in die heiße Masse eingebracht und müssen mehrere Stunden auskochen. Danach werden die alten Blüten herausgefiltert und neue hinzugefügt. Am Ende löst man die Duftstoffe mit Alkohol aus dem Fett und filtriert es, was die „absolues" ergibt, hochreine Duftextrakte.

Beim Verfahren der Destillation werden Blüten- oder Pflanzenteile mit Wasser in einem Kessel erhitzt. Hierbei lösen sich die Duftstoffe und steigen mit dem heißen Wasserdampf auf. Das Kondensat wird aufgefangen. Für diese Technik erfanden die Araber einen helmartigen Deckel, „Alambik" genannt, der an der Innenseite über eine Auffangrinne für das Kondenswasser verfügt. Das aufgefangene Kondensat, das sowohl Wasser als auch die ätherischen Öle der Grundstoffe enthält, tropft bei Abkühlung in die sogenannte Florentinerflasche, wo sich Wasser und Öl trennen. Diese Methode wird noch heute für die Verarbeitung von Hölzern und Kräutern verwendet. Aus der Destillation entstehen die sogenannten „huiles essentielles", sehr reine und klare ätherische Öle.

Die heute wichtigste Methode zur Duftstoffgewinnung aus natürlichen Rohstoffen heißt Extraktion. Den Blüten werden durch Lösungsmittel wie Äther oder Butan die Duftstoffe entzogen. Dabei arbeitet man mit möglichst niedrigen Temperaturen, um möglichst wenig Riechstoffe zu zerstören. In großen Anlagen werden die Lösungsmittel durch die Rohstoffe gepumpt, die in rotierenden Trommeln liegen oder auf feine Gitternetze geschichtet sind.. Nach mehrfacher Wiederholung des Prozesses wird das gesättigte Lösungsmittel destilliert und verflüchtigt sich. Übrig bleibt „l'essence concrète". Sie wird danach mehrmals gereinigt. Die Wachse, die bei diesem Prozess ebenfalls gewonnen werden, werden mittels Alkohol ausgeschieden, dabei entsteht „l'essence absolue" – reines Blütenöl.

Der Softact ist ein Verfahren, mit dem Extrakte von großer Reinheit gewonnen werden, eine Weiterentwicklung der Extraktion. Dabei wird Kohlendioxid bei niedriger Temperatur unter Druck gesetzt, bis es sich verflüssigt. Dieses flüssige CO_2 wird durch die Rohstoffe geleitet. Da hier keine hohen Temperaturen nötig sind, spricht man von sanfter Extraktion, wodurch auch natürliche Duftträger, die bis dahin nicht bearbeitet werden konnten, zu Rohstofflieferanten werden.

Die Expression, das Auspressen, ist ein sehr schonendes Verfahren, das man vor allem zur Gewinnung von Zitrusölen und ätherischen Ölen verwendet. Diese würden nämlich bei der Destillation durch Hitze verändert oder zerstört. Bei der Expression wird die Schale der Frucht aufgebrochen und das dabei austretende Öl aufgesaugt.

Der Siegeszug der künstlichen Duftmoleküle

Heutzutage werden Parfüms allerdings nicht mehr überwiegend aus natürlichen Ölen hergestellt. Stattdessen verwendet die Duftmittelindustrie auch naturidentische und synthetische Parfümöle, die zwar den Duft der Naturstoffe tragen, aber keine natürlichen Essenzen enthalten. Schon im 19. Jahrhundert hat man damit begonnen, die natürlichen Duftstoffe durch synthetische nachzubilden. Das hatte anfänglich vor allem Kostengründe, denn das Extrahieren natürlicher Essenzen war ein langer und teurer Prozess. Heute dient die Verwendung künstlicher Rohstoffe auch dem Schutz seltener Pflanzen und beugt Monokulturen in der Landwirtschaft vor. Allein zur Produktion eines Kilogramms reinen Rosenöls sind fünf Tonnen Rosenblüten nötig. Dementsprechend hoch ist der Preis.

Auch die Haltbarkeit der Duftstoffe ist ein Grund dafür, natürliche Duftstoffe durch synthetische zu ersetzen. Duftstoffe, die aus Früchten gewonnen werden, wie Zitrusduft, sind leicht flüchtig. Synthetische Duftöle bieten den Vorteil, wesentlich haltbarer zu sein und gleichzeitig kostengünstiger hergestellt werden zu können.

Artenschutz ist ein ganz wesentlicher Grund dafür, dass tierische Rohstoffe mittlerweile synthetisch produziert werden: Zum Beispiel Moschus, das Drüsensekret des Moschushirsches, Ambra, die Substanz aus dem Verdauungstrakt des Pottwals, Castoreum, das Drüsensekret des Bibers oder das auch schon erwähnte Zibet, der Duftstoff aus den Analdrüsen der Zibetkatze. Man muss sich nur vor Augen halten, dass für ein Kilogramm Moschusduft 160 Moschushirsche getötet werden müssten.

Die moderne Parfümtechnologie dreht sich vor allem um synthetische Molekularstrukturen aus dem Labor – um Duftrohstoffe, wie sie in der Natur nicht existieren. Sie machen völlig neuartige Duftkreationen möglich.

Ein Molekül, das Duftgeschichte schrieb

Etwa 5 000 Rohstoffe, natürliche und synthetische, stehen dem Parfümeur bei der Entwicklung eines neuen Duftes zur Verfügung. Eines der bedeutendsten künstlichen Moleküle der vergangenen Jahrzehnte trägt einen Namen, der einen eher an eine Tankstelle denken lässt:

„Iso-E-Super". John B. Hall und James M. Sanders vom Duftstoffhersteller International Flavors & Fragrances (IFF) in den USA entdeckten Anfang der 1970er Jahre eine neue chemische Verbindung, die unter dem Namen „Isocyclemone E" patentiert wurde. Neue Moleküle, die bislang in der Natur nicht identifiziert wurden, lassen sich ihre Erfinder per Patent schützen. Pro Jahr entwickelt der Hersteller Symrise zwei bis drei neue Duftmoleküle. Die Kosten sind hoch, schätzungsweise eine Million Euro pro Molekül. Unternehmen wie Symrise, IFF oder Givaudan halten in der Regel acht Jahre lang das Patent, zwei Jahre lang wird es von dem Erfinder allein genutzt, nach dieser Zeit fangen die Unternehmen an, ihre Entwicklung zu verkaufen, bis sie schließlich, nach Ablauf des Patents, frei auf dem Markt verfügbar ist. Wenn wir für ein Projekt ein Duftmolekül kaufen möchten, in Form eines Duftöls, das aus nur einem Duftmolekül besteht, können die Kosten extrem variieren – von richtig günstigen zehn oder zwanzig Euro pro Kilogramm bis hinauf in die zehntausende Euro. Der Preis definiert sich zum einem dadurch, wie aufwendig die Herstellung ist, zum anderen durch die Verfügbarkeit der Rohstoffe.

Zurück zu Iso-E-Super: Die neue Verbindung von Hall und Sanders wurde kurz nach ihrer Entdeckung noch einmal optimiert und erhielt dann ebendiesen Namen, unter dem sie seither in der Welt der Düfte berühmt ist. Man findet im Internet übrigens die Formel für das Molekül – eine mit Hand gezeichnete Skizze.

Iso-E-Super ist heute enthalten in unzähligen Parfüms, Wasch- und Reinigungsmitteln, in Deos, alkoholischen Lotionen und Seifen. Zunächst wurde Iso-E-Super für

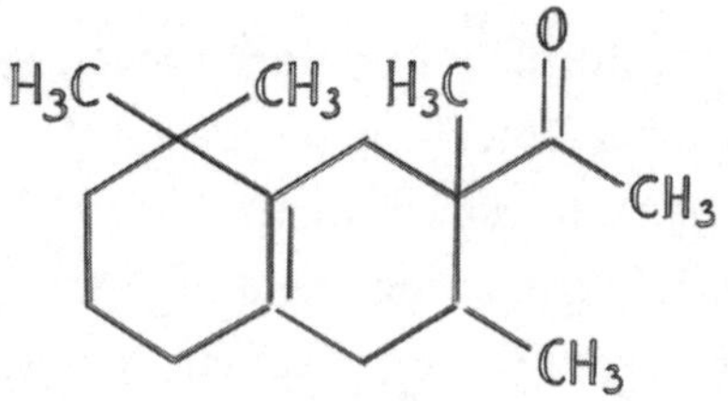
H3C
CH3
H3C
O
CH3
CH3

Haushaltsprodukte verwendet, 1975 mischte das Modehaus Halston geringe Mengen des Moleküls in ein neues Damenparfüm. Wichtige Düfte der 1980er Jahre, deren Bestandteil das Wundermolekül ist, sind *Fahrenheit* von Dior und *Eternity* von Calvin Klein. Bis heute ist Iso-E-Super die Basis für viele Parfüms, da es sich sehr gut mischen lässt und mit anderen Duftmolekülen harmoniert. Was ist aber das Besondere an dem Duft dieses Moleküls? Iso-E-Super rieche weich und samtig, sehr transparent, und es habe eine unglaublich positive Wirkung auf das Umfeld, sagt Professor Hanns Hatt. Es ist eigentlich gedacht als Duft, der wie Zedernholz riechen soll, hat aber auch etwas von Haut, etwas Menschliches.

„Zart, weich und nach Mensch", beschreibt er den Geruch, „der Duft, aus dem die Träume sind." Iso-E-Super aktiviert die Pheromonrezeptoren und kreiert eine den Menschen sehr zugewandte Stimmung, es steigert also die Attraktivität des- und derjenigen, der oder die das Duftmolekül als Parfüm trägt.

Parfümeur Geza Schön wurde mit einem Parfüm bekannt, das zu hundert Prozent aus nur einem einzigen Rohstoff besteht: Iso-E-Super. Der Duft heißt bezeichnenderweise *Molecule 01*, und er war eine echte Novität – etwas, das es in dieser Form noch nie gab. Denn Parfüms setzen sich ja normalerweise aus dutzenden von Inhaltsstoffen zusammen, und *Molecule 01* beinhaltete nur ein einziges Molekül.

„Wir haben den Duft im Herbst 2005 lanciert", berichtet Geza Schön. „Dazu haben wir einfach den Riechstoff so genommen, wie er ist, und ihn in eine Flasche gesteckt. Das hat gereicht, um damals die gesamte Duftwelt in Aufruhr zu versetzen: Die Minimalisierung, das Herunterbrechen eines Parfüms, es war eine Hommage an den Riechstoff. Der Erfolg gab uns Recht."

Iso-E-Super ist auch Bestandteil eines anderen außergewöhnlichen Duftes: Um zu zeigen, dass uns Düfte nicht nur attraktiver, sondern auch schlauer machen können, entwickelten wir mit Geza Schön und Professor Hatt und seinem Team von der Ruhr-Universität Bochum einen Duft, der „Knowledge" heißt, „Wissen". Er enthält rund vierzig Komponenten, neben Iso-E-Super auch Hedion, einen zarten Duft nach Magnolien, den Forscher der Uni im Jahr 2015 als ersten Bindungspartner für einen menschlichen Pheromonrezeptor identifizieren konnten. Außerdem Cineol, das wach macht und belebend wirkt, sowie Geraniol, ein Bestandteil vieler ätherischer Öle, der unter anderem in Koriander, Lorbeer, Muskat, Rosen und Geranien vorkommt. In Kombination mit Cineol wirkt Geraniol leistungssteigernd. Knowledge kann man auch als Raumduft verwenden, am besten wenn man gerade Stress hat, zum Beispiel Prüfungsstress. Ob die Studenten an der Ruhr-Uni Bochum dank des Parfüms konzentrierter arbeiten, weiß ich aber nicht.

Erwähnenswert ist beim Thema Lernen eine Studie der Universität Lübeck, veröffentlicht im Magazin „Science".

Die Uni hat eine von vielen Untersuchungen durchgeführt, die verdeutlichen, dass es einfacher ist, sich an gelernte Dinge zu erinnern, wenn diese an einen bestimmten Duft gekoppelt sind. So wurde tagsüber während des Lernprozesses Rosenduft eingesetzt und nachts bei einem Teil der Gruppe während des Tiefschlafs wieder ausgeströmt. Am nächsten Tag erinnerte sich die Rosenduftgruppe an 97 Prozent des gelernten Stoffes, die Kontrollgruppe nur an 85 Prozent. Die Untersuchung bestätigte eindeutig, dass Duft ein gutes Medium ist, um das Erinnerungsvermögen zu aktivieren.

Wie unterscheiden sich Körperparfüm und Raumduft?

Die Anforderungen an ein Parfüm für unseren Körper und an einen Duft für einen Raum unterscheiden sich ganz deutlich. Die Duftpyramide, der wechselvolle Dreiklang, wie wir ihn für Parfüms kennen, aus flüchtiger Kopf-, anhaltender Herz- und dauerhafter individueller Basisnote, funktioniert für einen Raumduft – sei er für eine Wohnung, ein Unternehmen oder auch nur eine Handelsmarke – nicht. Ein Raumduft muss in einem Raum, welcher Gestalt er auch immer sein mag – ob Innenraum eines Autos oder ein ganzer Hotelkomplex –, gleichmäßig und konstant von Beginn an unverändert spürbar sein. Sonst duftete die Telekom zuerst nach Zitrus und später nur noch nach Holz. Oder ein Fahrzeuginnenraum zuerst frisch ozonartig und nach einer kurzen Weile ausschließlich nach Holz. Stattdessen muss man genau den Duftmoment definieren, der alle Komponenten widerspiegelt und die Idee übersetzt, die man umsetzen möchte: Soll ein Duft beispielsweise Emotionen wie Vertrauen und Nahbarkeit vermitteln oder die Innovationskraft und Transparenz eines Unternehmens unterstreichen? Wofür stehen eine Marke und das Unternehmen? Ein Geldinstitut soll Vertrauen und Transparenz vermitteln; die Bahn Qualität und Sicherheit. Bei einem Elektronikkonzern stehen Begriffe wie Innovation und Modernität im Fokus; bei einer Modefirma Jugendlichkeit und Modernität. Dem entsprechen komplexe, hochwertige Düfte. Sie sind labile Geschöpfe, deren Intensität und Beschaffenheit man genauso wie bei jedem anderen Kommunikationsinstrument auch fein abgestimmt steuern sollte. Auch dafür braucht es die Zusammenarbeit mit den besten Parfümeuren der Welt.

17. Die Suche nach dem Duft von morgen – Zukunft und Trends

Die Stadt Grasse in der Provence galt lange Zeit als Zentrum der Parfümindustrie. Seit dem Ende des 16. Jahrhunderts zog sie Menschen aus ganz Europa an, die dort dem Handwerk des Parfümeurs nachgingen. Neben Lavendel, Rosen und Jasmin pflanzte man auf den Feldern rund um Grasse genauso Tuberosen, Mimosen, Nelken, Veilchen und viele weitere Blüten und Kräuter an. Auch heute noch arbeiten viele Menschen in Grasse in der Duftölherstellung. Die natürlichen Rohstoffe werden allerdings mittlerweile hauptsächlich aus Ländern importiert, wo der Anbau kostengünstiger ist: Ägypten etwa, Russland oder Pakistan. Viele Rohstoffe werden, wie beschrieben, künstlich hergestellt. Vanilledüfte zum Beispiel sind heutzutage meistens synthetisch. Echte Vanille – eine Orchideenart – ist sehr teuer, die Bourbon-Vanille, die aus den Anbaugebieten Madagaskar, La Réunion oder den Komoren stammen muss, erlebte eine Preisexplosion. Im Frühjahr 2017 überstieg der Preis für ein Kilogramm schwarzgebräunter Vanilleschoten den Preis für Silber.

Woher stammen die Inspirationen für neue Duftkreationen? Wer hat Einfluss darauf, in welche Richtung sich der Duftmarkt entwickelt? Früher waren das die Parfümeure in Grasse oder Florenz – einer weiteren wichtigen Duftmetropole. Heute sind es die Labors großer Konzerne, die immer neue Rohstoffe suchen, im Reagenzglas genauso wie in der Natur. Das Entdecken neuer, bislang unbekannter natürlicher Rohstoffe ist für Parfüm- und

Dufthersteller sehr wichtig, um an der Spitze der globalen Märkte mitzumischen. Die Arbeit im Labor kann trotz aller Perfektionierung nicht mit dem Erfindungsreichtum von dreieinhalb Milliarden Jahren Evolution konkurrieren. Nirgendwo auf diesem Planeten entstand eine größere Vielfalt an Pflanzen und Tieren als in den tropischen Gefilden Papua Neuguineas, Madagaskars und vor allem im Amazonasbecken. Der Regenwald Amazoniens macht fast 40 Prozent der gesamten noch erhaltenen Regenwaldfläche der Erde aus und er ist Heimat für ein Viertel aller bekannten Pflanzenarten. Der Reichtum an Gerüchen und Aromen dort ist eine kostbare Quelle der Inspiration. Von 9 000 der Pflanzen, deren olfaktorische Eigenschaften mittlerweile bekannt sind, werden nur ungefähr 400 in der Riechstoffherstellung verwendet.

Rohstoffunternehmen kaufen – zusätzlich zu künstlichen Bestandteilen – tausende natürliche Duftstoffe aus allen Ecken und Enden der Welt. Oftmals aus abgelegenen Gebieten. Die Suche nach den Materialien ist heikel und manchmal umstritten, denn sie kollidiert oft mit den Bedürfnissen lokaler Bevölkerungsgruppen, die ihrerseits die Rohstoffe für ihre Gesundheit oder als Einkommensquelle brauchen. Natürliche Rohstoffe erfahren seitens der Konsumenten wieder eine größere Nachfrage. Die großen Duftstoffhäuser kaufen verstärkt bei kleinen Bauern, die Duftpflanzen anbauen. Der Bedarf an Rohstoffen für die Duftindustrie wächst jedoch stetig, die Anbauflächen und Ressourcen dagegen nicht.

Viel versprechen sich die Unternehmen von einer Region, die noch weitgehend unentdeckt und unerforscht ist: das Blätterdach und die Kronen des Urwalds. Auf mächtigen Stämmen in fünfzig Meter Höhe und höher tanken die Baumkronen bei Regen und Sonne Energie. Hier produziert die Natur einen wahren Schatz an Früchten, Blüten, Blättern und Samen. Die Welt der Baumkronen aber ist nur schwer zu erreichen. Dennoch wird auch hier nach neuen Düften gesucht. Diese Suche ist kompliziert und eine Aufgabe für Spezialisten. Es gibt nur wenige Experten auf diesem Gebiet. Einer von ihnen ist der Schweizer Riechstoffchemiker Roman Kaiser, der viele Jahre im Auftrag des Schweizer Duftstoffunternehmens Givaudan durch die Welt reiste, um neue Düfte in der Natur aufzuspüren – ausgerüstet mit modernster Analysetechnik und einer guten Nase. Kaiser hat die sogenannte Head-Space-Technik mitentwickelt, die es ermöglicht, den Duft einer Pflanzen aufzusammeln, ohne sie zu beschädigen. Im Gespräch mit dem Schweizer „Beobachter" im Juni 2013 berichtet Kaiser von seiner Arbeit: „Ich wollte den Duft einer Pflanze einfangen, ohne sie zu verletzen. So erhält man den authentischen Geruch, wie ihn die Pflanze abgibt. Klassische Verfahren zur Gewinnung ätherischer Öle können zu chemischen Umwandlungen führen. Sobald Blüten oder Holzteile mit Wasser destilliert oder mit Lösungsmitteln extrahiert werden, wirkt das bei manchen Duftstoffen geradezu gewalttätig. Das wollen wir vermeiden. Ein weiterer Vorteil der Methode ist, dass wir den Duft von gefährdeten Pflanzen charakterisieren können, ohne sie ausreißen zu müssen." Kaiser widmet sich auch den bislang unentdeckten Aromen im Blätterdach und im Unterholz tropischer Regenwälder. Sein Augenmerk gilt der Rekonstitution von Düften der vom Aussterben bedrohten Pflanzenarten.

Wie aber erforscht man eine Duftwelt, die sich viele Meter hoch in den Baumkronen befindet? Der Konzern Givaudan schaffte sich zu diesem Zweck ein kleines lenkbares Luftschiff an, eine Art Heißluftballon, mit dem die Experten ganz sanft direkt über den Baumwipfeln des Urwalds gleiten. Unterhalb des Luftschiffs ist eine leichte Plattform befestigt, die auf die Baumkronen hinuntergelassen wird, damit Duftproben genommen werden können. Dafür muss der Pilot versuchen, den Ballon etwa fünfzehn Minuten lang ruhig an einer Position zu halten. Der Geruch der Blüten, Blätter und Hölzer wird in einem kleinen Speicher eingefangen, später werden im Labor mittels Gaschromatographen die Bestandteile des Geruchs analysiert, um ihn nachzubauen.

Auf einer solchen Expedition fand man zum Beispiel die Früchte der Tinopsis Antongiliensis, eine grünlich-braune, haselnussgroße Frucht, deren Aroma an

Walderdbeere und Teebeere erinnert. Sie gehört zur Familie der Seifenbaumgewächse und ist nach der Antongilbucht auf Madagaskar benannt, dem einzigen Ort, an dem bis dahin Exemplare der Pflanze gefunden wurden. Auch stieß man auf die Früchte des Canarium Madagascariense, eines Balsambaumgewächses. Kratzt man an den Früchten, setzen sie einen intensiven Duft von Weihrauch, Baumharz und reifer Zitrone frei – interessant etwa für die Kreation neuer, moderner Männerdüfte. Neue Gerüche finden sich jedoch nicht nur in den Baumkronen, sondern auch im Unterholz. Bei den Bewohnern des Amazonasgebiets beobachteten die Wissenschaftler, wie diese Priprioca, auch „Piri Piri" genannt, als Duftstoff einsetzten: eine Pflanze, deren Wurzeln eine Kombination aus würzig-blumigen, holz- und wurzelartigen Noten aufweisen. Eine einzige Expedition im Regenwald im Norden Madagaskars bescherte den Fachleuten von Givaudan, so zu lesen im Geschäftsbericht, bis zu achtzig neue Düfte von Blumen, Früchten, Hölzern, Blättern oder Harzen, deren spätere Rekonstruktion im Labor neue Riechstoffe und Aromen möglich macht. Wie Givaudan unternehmen auch andere große Unternehmen der Duftindustrie Expeditionen nach Amazonien, um dort nach neuen Ingredienzien zu suchen.

Gibt es denn Dufttrends?

Welche Trends zeichnen sich ab und wohin steuert der allgemeine Geruchsgeschmack? Parfümeur Geza Schön geht mit der modernen Duftstoffindustrie hart ins Gericht, es fehle ihr der Mut, wirklich Neues zu wagen.

„Die Parfümkreationen, die heute neu auf den Markt kommen, riechen fast alle gleich, obwohl es so wahnsinnig viele Düfte gibt. Es herrscht eine regelrechte Kultur des Gleichmachens. Die Hersteller möchten mit ihrem neuen Duft schnell die Kunden erreichen, ohne ein Risiko einzugehen. Und sie glauben, das gelinge am besten, wenn sie dem Kunden das geben, was er kennt. Man bemüht sich lediglich um eine schöne Marketingstory für den Duft, modifiziert noch ein bisschen hier und da die Rezeptur, die Verpackung und den Flakon – fertig. Deswegen sind die meisten Eau de Toilette oder Parfüms so wenig innovativ. Und wer ganz auf Nummer sicher gehen will, macht noch einen Paneltest: 5 000 Leute werden gefragt, wie ihnen ein neuer Duft gefällt. Ein innovativer Duft wird aus einer Marktforschung aber nie als Gewinner hervorgehen. Da wird immer ein Mainstreamduft vorne liegen."

Ebenso wie der Modegeschmack sich verändert, verändern sich die Vorlieben für Düfte. Gesellschaftliche Entwicklungen, die Lebenseinstellungen der Menschen und auch ihre Ernährungsgewohnheiten haben großen Einfluss darauf, was wir riechen mögen. Im Sommer bevorzugen wir andere Düfte als im Winter. Fremde Nationen und Kulturen bevorzugen andere Düfte und Gerüche mit anderen Attributen als wir Deutsche. Franzosen denken beim Duft von Lavendel an Sommer und Provence, für uns hat der Geruch eher etwas Altmodisches.

Einige der legendärsten Parfüms der Duftgeschichte entstanden zu Beginn des 20. Jahrhunderts, als die Frau sich emanzipierte. In der Hippieära der 1960er und 1970er Jahre waren Räucherstäbchen und Moschusdüfte beliebt; damals ging der Trend hin zu leichten Blumendüften. In den 1980ern entstand der Wunsch nach mehr Individualität. Ein Parfüm musste provokant, selbstbewusst und dennoch sinnlich sein. Die Männerparfüms in den 1980ern waren sehr kraftvoll und maskulin.

„Die 1970er Jahre brachten vor allem orientalische Duftnoten hervor", berichtet Geza Schön. „Die Welt des Ostens öffnete sich. Aus den arabischen Ländern, aus Indien und Asien kam eine Welle sehr süßer, würziger Aromen von Zimt und Nelke. Die Parfüms dieser Zeit waren süß und schwer. In den 1980ern wurde es wieder ein wenig frischer und in den 1990er Jahren stand die Transparenz der Düfte im Vordergrund; Düfte sollten frisch, grün und vielleicht ein bisschen fruchtig und holzig sein, aber bloß nicht mehr so dick auftragen." Diese Entwicklung habe auch in Bereichen des kulturellen Lebens ihren Ausdruck gefunden, in Mode, Film, Literatur und Kunst. Spätestens seit dem Jahrtausendwechsel lasse sich dann kein klarer Trend mehr ausmachen. „Seitdem heißt es: Alles geht! Nichts ist verpönt", so Geza Schön. Diese Einstellung habe auch die Parfümerie erreicht. Man könne den plötzlichen Hype um Oud als einen Trend der jüngsten Vergangenheit bezeichnen, meint Schön. Bei Oud handelt es sich um einen Duftstoff, der aus dem Harz des Adlerbaums gewonnen wird. Das spezielle ätherische Öl entwickelt sich jedoch erst, nachdem der Baum von einem bestimmten Schimmelpilz befallen worden ist, als Abwehr gegen diesen Pilzbefall. Oud ist sehr teuer, ein Kilogramm des Duftstoffs kostet mehr als 100 000 Euro.

„Aber es stinkt gewaltig", findet zumindest Geza Schön. In der arabischen Welt sei der Duft sehr verbreitet und beliebt, aber nach Europa passe er einfach nicht. Dennoch produziere fast jeder Parfümhersteller zurzeit einen Oud-Duft.

Mittlerweile flaut der Oud-Boom schon wieder ab. Das Faszinierende an diesem Duftstoff ist seine unglaublich lange Haltbarkeit auf der Haut. Als ich einmal in Dubai war, habe ich nur einen winzigen Tropfen Oud auf meinen Arm gegeben. Noch eine Woche später, längst zurück in Deutschland, war der Duft trotz häufigen Waschens immer noch ganz deutlich wahrnehmbar. Ob man Oud nun mag oder nicht, zumindest ist es ein extrem treuer Duft.

18. Wie finde ich meinen perfekten Duft?

Über 2 000 neue Parfümkreationen kamen 2016 weltweit neu auf den Markt. Nur 5 Prozent davon waren ein Jahr später noch erhältlich. Wie also finde ich bei diesem riesigen Angebot den passenden Duft für mich?

Die Antwort ist simpel und kompliziert zugleich: Ein Duft muss zur Persönlichkeit seiner Trägerin oder seines Trägers passen. Was aber ist meine Persönlichkeit? Wie definiere ich meinen Stil?

Bin ich eher der klassische, der gefühlvolle, der abenteuerlustige oder der sportliche Typ? Welchen Duft mag ich überhaupt? Eher blumig oder eher holzig? Eher frisch-transparent oder eher voluminös-warm? Der britische Duftexperte und Autor Michael Edwards hat für sein Buch „Fragrances of the World" – „Die Düfte der Welt" –, ein Duftrad entwickelt, das einem den Weg zum Lieblingsduft weist. Es zeigt die Duftfamilien und in welcher Beziehung sie zueinander stehen.

Parfüms können den verschiedenen Duftfamilien zugeordnet werden. Orientalische Düfte riechen sinnlich, sie sind opulent und enthalten Aromen von Gewürzen wie Nelke, Vanille oder Zimt, edlen Hölzern und exotischen Blüten. Ein Klassiker aus dieser Familie ist das Parfüm *Opium* von Yves Saint Laurent. 1977 auf den Markt gekommen, erfuhr dieser Duft vor wenigen Jahren ein Update.

Blumige Düfte wiederum beinhalten – wie der Name schon sagt – vor allem Blüten wie Iris, Rose, Jasmin und Gardenie und können ganz unterschiedlichen Charakter haben, von sinnlich bis elegant. Die Familie der

Duftfamilien

Zitrusdüfte vermittelt das ganze Jahr hindurch ein Gefühl von Sommer und Sonnenschein. Dafür sind zum Beispiel Mandarine, Limone oder Orangenöl zuständig.

Ein echter Klassiker ist die Familie der Chypredüfte. Sie sind dezent und elegant mit einem Hauch von Frische und blumigen Akzenten. Fougèredüfte faszinieren durch ihre Kräuteraromen mit herben Akzenten. Sie basieren auf den Duftnoten Lavendel, Eichenmoos und Cumarin. Diese Inhalte werden vor allem für Herrenparfüms, mitunter für Unisex-Düfte verwendet.

Bei der Frage, welcher Duft zu mir passt, kann auch die Jahreszeit ein Kriterium sein. Im Sommer werden eher frische und blumige Parfüms getragen. Im Winter riechen Moschus und Patschuli sehr gut. Daher bieten einige Hersteller auch eine Sommer- und eine Winterversion eines Dufts an.

Ein Parfüm kann auch passend zu einem besonderen Anlass gewählt werden. Es ist ein Unterschied, ob ich es abends, wenn ich ausgehe, trage oder tagsüber im Büro.

Bei der Suche nach einem Duft hilft die Online-Community Parfumo. Unter der Überschrift „Entdecken" bietet sie konkrete Tipps, um einen passenden Duft zu finden. Diese werden dort geordnet nach Geschlecht, Anlass, Jahreszeit, Zielgruppe, Dufttyp und Haltbarkeit.

Meine zwölf Klassiker der Duftgeschichte

Meine ganz persönliche Empfehlung bei der Suche nach einem neuen Duft ist ein Rückgriff auf die großen, manchmal leider vergessenen Parfümklassiker. Sie sind unverwechselbar, haben eine Geschichte und viel Charakter. Sie sind viel mehr als bloß ein Duft.

Für die Ausstellung „The Art of Scent, 1889–2012" im New Yorker Museum of Arts and Design hat Kurator Chandler Burr, Parfümkritiker der „New York Times" und des „New Yorker", zwölf Düfte herausgesucht, die Meilensteine der Parfümerie sind. Die Besucher sollten den Düften und ihren Schöpfern durch reines Wahrnehmen, durch Riechen, näher kommen. Das Ephemere eines Duftes sollte erlebbar sein, indem die Düfte über Sensoren gesteuert aus Mulden in den Wänden verströmt wurden, während man sich ihnen näherte, und sofort wieder verschwanden, wenn man sich vom jeweiligen Duft entfernte. Einen der zwölf Düfte hat der berühmteste lebende Parfümeur, Jean-Claude Ellena, Parfümeur bei Hermès, kreiert. Sein Credo: „Mit der Kreation eines Parfüms offenbaren wir einen Teil von uns selbst."

Jicky, 1889

Das Dufthaus Guerlain wurde 1828 von Pierre-François Pascal Guerlain in Paris gegründet. Aimé Guerlain (1834– 1910) kreierte 1889 den Duft *Jicky*, ein Parfüm der Duftfamilie Orientalisch Fougère. Im gleichen Jahr, in dem *Jicky* das Licht der Duftwelt erblickte, wurde der Eiffelturm fertiggestellt. *Jicky* wurde nach seiner Einführung zum ersten modernen Parfüm. Damals als Unisex-Duft konzipiert, ist es heute ein Parfüm für Frauen. Jicky war der Kosename eines Neffen von Guerlain und auch der Name einer jungen Frau, in die er sich während seines Studiums in Großbritannien verliebt haben soll.

Chanel No.5, 1921

Dieser Klassiker wurde kreiert von Ernest Beaux (1881– 1961), ehemals auch Parfümeur am russischen Zarenhof. Der Duft ist blumig-pudrig und gehört zur Duftfamilie Blumig Aldehyd. *Chanel No.5* hat Maßstäbe gesetzt und ist längst Kult und eine Stilikone. Marilyn Monroes Zitat ist Legende, nach dem sie nachts nur ein paar Tropfen *Chanel No.5* trage und sonst nichts. Auch andere Schauspielikonen warben für den Duft: Catherine Deneuve, Lauren Hutton oder Audrey Tautou. Der erste Mann, der mit seinem Gesicht für den Frauenduft warb, war Brad Pitt.

L'Interdit, 1957

Dieser Parfüm, ebenfalls aus der Duftfamilie Blumig Aldehyd, war eine Kreation von Francis Fabron (1913–2005) für das Haus Givenchy. Hubert Givenchy soll den Duft ursprünglich für Audrey Hepburn in Auftrag gegeben haben, die dem Modehaus sehr verbunden war und viele Jahre von diesem ausgestattet wurde. Das berühmte Kleid aus dem Filmklassiker „Frühstück bei Tiffany" war eine Kreation von Givenchy. Dass Hepburn bei den Dreharbeiten mit *L'Interdit* – dem verbotenen Duft – parfümiert war, kann man nur vermuten.

Aromatics Elixir, 1971

Mit *Aromatics Elixir* lancierte das Skincare-Label Clinique Anfang der 1970er Jahre seinen ersten Duft. Der Mann hinter dem Duft hieß Bernard Chant (1927–1987), das Frauenparfüm ist der Duftfamilie Chypre Blumig zuzurechnen. Das Unternehmen Clinique wurde 1968 von der ehemaligen „Vogue"-Chefredakteurin Carol Phillips und Estée Lauder gegründet. Phillips erfand nicht nur Produktnamen wie „Dramatically Different Moisturizing Lotion" und „Turnaround Cream", auf ihre Initiative ging auch die Entwicklung von *Aromatics Elixir* zurück, dem ersten Parfüm, das auch auf die Wirkung der Aromatherapie setzte.

Drakkar Noir, 1982

Der Männerklassiker von Guy Laroche aus der Duftfamilie Aromatisch Fougère wurde entworfen von Parfümeur Pierre Wargnye (geb. 1947). 1985 wurde *Drakkar Noir* mit dem FiFi Award als „Most Successful Men's Fragrance (Limited)" gekürt. Der schwarze Flakon ist so entworfen, dass er bequem in der Hand liegt. „Drakkar" ist die Bezeichnung für ein Langschiff der Wikinger.

Angel, 1992

Thierry Muglers *Angel* gehört zur Duftfamilie Orientalisch. Parfümeur Olivier Cresp, Jahrgang 1955, ist der Beruf in die Wiege gelegt, denn er stammt aus Grasse, auch seine Schwester ist Parfümeurin. Das „Grand Musée du Parfum" in Paris widmete *Angel* anlässlich des 25. Geburtstags eine eigene Ausstellung. Außergewöhnlich ist der Flakon von *Angel*: fünf längliche, asymmetrische Arme, eckige Konturen. Jerry Hall war 1995 das Werbegesicht für *Angel*, fast zwanzig Jahre später tat es ihr Tochter Georgia May Hall gleich.

L'Eau d'Issey, 1992

Die Kreation von Jacques Cavallier (geb. 1962) aus dem Hause Issey Miyake gehört zur Duftfamilie Blumig Aquatisch. Mit Aquatisch bezeichnet man Wassernoten. *L'Eau d'Issey* ist das erste Parfüm des japanischen Modedesigners Miyake. *L'Eau d'Issey* ist als Frauenduft konzipiert, das Pendant für Männer kam 1994 auf den Markt. Der schlichte Flakon in der Form eines schmalen Kegels aus satiniertem Glas hat einen hohen Wiedererkennungswert. Miyake sagt, er habe mit seinem Parfüm etwas Zeitloses schaffen wollen, einen Duft, der immer modern bleibe.

Pleasures, 1998

Estée Lauders Parfüm aus der Duftfamilie Blumig wurde von Annie Buzantian (geb. 1949) und Alberto Morillas (geb. 1950) kreiert. *Pleasures* setzte den Trend der transparenten, luftig-leichten Düfte, die Mitte der 1990er Jahre boomten.

Osmanthe Yunnan, 2001

Das Parfüm aus dem Hause Hermès ist ein Duft für Frauen und Männer. Es zählt zur Duftfamilie Blumig Fruchtig. Parfümeur Jean-Claude Ellena (geb. 1947) sagt über seine Kreation: „Bei einem Besuch der Verbotenen Stadt in Peking folgte ich einem exquisiten Duft bis zum Kaiserpalast, den Osmanthus-Sträucher umgeben. Im November verströmen ihre winzigen Blüten einen durchdringenden Aprikosen- und Freesienduft. Als ich ihn mir in Verbindung mit Tee aus Yunnan, der schönsten Region Chinas, vorstellte, entstand die Idee zu diesem Parfüm.“

Light Blue, 2001

Fast zwanzig Jahre nach *Angel* machte sich Parfümeur Olivier Cresp für Dolce & Gabbana ans Werk und schuf den

Sommerduft *Light Blue*. Das Damenparfüm ist in der Duftfamilie Blumig angesiedelt. Es soll Lust machen auf Sonne, Sommer und Meer.

Prada Amber, 2004

Die Marke Prada wurde 1913 aus der Taufe gehoben, doch es dauerte bis 2004, als das erste Damenparfüm lanciert wurde. Zwei weitere Jahre später folgte dann der Herrenduft. *Prada Amber* zählt zur Duftfamilie Orientalisch. Für den Duft zeichnen gleich drei Parfümeure verantwortlich: Carlos Benaïm (geb. 1944), Clément Gavarry (geb. 1977) und Max Gavarry (geb. 1937).

Untitled, 2010

Erst wenige Jahre ist dieses Parfüm des Modeunternehmens Maison Martin Margiela auf dem Markt, und damit die jüngste Kreation meiner Klassiker-Liste. Blumig Holzig Moschus – so die Duftfamilie des namenlosen Parfüms, das Frauen und Männer tragen können und das von Daniela Andrier, Jahrgang 1964, kreiert wurde.

Wer trifft die Kaufentscheidung?

Laut einer aktuellen Studie von Markt-Media-VuMa zum Konsumverhalten 2016 achten die Konsumenten bei Parfüms eher auf die Marke (51,4 Prozent) als auf den Preis (34,5 Prozent). 22,2 Prozent der Frauen legen nach dieser Studie täglich ein Parfüm oder ein Eau de Cologne auf. Sie kaufen den Duft jedoch nicht unbedingt selbst, sondern

29,8 Prozent der befragten Frauen lassen sich das Parfüm schenken. Wenn sie selbst in die Tasche greifen, geben sie zwischen dreißig und vierzig Euro aus. In der Herrenwelt gab fast die Hälfte (42,3 Prozent) an, nie ein Parfüm zu benutzen. 34,9 Prozent gaben an, sie würden sich nie ein Parfüm selbst kaufen, sondern es sich allenfalls schenken lassen.

Interessanterweise ist nicht unbedingt die Partnerin die richtige Duftberaterin für ihren Mann. Ein Team von der Karls-Universität in Prag hat erforscht, ob die Partnerinnen der Männer oder ihre Schwestern den besseren Riecher für das passende Parfüm haben. Zuerst hat das Forscherteam 24 Herrenparfüms in sechs Kategorien mit orientalischen Zitrusnoten und in vier Unterkategorien mit orientalisch-holzigen Noten eingeteilt. Danach wurden zwei Gruppen mit sechzehn und zwölf Männern gebildet, wobei diejenigen aus der ersten Gruppe ihre Partnerinnen mitbrachten und die aus der zweiten Gruppe jeweils ihre Schwestern. Zunächst schnupperten die Herren an den Duftproben aus der Hauptkategorie, dann die Partnerinnen beziehungsweise die Schwestern. Danach suchten sich die Männer zwei Lieblingsdüfte aus, die Frauen jeweils einen, der ihrer Ansicht nach am besten zu ihrem Partner oder Bruder passen würde. Im zweiten Schritt wurden die Unterkategorien erschnüffelt. Hier haben sich alle auf einen Duft festgelegt. Am Abend kamen die Männer ins Labor, wuschen ihre Achselhöhlen mit einer unbedufteten Seife und trugen dann jeweils unter eine Achsel einmal das Parfüm ihrer eigenen Wahl und unter die andere Achsel den von ihrer Partnerin beziehungsweise Schwester erwählten Duft. Anschließend klebten die

Forscher Wattepads unter die Achseln. Am nächsten Morgen wurden diese Pads von 20 anderen Frauen bewertet. Das Ergebnis: Die Parfümwahl der Partnerinnen wurde als angenehmer empfunden als die Wahl der Männer. Doch die Wahl der Schwestern übertrumpfte das noch: Ihre gewählten Parfüms wurden am attraktivsten empfunden. Aufgrund dieser Ergebnisse können sich die Forscher aus Prag vorstellen, dass Schwestern evolutionär bedingt ihre Brüder besonders attraktiv für Frauen machen wollen, da auch ihre Gene weitergegeben werden, wenn ihr Bruder Kinder zeugt.

Das Geheimnis eines guten Parfüms liegt vielleicht darin, dass sich Menschen zu jemandem hingezogen fühlen, der diesen Duft trägt. Dabei ist es wichtig, den Duft dezent zu verwenden. Wenn er in einem Umkreis von einem Meter wahrgenommen werden kann, ist das vollkommen ausreichend. Viele Menschen sind geruchsempfindlich, ein starker Duft kann schnell als penetrant und aufdringlich empfunden werden.

Wo soll man einen Duft am besten auftragen? Da scheiden sich die Geister. Ein Duft sollte am besten dorthin gesprüht werden, wo die Haut dünn ist und das Blut pulsiert, also am Hals oder an den Handgelenken, auch im Nackenbereich kann sich ein Duft gut ausbreiten. Eine andere Möglichkeit ist, den Duft auf Haare oder Textilien sprühen. Das ist vor allem dann sinnvoll, wenn der Träger des Parfüms empfindlich auf die Bestandteile reagiert.

19. Wirtschaftsfaktor Duft

Gerüche, Parfüms und Aromen – der Markt ist riesig und Düfte sind ein bedeutender Wirtschaftsfaktor. Weltweit setzt die Branche jährlich 35 Milliarden Euro allein mit Parfüms um – 20 Prozent davon allein in der Adventszeit. Doch so groß die Welt der Düfte auch sein mag, die Anzahl der Big Player, die Jahr für Jahr Millionen in die Entdeckung neuer Duftstoffe und die Entwicklung neuer Duftmoleküle investieren, ist recht überschaubar. Diese Player sind es aber, die mit ihren Kreationen die großen Trends für die Zukunft vorgeben. Die Namen der führenden Produzenten von Duftstoffen und Aromen kennen die wenigsten: Givaudan und Firmenich haben ihre Zentrale in der Schweiz, IFF (International Flavors & Fragrances) den Hauptsitz in New York, und Symrise sitzt im niedersächsischen Holzminden.

Givaudan ist mit über 19 Prozent Marktanteil der Marktführer. Firmenich, die Nummer zwei in der Welt, hat einen Marktanteil von 14 Prozent. Auf Platz drei folgt IFF. Der deutsche Big Player und viergrößte Rohstoffproduzent der Welt, Symrise, entstand 2003 aus der Fusion von Dragoco Gerbering und Haarmann & Reimer, beides Duftstoffunternehmen aus Holzminden.

Und dann gibt es noch Duftunternehmen, die die Parfüms vertreiben. Die größten Anbieter von hochwertigen Parfüms sind LVMH (Dior, Kenzo, Givenchy), Coty (mit Lancaster, die unter anderem Davidoff produzieren), Procter & Gamble Prestige (Gucci, Dolce & Gabbana, Boss, Escada) und L'Oreal (YSL, Lancôme, Armani), Estée

Lauder mit eigenen Düften unter den Labels Lauder, Donna Karan, Kiton oder Michael Kors. L'Oréal verdient als größter Kosmetikkonzern der Welt an knapp 9 Prozent der weltweiten Parfümverkäufe. Wie seine Konkurrenten setzt auch L'Oréal auf Zukäufe, übernahm unlängst den Luxusparfüm-Hersteller Atelier Cologne. Laut Euromonitor legt der Absatz von Parfüms um jährlich mehr als 4 Prozent zu.

Bis der Kunde für ein Parfüm an der Kasse seinen Geldbeutel öffnet, haben viele an dem Duft verdient – vom Duftstoffhersteller, dem Designer und Vertrieb bis hin zum Handel, der Parfümerie oder dem Drogeriemarkt. Und auch Flakonhersteller verdienen mit: Ein Duft benötigt einen Flakon. Je ausgefallener, desto besser, damit man sich im Regal von der Masse abhebt.

Und neben Parfüms werden schließlich auch Spülmittel, Allzweckreiniger, Toilettenreiniger, Weichspüler und Waschmittel mit immer neuen Duftkreationen versehen. Der Geruch frisch gewaschener Wäsche zählt zu den beliebtesten Düften in deutschen Haushalten. Sieben Milliarden Waschmaschinen beladen die Deutschen pro Jahr. Das meistbenutzte Waschmittel ist immer noch Persil, mit dem jeder Fünfte wäscht. Persil war 1959 das erste parfümierte Waschmittel Europas. Das Geheimnis eines guten Waschmittels – abgesehen davon, dass es natürlich sauber machen soll: Wie riecht die Wäsche, wenn sie nass aus der Waschmaschine kommt, und wie nach dem Trocknen? Und behält sie auch im Schrank einen guten Duft? Ralf Bunn, einer der Parfümeure bei Henkel, berichtet in der „Süddeutschen Zeitung", das deutsche Persil rieche auch in Ägypten, Südkorea oder den USA fast gleich. Das aber sei eine Ausnahme. Schließlich seien die Geruchsvorlieben auf der ganzen Welt sehr verschieden.

Parfümeur Christophe Laudamiel, der die Düfte für „Das Parfum" mit uns entwickelte, arbeitete früher in der Haushaltsparfümiere. Die Anforderungen an ein Spülmittel seien hoch, berichtete er der Wochenzeitung „Der Freitag", es solle reinigen und beim Gebrauch Frische erzeugen, aber es müsse flüchtig sein, dürfe also keine Spuren auf den Tellern hinterlassen. „Niemand will beim Essen einen Hauch von Zitronenwaschmittel wahrnehmen", so Laudamiel, „bei Waschmittel ist es umgekehrt: Der Duftstoff muss ein wenig nachhängen, selbst nach dem Spülgang muss er im Material dezente Duftspuren hinterlassen, damit die trocknende Wäsche nicht nass riecht. Das sind technisch zwei unterschiedliche Herangehensweisen, die Duftkomposition ist aber eher überschaubar."

Auch die Luft braucht ein Design

Jeder Raum, jede Umgebung hat einen eigenen Duft. Die Materialien, die Bausubstanz, auch wir senden unseren eigenen Duft aus. Raumgestaltung hat neben der Architektur, dem Interior-Design, Farben, Licht, Sound und Haptik immer auch mit Raumdüften zu tun. Man sollte die Wirkung von olfaktorischem Design nicht unterschätzen, denn duftneutrale Räume existieren nicht, und die zufällig vorhandenen Düfte, zum Beispiel geprägt durch Materialien, Produkte, Menschen, passen gegebenenfalls nicht zu dem, was man über die anderen Designelemente beziehungsweise Architektur zu vermitteln versucht. Licht oder Farben sind vergleichbare Instrumente, die Atmosphären schaffen und bestimmte Emotionen wecken – sobald man einen Raum betritt. Aber auch die Luft braucht ein Design.

Home Fragrances sind daher mehr als nur ein Trend. Seit Jahren spielt die Beduftung eine wichtige Rolle beim Kreieren und Konzeptionieren von Interior-Designs. Vorbei die Zeiten, in denen Patschuliräucherstäbchen in Kommunen für Hippiefeeling sorgten oder allmählich vor sich hin trocknende Potpourris die Raumluft allenfalls mit Staub versorgten. Heutzutage haben wir eine schier endlose Auswahl, unserem Zuhause einen angenehmen Duft zu verleihen: Kerzen, Diffusern, Sprays und sogar dosierte Düfte aus der Steckdose.

Der Life at Home-Report des schwedischen Möbelherstellers Ikea hat für eine Studie 12 000 Menschen in zwölf Städten auf der ganzen Welt befragt, was für sie ihr Zuhause ausmacht. Dazu haben sie die Dimensionen Raum, Ort, Beziehungen und Dinge analysiert. Viele der Befragten, nämlich 40 Prozent, gaben an, dass ihre Wohnung einen gewissen Duft habe, bei dem sie sich direkt heimisch fühlen. Manche konnten ihn gut, andere aber kaum beschreiben.

Wie sich der Umsatz von Raumdüften im deutschsprachigen Raum in konkreten Zahlen niederschlägt, ist schwer zu ermitteln. Denn die sogenannten Interior Scents liegen in einem Schnittbereich von Kosmetikbranche, chemischer Industrie und Dekorationsunternehmen. Eine eindeutige Abgrenzung ist kaum möglich. Klar ist jedoch: Die Zahlen gehen rasant nach oben.

Nicht nur Hersteller klassischer Parfüms und traditionelle Manufakturen für Nischendüfte und Eau de Colognes erweitern ihr Portfolio um luxuriöse Düfte für Räume oder Kleiderschrank. Es gibt ein immer größeres Angebot großer Marken aus der Kosmetik- und Haushaltswarenindustrie, die in Supermärkten und Drogerien erhältlich sind.

Filippo und Mirko Micalef beschäftigen sich mit ihrer Agentur seit Jahren mit der Beduftung von Häusern und Wohnungen. Für sie gilt: Einen Raumgeruch dem Zufall zu überlassen kann gut gehen, muss es aber nicht. „Raumduft ist eine wichtige Abrundung", sagt Mirko Micalef. Schon die großen Hochkulturen der Römer und Ägypter haben ihre Räume beduftet. „Seitdem Düfte am Körper getragen werden, wurden sie auch in Räumen verwendet", berichten die Micalefs. Früher sei die aktive Beduftung von Räumen ein kleiner Bereich gewesen, versteckt im Bad, nicht dekorativ. In den 1960er Jahren gab es Räucherstäbchen, in den 1970er Jahren beherrschten industrielle Raumsprays den Markt, die hauptsächlich gegen schlechte Gerüche gedacht waren. Doch heutzutage gehören Duftquellen in Form von Duftkerzen, Diffusern, katalytischen Lampen und Aromalampen als Designobjekte in das private Umfeld.

Generell sollte man immer nur hochwertige Raumdüfte verwenden. Das gilt auch für Duftkerzen. So schön es ist, zu Hause eine Duftkerze anzuzünden, sollte man genau das nicht zu häufig tun. Denn durch das Abbrennen gelangen Rußpartikel in die Luft und in unsere Atemwege. Es kommt also wie immer auf die Dosierung an, mit Duftkerzen sollte man es nicht übertreiben. Mit einer Kerze muss man übrigens „arbeiten", wenn sie eine lange Lebensdauer haben soll. Damit eine Kerze nicht einen Tunnel bildet, sollte man sie beim ersten Mal so lange brennen lassen, bis die Oberfläche vollständig flüssig ist.

Welchen Duft mögen die Deutschen in ihren eigenen vier Wänden am liebsten? „Ganz klar, Lemongras, Vanille und holzige Noten", so die Micalefs, „Lemongras, weil wir diesen Duft mit Attributen wie Sauberkeit und Wellness assoziieren. Und Vanille ist ein Dauerbrenner, weil sie uns ans gemeinsame Backen mit Großmutter erinnert und durchweg positiv besetzt ist."

Doch wie wir unsere Räume beduften, hängt auch von der Funktion des Raumes ab. Wollen wir im Raum entspannen oder brauchen wir einen vitalisierenden Duft? Für alle Raumdüfte gilt: Die Duftkreationen sollten nicht zu intensiv und narkotisch sein. Und ein Duft muss zur Architektur und zum Interior-Design-Konzept passen. Möglicherweise verträgt nämlich ein überladenes Design auch einen sehr intensiven Duft. Grundsätzlich aber gilt, dass wir angenehme Gerüche oftmals nur unbewusst wahrnehmen. Wir fühlen uns wohl, empfinden das Ambiente insgesamt als angenehm. Anders ist es, wenn ein Duft zu penetrant ist oder einfach nicht passt. Doch welcher Duft passt in welchen Raum?

Entscheidend im privaten wie im öffentlichen oder halböffentlichen Raum ist der erste Eindruck. In Wohnungen oder Häusern wird dieser im Eingangsbereich bestimmt. Der Flur oder die Diele sollte immer gut duften. Im Wohnzimmer halten sich die meisten Menschen lange auf, hier sitzt man zusammen, schaut fern, und hier ist ein angenehmer, auf dauerhaftes Wohlbefinden ausgerichteter Duft optimal, er sollte eher anregend und kommunikationsfördernd sein wie zum Beispiel Düfte mit Zitrusnoten. Auch im Bad geht es – wie natürlich in allen Räumen – ums Wohlbefinden, aber auch darum, unerwünschte Gerüche zu reduzieren. Das gelingt am besten mit frischen, ozonartigen Noten, mit denen wir frische Luft und Sauberkeit assoziieren. Die Küche ist für viele das Zentrum der Wohnung. Hier stehen das Kochen und der Umgang mit Lebensmitteln im Mittelpunkt. Durch das Kochen erzeugte Gerüche können angenehm sein, sind es aber nicht immer. Manche stören und verschwinden auch nicht schnell durchs Lüften. Ein Vanilleduft, am besten basierend auf Aromen aus der Nahrungsmittelindustrie, kann hier gut funktionieren. Im Schlafzimmer soll die Ruhe dominieren. Jasminduft und Orangenduft fördern Schlaf und gute Träume. Kinderzimmer sollten übrigens nicht beduftet werden.

Man kann es auch ganz einfach haben: Wer sehr frische und klare Gerüche liebt, kann sie mit Orangen- oder Zitronenschalen erzeugen. Am einfachsten geht das, wenn man die Schalen einfach auf die Heizung legt. Oder man nimmt eine Orange. Einfach mit Nelken bestecken, und schon entfaltet sich der warme Duft. Das hilft auch gegen Insekten.

DUFT IM ALLTAG

„Pflanzendüfte sind wie Musik für unsere Sinne."
Persisches Sprichwort

20. Wie Düfte unser Leben verändern

Gehören Sie mittlerweile auch zu den Riechenden? Also zu denen, die mit offener Nase durchs Leben gehen? Und haben Sie Ihr privates Umfeld mal genauer erschnüffelt? Machen Sie ab und zu eine Duftkerze an, verteilen Raumspray oder haben einen Diffuser aufgestellt? Oder reicht Ihnen einfach nur frische Luft, wenn gelüftet wird? Alles ist Geschmackssache.

Doch sobald wir unser Zuhause verlassen, sind wir Gerüchen ausgesetzt, die wir kaum beeinflussen können. Denn es gibt keinen duftfreien Raum – nirgendwo. Selbst dort, wo wir vermeintlich nichts riechen, sind Duftmoleküle unterwegs. Und nur durch eine geringfügige Veränderung des Duftprofils in einem Raum wird eine andere Gesamtstimmung erzielt. Was können Düfte mit uns anstellen und wie lassen sie sich sinnvoll einsetzen?

Einige Duftmoleküle haben einen unmittelbaren Effekt auf den menschlichen Körper. Düfte können uns wach halten und unsere Konzentration fördern oder sie können uns, wie zum Beispiel Lavendel, beruhigen. Wenn wir in der Küche mit einer Chilischote arbeiten, brennt oder sticht es uns in Nase und Augen. Allein der Geruch von Chili aktiviert die Areale im Gehirn, die uns das Gefühl geben, dass wir es mit etwas Beißendem und Scharfem zu tun haben. Probanden, denen wir einen künstlichen Chiligeruch zum Riechen gaben, beschrieben ein Gefühl, dass es in der Nase brenne und steche, obwohl dies eigentlich gar nicht sein konnte. Ähnlich geht es uns mit Pfeffer- und Ingwergeruch.

Chili hat zudem die Besonderheit, dass allein der Geruch uns das Gefühl einer Wärme vermittelt, die es de facto gar nicht gibt. Der Geruch von Chili suggeriert uns eine – gefühlte – Temperatur von 30 Grad Celsius. Dass uns Chili zum Schwitzen bringt, kennt jeder, der gerne richtig scharf isst.

Der Geruch von Pfefferminz hat eine gegenteilige Wirkung auf unseren Körper. Wenn wir Pfefferminzgeruch in der Nase haben, wird uns eine Temperatur von etwa 15 Grad Celsius suggeriert, da Pfefferminz die Kälterezeptoren in der Nase aktiviert. Man kennt die kühlende Wirkung eines Pfefferminzbonbons. Beim Lutschen erscheint einem die Luft in der Nase frischer. Man bekommt den Eindruck, dass die Nase weiter wird. In Wirklichkeit ändert sich der Nasenquerschnitt kaum oder gar nicht. Was sich ändert, ist das Gefühl in der Nase, was daran liegt, dass wir luftempfindlich sind und glauben, dass die Nase offener und freier sei, und die Kühle eben spürbar ist im Vergleich zu der normalen Luft, die den Trigeminusnerv nicht reizt.

Wie lassen sich die Erkenntnisse über Chili und Pfefferminz in unserem Alltag einsetzen? Die Betreiber einer großen Shoppingmall wurden auf die Wirkung von Gerüchen aufmerksam und kamen auf mich zu mit einer ungewöhnlichen Aufgabenstellung: Man wolle die hohen Energiekosten, die in dem riesigen Gebäude für Heizung und Klimaanlage anfallen, reduzieren. Wir machten ein Experiment und installierten in dem Einkaufszentrum unsere Beduftungssysteme, mit denen im Winter ein Chiliduft und im Sommer ein Pfefferminzduft flächendeckend verteilt wurde. Beide Düfte waren dabei sehr dezent und kaum wahrnehmbar. Dennoch zeigte die Beduftung Wirkung: Die Temperatur in der Mall wurde im Sommer um durchschnittlich zwei bis drei Grad kühler empfunden, als sie tatsächlich war. Dementsprechend weniger musste das Gebäude von der Klimaanlage heruntergekühlt werden. In der kalten Heizperiode erzielte man durch die Chili-Beduftung ein vergleichbares Ergebnis; die gefühlte Temperatur nahm zu. Und der Umweltaspekt, die potenzielle Reduzierung der Energiekosten, ist in diesem Zusammenhang sicherlich ein interessanter Aspekt. Nun stelle man sich einmal vor, man würde eine ganze Stadt wie die Glücksspielmetropole Las Vegas, die quasi eine einzige gigantische Klimaanlage mitten in der Wüste ist, mit dem Pfefferminzduft um ein paar Grad herunterkühlen! Das Klima würde es uns danken!

Mit der Nase durch Las Vegas

Eine vernünftige, dezente Beduftung würde auch helfen, dass Las Vegas nicht länger ein wahrer Duftalptraum ist. Las Vegas ist das beste Beispiel dafür, wie man es mit Düften auch übertreiben kann, vor allem, wenn man keine ausreichend hochwertigen Düfte verwendet und diese mit nicht gut steuerbaren oder schlecht gesteuerten Systemen ausgebracht werden.

Man betritt das Hotel, und die Lobby ist beduftet, das angrenzende Kasino, die Shoppingmall daneben und sämtliche Geschäfte in der Mall – überall herrscht ein eigener Duft. Jeder versucht, den Duft des anderen zu übertrumpfen. Ein Besuch in Las Vegas ist aus meiner

Sicht kein schönes Erlebnis für die Nase. Dennoch kommen Jahr für Jahr etwa vierzig Millionen Besucher, und knapp 90 Prozent von ihnen suchen mindestens einmal ihr Spielglück in einem der Kasinos. Zwischen sechs und zehn Milliarden US-Dollar nehmen diese jährlich nur durch Spielautomaten und Spieltische ein.

Ob man die Verweildauer der Spieler in den Kasinos und ihre Bereitschaft, Geld auszugeben, mit einer entsprechenden Beduftung befördern könne, wollte der Neurowissenschaftler Dr. Alan Hirsch herausfinden. Dazu ließ er 1995 an einem Wochenende drei Bereiche im Kasino des „Harrah's", dort wo die Slot Machines aufgestellt sind, beduften. Zwei der Bereiche wurden mit unterschiedlichen – angenehmen – Aromen beduftet, der dritte Bereich bliebt unverändert. Anschließend verglich man die Umsätze in den drei Bereichen während des Experimentzeitraums mit den Umsätzen an den Wochenenden ohne Beduftung. Während im duftneutralen Bereich und in einem der bedufteten Bereiche sich die Umsätze kaum veränderten, bewirkte der Duft im zweiten Duftraum eine Umsatzsteigerung von 45 Prozent. Nun fragt man sich, welcher Duft bei den Kasinobesuchern das Geld so locker sitzen ließ. Nun, da muss ich Sie enttäuschen, dieses Geheimnis hat Dr. Hirsch nicht preisgegeben.

1989 eröffnete Steve Wynn in Las Vegas sein Hotel „The Mirage". Einer der Erfolgsfaktoren des Hotels, so berichtet die „Allgemeine Hotel und Gastronomie Zeitung", sei sein spezieller Duft. Steve Wynn, dem eine ganze Reihe von Megahotels gehört, habe den Duft entdeckt, der die Menschen zum Spielen bringe, berichtet Mark Peltier, dessen Unternehmen für die Umsetzung der Düfte im „The Mirage" verantwortlich ist. „Steve Wynn wollte den Duft von Sonnenmilch", so Peltier weiter. Denn der Geruch von Kokosnussöl erinnere die Menschen an Palmen und Urlaub. Bis heute verwendet „The Mirage" denselben Duft von Kokosnussöl, der über die Belüftungsanlage verteilt wird.

Guter Schlaf durch Blumenduft

Es gibt viele Entdeckungen aus der Welt der Düfte, die uns heute das Leben einfacher machen. Ein Beispiel dafür ist Jasminduft: Dieser Duft kann Menschen helfen, die unter Schlafstörungen leiden. Und davon gibt es in Deutschland immer mehr: Laut dem aktuellen DAK-Gesundheitsreport sind Schlafstörungen bei Berufstätigen im Alter von 35 bis 65 Jahren von 2010 bis heute um 66 Prozent gestiegen. 80 Prozent der Berufstätigen haben den Angaben zufolge Schlafprobleme, das sind immerhin rund 34 Millionen Menschen. Unter besonders schweren Schlafstörungen, Insomnie genannt, leidet fast jeder Zehnte. Hier verzeichnet die Studie ein Plus um 60 Prozent. Jeder Zweite mit Schlafstörungen behilft sich dagegen laut Gesundheitsreport mit rezeptfreien Medikamenten aus Apotheke oder Drogerie. Der anderen Hälfte verhilft ein Rezept vom Hausarzt zu einem regelmäßigen Schlaf.

Dabei kann das Duftaroma der Gardenie Schlaftabletten und Stimmungsaufheller ersetzen, wie Professor Hanns Hatt in Zusammenarbeit mit Dr. Olga Sergeeva und Professor Helmut Hass von der Heinrich-Heine-Universität in Düsseldorf vor einigen Jahren herausfand. Der in der Gardenie enthaltene Duftstoff Gardenia-Acetalund und sein synthetisches Pendant Vertacetal-Coeur haben, so schreibt die Ruhr-Uni Bochum (RUB) auf ihrer Website, den gleichen molekularen Wirkmechanismus und wirken genauso stark wie häufig verschriebene Barbiturate. Die genannten Duftstoffe riechen dabei ähnlich wie Jasmin.

„Sie beruhigen, lösen Angst und fördern Schlaf", heißt es dort: „Verhaltenstests mit Mäusen am Labor von Professor Lübbert, Lehrstuhl für Tierphysiologie der RUB, beseitigten letzte Zweifel an den Qualitäten der Düfte als Sedativum. Gespritzt oder inhaliert, entfalteten die Duftstoffe eine beruhigende Wirkung: In einem Plexiglaskäfig, dessen Luft eine hohe Konzentration des Dufts enthielt, stellten die Mäuse jede Aktivität ein und saßen ruhig in der Ecke. Über die Atemluft gelangen die Duftmoleküle von der Lunge ins Blut und werden von dort ins Gehirn transportiert. Man kann sich Anwendungen in der angstlösenden, beruhigenden, erregungs- und aggressionsdämpfenden oder schlafanstoßenden Therapie vorstellen. Die Ergebnisse kann man auch als Nachweis einer wissenschaftliche Grundlage der Aromatherapie sehen."

Das sei ein neuer Komplex, in dem es „noch viel zu erforschen gibt", erklärt Professor Hatt. Ähnlich wie der Duftstoff der Gardenie wirke das Linalool aus dem Lavendel, das man als Lavendelöl in seiner reinen Form oder als Kapsel verzehren könne. Die Kapsel öffne sich dabei im Darm, und die Duftmoleküle gelangten über den Darm ins Blut und von dort ins Gehirn.

Können wir uns sauber riechen?

Schon geringe Spuren bestimmter Gerüche können unser Verhalten beeinflussen – auch wenn wir sie gar nicht bewusst wahrnehmen. Zitrusduft ist ein Geruch, den die meisten Menschen hierzulande mit Begriffen wie Sauberkeit, Hygiene und Frische verbinden. Kann uns der Duft allein zum Putzen animieren oder uns gar zu kleinen Putzteufeln wider Willen machen? Dieser Frage gingen verschiedene internationale Studien nach und kamen zu dem Resultat, dass der typische Geruch von Reinigungsmitteln die Testpersonen dazu brachte, auf Ordnung zu achten. Wer den Zitrusduft von Putzmitteln in der Nase hatte, sorgte unbewusst für Sauberkeit um sich herum. Der niederländische Psychologe Rob Holland von der Radboud-Universität Nijmegen machte ein Experiment mit 128 Probanden, denen man drei leichte Aufgaben stellte: Die Männer und Frauen sollten ein Wortsuchspiel lösen, also bestimmte Begriffe am Computerbildschirm so schnell wie möglich aufspüren. Danach sollten sie aufschreiben, welche Arbeiten sie sich für den nächsten Tag vorgenommen hatten, und schließlich sollten sie einen – stark krümelnden – Keks essen. Die Testpersonen wurden in zwei Gruppen unterteilt. Die eine Hälfte war die Kontrollgruppe und konnte sich in einem Raum ohne weitere Einflüsse den drei Aufgaben widmen. Die andere Hälfte saß in einem Raum, in dem ein Eimer mit Wasser und darin aufgelöstem Allzweckreiniger hinter einem Schrank versteckt war. Der Zitrusgeruch, der von dem Reiniger ausging, wurde auf Nachfrage nur von wenigen Testpersonen überhaupt wahrgenommen. Umso erstaunlicher war der Einfluss des Duftes auf die Gruppe. So entdeckten die Probanden im Duftraum Wörter, die mit Sauberkeit oder Putzen assoziiert waren, sehr viel schneller als die Kontrollgruppe. Zudem notierten sie unter dem Einfluss des Duftes fast dreimal so häufig Tätigkeiten für den nächsten Tag, die mit Putzen oder Aufräumen zu tun hatten. 11 Prozent der unbedufteten Probanden wollten am nächsten Tag saubermachen, bei der Duftgruppe waren es 36 Prozent. Und sie hinterließen den Raum deutlich sauberer als die Kontrollgruppe. Die Teilnehmer, die dem Zitrusduft ausgesetzt waren, wischten die Kekskrümel dreimal häufiger vom Tisch als die zweite Gruppe. Die Ergebnisse der Studie veröffentlichte Rob Holland in der Fachzeitschrift „Psychological Science". Der Geruch erleichtere also den Zugang zu gedanklichen Konzepten wie dem der Sauberkeit, erklären die Forscher. Das Gehirn leite automatisch die entsprechenden Bewegungen ein, wie das Zusammenkehren der Krümel, ohne dass dem eine bewusste Entscheidung zugrunde gelegen habe. Gerüche können demnach das Verhalten genauso stark beeinflussen wie optische Reize, so das Fazit von Dr. Holland. Und was können wir daraus für unseren Alltag ableiten? Wenn die eigene Putzlaune mal wieder ganz gering ist, einfach etwas Zitrusduft in der Wohnung versprühen. Dadurch wird es nicht automatisch sauber, aber wir gehen beschwingter an die Sache!

Zu einem ähnlichen Ergebnis kam ein Versuch der Uni Nijmegen. Im Vorfeld stattete man zwei Zugabteile mit mehreren Behältern Reinigungsmittel aus, sodass die Waggons mit Zitrusduft beduftet waren. Der Zug fuhr etwa zwei Stunden lang die Strecke vom niederländischen Amersfoort nach Enkhuizen. Immer wenn der Zug die Endhaltestelle erreichte, wurden die Mülleimer kontrolliert – sowohl in den zwei Duftabteilen als auch in den zwei Kontrollabteilen, wo es nicht nach Zitrone roch. Der Müll der Reisenden wurde verpackt und gewogen. In den Abteilen mit Duft hinterließen die Fahrgäste erheblich weniger Müll.

Auch Katie Liljenquist von der Marriott School of Management an der Brigham Young University in Provo, Utah, führte eine – zugegeben sehr eigenwillige – Studie durch, bei der Zitrusduft eine entscheidende Rolle spielte. Die Studie trägt den Titel „Der Geruch der Tugend" und ging der Frage nach, ob sich Menschen in einem Raum mit sauberem Geruch anständiger, großzügiger und fairer verhalten. Moralempfinden per Beduftung – kann das funktionieren? Liljenquist und ihre Kollegen Chen-Bo Zhong und Adam Galinsky verwendeten folgenden Versuchsaufbau: Die Testteilnehmer wurden in zwei Gruppen unterteilt, und auch bei diesem Experiment wurde in einem Raum ein nach Zitronen duftendes herkömmliches Fensterputzmittel versprüht, während der zweite Raum – für die Kontrollgruppe – geruchsneutral blieb. Die Forscher stellten in einer Nachbefragung sicher, dass die Teilnehmer den Zitrusgeruch nicht bewusst wahrgenommen hatten. Die Ausgangsfrage der Wissenschaftler lautete, ob es einen Zusammenhang zwischen körperlicher und moralischer Reinheit gebe. Moral werde mit Sauberkeit und möglicherweise auch mit sauberen Gerüchen assoziiert, unmoralisches Verhalten hingegen mit Schmutz und

Gestank. Im ersten Teil des Experiments stand die Fairness der Versuchsteilnehmer im Fokus. Die Probanden erhielten von einem anonymen Spielpartner im Nachbarraum zwölf Dollar und sollten nach eigenem Ermessen entscheiden, wie viel sie davon wieder zurückgäben, um das Geld gerecht zu teilen. In dem mit Zitrusspray bedufteten Raum gaben die Testpersonen mit durchschnittlich 5,33 Dollar mehr Geld zurück als die Kontrollgruppe mit nur 2,81 Dollar. Die Probanden im Duftraum zeigten sich demnach großzügiger und fairer.

Im zweiten Teil des Experiments stand die Bereitschaft zu gemeinnützigem Handeln im Mittelpunkt. Die Probanden wurden gefragt, ob sie einer Organisation, die Menschen in schwierigen Wohnverhältnissen fördert, unterstützen würden. In dem bedufteten Befragungsraum zeigten die Probanden deutlich stärkeres Interesse, sich ehrenamtlich zu engagieren. Und 22 Prozent von ihnen waren bereit, für die Organisation Geld zu spenden, bei der Kontrollgruppe waren es nur 6 Prozent. Katie Liljenquist sieht daher im Versprühen von mit Sauberkeit verknüpften Düften einen „einfachen und unaufdringlichen Weg, ethisches Verhalten zu fördern".

Ob es wirklich so einfach ist, die Welt mit ein bisschen Zitrusduft zu einem besseren Ort zu machen? Ich habe da meine Zweifel. Moral hin, Sauberkeit her, Tatsache ist: Sauberkeitsstudien unter Verwendung von Zitrusduft hätten in Spanien nicht funktioniert beziehungsweise wahrscheinlich ein anderes Ergebnis gehabt. Denn Deutschland ist Zitrusland. Und während für uns Zitrusgeruch für Reinlichkeit steht, denken Spanier – und auch Griechen – beim Geruch von Chlor an Hygiene und Frische. Entsprechend riechen in Spanien auch viele Reinigungs- und Putzmittel nach Chlor. In Ägypten – wie auch in den USA – wiederum duften viele Putzmittel schwer blumig nach Jasmin. Es ist also auch hier wie immer eine Frage der Prägung. Wie haben wir gelernt, Düfte wahrzunehmen und abzuspeichern? Uns erinnert der stechende Geruch Chlor an gechlortes Schwimmbadwasser, wir assoziieren ihn eher mit möglichen Gesundheitsgefahren.

Düfte für ein besseres Miteinander

Inwiefern Gerüche in unserem sozialen Verhalten und im Umgang miteinander eine Rolle spielen, wollten Roxane Saint-Bauzel und Valérie Fointiat von der Université de Lorraine herausfinden. Die Fragestellung ihres Experiments lautete: Würde der Geruch einer hilfsbedürftigen Person Einfluss darauf haben, ob dieser Person auf der Straße in besonderen Situationen geholfen wird? Für das Experiment sollte eine junge Frau – sie war sozusagen der Lockvogel – mit einem Stapel Papiere durch eine Fußgängerzone gehen, dabei etwas orientierungslos wirken und die Passanten nach dem Weg fragen. Die meisten Angesprochenen zeigten sich hilfsbereit. Dann aber ging der Lockvogel weiter und ließ den Papierstapel fallen. Nun wurde beobachtet, ob die angesprochenen Passanten auch ein weiteres Mal helfen würden. Würden ihr die Orientierungshelfer von vorher auch ein zweites Mal helfen? Dreimal wurde das Experiment durchgeführt, dabei trug die junge Frau einmal einen Vanilleduft, das andere Mal roch sie nach Kampfer, ein scharfer und eukalyptusartiger Geruch. Beim dritten Kontrolldurchlauf ließ die Frau die Papiere sofort auf die Straße fallen, ohne zuvor nach dem Weg zu fragen.

Der Duft der Frau wirkte sich signifikant auf die Hilfsbereitschaft der Passanten aus. Erwartungsgemäß halfen die Passanten, die der Frau den kleinen Gefallen getan hatten, auch häufiger ein zweites Mal als Personen, die zuvor gar nicht nach dem Weg gefragt worden waren. Dies traf aber nur zu, wenn die junge Frau nach Vanille roch – in diesem Fall halfen 70 Prozent derjenigen, die schon die Frage nach dem Weg beantwortet hatten. Roch der Lockvogel nach Kampfer, halfen nur zehn Prozent und damit war die Quote nicht besser als bei den Personen, die gar nicht nach dem Weg gefragt worden waren. Die Eigenschaften der um Hilfe fragenden Person scheinen somit eine wichtige Rolle zu spielen. Gerüche können also dabei helfen, dass uns geholfen wird, so ein Ergebnis dieses Tests aus dem Jahr 2012, veröffentlicht in der Fachzeitschrift „Social Behavior and Personality".

Dass der Duft von Orangen vielfältige Wirkungsweisen hat, wurde schon beschrieben. Aber wofür versprüht man Orangenduft in einem US-Gefängnis? Tatsächlich gab es in den Vereinigten Staaten Untersuchungen, wie sich das Aroma von Orangen auf das Miteinander von Gefängnisinsassen auswirkt. Die Gemeinschaftsräume in einer Gefängnisanstalt wurden zu diesem Zweck über die Luftschächte beduftet und man stellte fest, dass die Insassen ruhiger wurden, weniger aggressiv reagierten und auch weniger Beruhigungsmittel benötigten. Ähnliche

Erfahrungen machte die Polizei in Rotterdam. Die Niederländer setzten Orangenduft über eine Testphase von vier Wochen ein und stellten fest, dass die Gewalt in den Zellen stark abnahm.

Diese Erfahrungen ließen uns darüber nachdenken, wie man sie auf andere Lebensbereiche übertragen könnte, auf Bereiche, die unser alltägliches Leben betreffen. Wie wäre es zum Beispiel mit der Bahn? Es liegt mir fern, die Zustände in der Bahn mit denen eines US-Gefängnisses vergleichen zu wollen. Doch wer morgens und abends mit der Bahn zu seinem Arbeitsplatz und wieder nach Hause pendelt, kann ein Lied davon singen, wie ungemütlich bis aggressiv es in den Stoßzeiten in den Abteilen zugeht. Die Bahn ist voll, mal ist es zu heiß, mal ist es zu kalt. Dann kommt die Bahn auch noch zu spät – und der Geruch der Mitreisenden ist auch nicht immer angenehm. Fahrgäste sind genervt und gestresst und kommen schlecht gelaunt im Büro an. Erkennen Sie sich wieder? Willkommen in der Kampfzone Bahn!

Die Deutsche Bahn testete in Kooperation mit der Ludwig-Maximilians-Universität München auf einer Strecke im Allgäu die Wirkung von Düften auf das Wohlbefinden ihrer Fahrgäste. Der Versuch in den Zügen der Kneipp-Lechfeld-Bahn auf der Strecke Augsburg–Buchloe war auf eine Dauer von drei Monaten angelegt. Einer von zwei Waggons wurde aromatisiert, der andere nicht. Wir wählten einen sehr dezenten Duft, mit Noten von Jasmin, Veilchen, Rosenholz und Moschus, Aromen, denen beruhigende Eigenschaften zugeschrieben werden. Die Fahrgäste in beiden Wagen wurden nach Beendigung ihrer Reise befragt. Insgesamt gaben 280 Fahrgäste ihren

Fragebogen ausgefüllt zurück. Bei den Reisenden handelte es sich um 49,8 Prozent Frauen und 50,2 Prozent Männer im Alter von 15 bis 79 Jahren. Die Stichprobe von 280 Personen umfasste sowohl Pendler als auch Gelegenheitsfahrer. Die Aussagen der befragten Fahrgäste waren eindeutig:

Das Reiseerlebnis, die Qualität, das Preis-Leistung-Verhältnis und auch die Marke Bahn wurden von den bedufteten Fahrgästen deutlich besser bewertet als von den unbedufteten. Vor allem gaben sie an, sehr entspannt und stressfrei an ihrem Reiseziel angekommen zu sein.

Dieses Experiment stellten wir später noch einmal für die WDR-Sendung Quarks & Co nach, allerdings diesmal über einen kürzeren Zeitraum. Erneut wurde in Zusammenarbeit mit Anna Girard von der Münchner Uni ein Zug im Allgäu über die Klimaanlage mit einer Duftmischung gegen Stress subtil beduftet. Die Zufriedenheit der Fahrgäste im Duftwagen war auch dieses Mal höher als in dem anderen Waggon. Erst bei der Befragung erfuhren die Fahrgäste von dem Einsatz des Duftes. Viele meinten, so sollte es am besten immer riechen, frisch und angenehm. Andere äußerten sich skeptisch. Sie würde, so die Aussage eines weiblichen Fahrgastes, ein natürliches Duftumfeld bevorzugen und lieber den Schweiß und die Parfüms der Mitreisenden riechen. Ja, die Geschmäcker sind verschieden.

Wenn ich von dem Bahnexperiment berichte, höre ich immer wieder den Vorwurf, das alles sei doch Manipulation. Durch den Duft im Zug sollten die Fahrgäste ruhiggestellt werden, damit sie die leidigen Verspätungen und andere Ärgernisse hinnehmen. Ich bin mir sicher, so leicht sind wir nicht zu manipulieren und für dumm zu verkaufen. Nur weil ein Duft entspannt und Stress abbaut, heißt das noch lange nicht, dass wir dadurch zu meinungslosen Wesen und unmündigen Bürgern werden. Und erneut möchte ich appellieren, dass wir unseren Geruchssinn nicht nur als einen manipulierbaren Sinn verstehen. Manipulation bezeichnet „die gezielte und verdeckte Einflussnahme auf das Erleben und Verhalten von Einzelnen oder Gruppen" (Stangl, 2017). Bewegen wir uns aber bewusst riechend durch die Welt, dann kann uns kein Duft manipulieren. Seien wir Herrin und Herr aller unserer Sinne!

Wenn man Düfte nicht verträgt ...

Wenn ich davon rede, dass Düfte unseren Alltag positiv beeinflussen können, dann meine ich eine gut durchdachte, aktuelle wissenschaftliche Erkenntnisse berücksichtigende und vor allem dezente Beduftung. Niemand soll sich schließlich belästigt fühlen. Was kein Problem ist, wenn man verantwortungsvoll mit einer Beduftung umgeht. Menschen mit Duftstoffallergien reagieren dann, wenn Duftstoffe hoch dosiert werden. Nicht zu verwechseln mit Duftstoffunverträglichkeiten, über deren Ursachen wenig bekannt ist, oder sensiblen Reaktionen wie Kopfschmerzen, wenn zum Beispiel zu viel Duft im Raum ist. Eine Duftstoffallergie äußert sich meist als Kontaktallergie, das heißt, die Haut wird durch das Allergen sensibilisiert, beispielsweise dann, wenn ein Parfüm aufgetragen wird. Die Sensibilisierung hat zur Folge, dass das Immunsystem der Haut aktiviert wird. Meist bleibt die Überreaktion auf jene Stelle begrenzt, die mit dem Auslöser in

Kontakt stand. War das Allergen zum Beispiel in Waschmitteln oder Weichspülern für Kleidung enthalten, kann die Haut großflächiger betroffen sein. Menschen mit einer Allergie oder Unverträglichkeit gegen bestimmte Duftstoffe wird empfohlen, auf duftstofffreie Kosmetika, Wasch- und Reinigungsmittel zurückzugreifen.

21. Supermarkt der Sinne

In einem ganz wichtigen Bereich unseres Lebens, der eigentlich der ideale Ort für die schönsten Geruchserlebnisse sein könnte, spielen selbige so gut wie keine Rolle: Unsere Lebensmittel im Supermarkt oder im Discounter sind, um sie möglichst lange haltbar zu machen, in der Regel luftdicht verpackt, eingeschweißt oder tiefgefroren. Das ist gut und schön und hat seine Berechtigung. Sinnliches Riechen ist dadurch aber so gut wie gar nicht möglich. Wo können wir also überhaupt noch an Lebensmitteln riechen? Auf dem Markt und in der Obst- und Gemüseabteilung im Supermarkt. Das war es dann aber auch schon.

Wer in einem aus unserer Sicht südlichen Land Urlaub gemacht hat, konnte dort sicherlich die lokalen Märkte erkunden – mit ihrem Gewimmel von Menschen und Tieren, Obst, Gemüse, Fleisch und Fisch – ein wahres Feuerwerk an Farben und Gerüchen. Vor allem die Aromen der Gewürze sind unvergesslich. Sie lassen mir jedes Mal das Wasser im Munde zusammenlaufen. Damit der Speichel reflexartig zu fließen beginnt, müssen wir nur etwas Leckeres sehen oder riechen oder daran denken. Für den Speichelfluss sind drei Drüsen verantwortlich: Unterkiefer-, Unterzungen- und Ohrspeicheldrüse.

Fließt Ihnen aber das Wasser im Mund zusammen, wenn Sie im Discounter oder Lebensmittelgeschäft vor dem Gewürzregal stehen? Wohl eher nicht.

Für eine Fernsehdokumentation der ARD, die im November 2016 ausgestrahlt wurde, machte ich mit dem

Koch Tim Mälzer einen Test in einem Hamburger Supermarkt, bei dem die Reaktionen der Kundinnen und Kunden mit versteckter Kamera gefilmt wurden. Auch hier gab es das übliche Regal mit Gewürzen von A bis Z – alle luftdicht verpackt in kleinen Plastikdosen und -beutelchen. Die Umgebung des Regals war fast geruchsneutral, auf jeden Fall nicht geruchsattraktiv. Keiner der Kunden hielt sich dort länger auf, wer vorbeikam, hielt nicht an. Tim Mälzer erzählte mir, wie wichtig es sei, Lebensmittel mit allen Sinnen wahrzunehmen, um sich von ihrer Qualität ein Bild machen zu können: ansehen, anfassen und an ihnen riechen. Und dieses sinnliche Erleben von Lebensmitteln vermisse er in einem Supermarkt. Bei einigen Herstellern setzt übrigens ein Umdenken an. Man will weniger Produkte in Plastik verpacken. Es gibt auch schon erste Supermärkte, die hier eine Vorreiterrolle einnehmen.

Zurück zu unserem Experiment im Supermarkt: Oberhalb des Gewürzregals installierten wir einen kleinen Geruchsspender, der ein leichtes Aroma von Curry in die unmittelbare Umgebung verströmte. Currypulver – eine Mischung aus vielen Zutaten wie Kreuzkümmel, Koriander, Kurkuma, Ingwer, Kardamom, Cayenne- und schwarzer Pfeffer, Piment, Paprika, Zimt – riecht für die meisten Menschen sehr ansprechend und exotisch. Den einen macht der Geruch Lust auf indisches Essen, die anderen werfen am liebsten gleich den Grill an.

Wir beobachteten, ob und wie sich das Kundenverhalten durch die Beduftung veränderte. Das Ergebnis ließ nicht lange auf sich warten. Denn plötzlich blieben die Kunden vor den Gewürzen stehen, schauten sich um, nahmen einzelne Gewürze in die Hand. Zwar kaufte nicht jeder ein Gewürzprodukt, aber einige griffen doch zu. Der Currygeruch zog die Kunden wie magisch an. Eine Kundin berichtete uns, dass der Curryduft sie auf die spontane Idee gebracht habe, am Abend ein Fleischgericht zu kochen, weshalb sie vom Gewürzregal gleich zur Fleischtheke weitergegangen sei.

Nachdem der Currygeruch so gut angekommen war, wollten wir unser Experiment variieren und wechselten den Duft aus. Statt des kräftigen Curryaromas verteilte der Spender jetzt einen frischen und vitalisierenden Mentholduft. Und siehe da: Was vorher funktioniert hatte, ging völlig in die Hose. Die Verbindung von Gewürzen mit einem Geruch, der an Sauna und Wellness erinnert, wirkte offenbar abstoßend. Kunden, die an unserem Regal vorbeikamen, schauten irritiert. Sie blieben auch nicht mehr stehen, sondern suchten das Weite.

„Der Mentholgeruch hier stresst mich richtig", meinte auch Tim Mälzer.

Duft und Raum beziehungsweise visuelle Eindrücke, das zeigte dieser Versuch einmal mehr, müssen aufeinander abgestimmt sein. Ein eigentlich angenehmer Duft in der falschen Umgebung eingesetzt, kann das Gegenteil von dem bewirken, was man beabsichtigt. Und was bedeutet die Beduftung der Gewürze für den Kunden? Handelt es sich um eine Manipulation der Sinne oder um die komplexe Präsentation eines Produktes? Für Tim Mälzer war die Antwort klar: In seinen Augen ist der Duft eine Möglichkeit, den Spaß am Einkauf zu vergrößern.

Was wir mit unserem Test herausfanden, ist den großen Lebensmittelproduzenten natürlich auch bekannt. Weshalb sie nun auch erwägen, ihre Produkte und deren Verkaufsstände und Regale zu beduften.

Doch noch einmal zurück zum Eingang unseres Supermarkts der Sinne. In den meisten Lebensmittelgeschäften befindet sich gleich im Eingangsbereich eine Bäckerei. Warum platzieren Händler ihre Backwarenabteilungen dort, und weshalb werden hier, obwohl man alle Bereiche und Abteilungen des Geschäfts mit frischen Produkten bestücken könnte, Brötchen und Croissants gebacken? Das mag praktische Gründe haben, denn wer morgens nur mal eben seine Brötchen kaufen möchte, erspart sich unnötige Wege. Gleichzeitig weiß man, dass sich durch einen angenehmen Duft frischer Backwaren der Umsatz des Supermarkts steigern lässt. Diese Erkenntnis ist nicht neu. Schon vor einigen hundert Jahren ließen findige Bäcker die Abluftrohre aus ihren Backstuben so verlegen, dass die Straße vom Duft des frisch gebackenen Brotes erfüllt war.

Egal, ob heutzutage das Aroma von frisch Gebackenem ausgeht oder künstlich erzeugt wird: Der Geruch der Bäckerei kann den Appetit der Kundschaft anregen, und wer hungrig einkauft, nimmt oft mehr Produkte mit nach Hause, als auf dem Einkaufszettel stehen. Ein Phänomen, das vielen bekannt sein dürfte. Der Werbepsychologe Franz Liebel berichtete dem Online-Magazin „Business Insider", Kunden würden sogar doppelt so viel einkaufen wie üblich, wenn sie vorher an der Backwarenabteilung vorbeikamen. Er nannte noch einen weiteren Grund:

„Die Bäckereien verlangsamen schon im Eingangsbereich unbewusst das Schritttempo der Kunden. Die
Masche dahinter ist klar: Wer gemächlich einkauft und
nicht gehetzt seinen Einkaufszettel abarbeitet, der nimmt
wesentlich mehr Produkte in den Regalen wahr." Aber es
sei nicht der Duft allein, der zum Kaufen animiere, so
Liebel. Allein der Anblick der Backwaren im Eingangsbereich mache Lust auf Essen. Und „mit dem richtigen
Duft in der Nase und der richtigen Musik im Ohr sind wir
schon auf dem besten Wege, mehr Geld auszugeben, als
wir vorhatten. Häufig werden in den Supermarktbäcke-
reien Zusatzstoffe mitgebacken, um die Kauflust der Kunden zu steigern. In den USA wird Brot zum Beispiel oft
künstlich geröstet, um den Geruch von frischem Essen
zu verstärken."

Allerdings ist der Duft, den die Bäckereien hierzulande
durch den Schnellbackprozess erzeugen, intensiv genug,
sodass auf künstliche Aromen meistens verzichtet wird –
zumal die Abluft so geleitet wird, dass die Konsumenten
ihn optimal abbekommen.

Man mag das kritisieren, aber mir geht es so, dass ich
mich durch den Duft der Bäckerei gut fühle. Die Idee, den
Eingangsbereich beduften zu lassen, verfolgen nicht nur
Supermärkte sondern auch die großen Kaufhausketten
Kaufhof, Karstadt & Co., deren Parfüm- und Kosmetikab-
teilungen nicht zufällig gleich hinter der Eingangstür
platziert sind statt auf der dritten Etage. Mit vermeintlich
schönem Duft möchte man die Kundschaft anziehen.
Internationale Luxuskonsumtempel wie Bloomingdale's
in den USA oder Galerie Lafayette in Frankreich haben
eigene Markendüfte für ihre Häuser entwickeln lassen,

damit alle Filialen einen typischen und unverwechsel-
baren Geruch haben anstatt des Duft-Durcheinanders in
der Kosmetikabteilung.

Setzen wir unseren Weg durch den Supermarkt der
Sinne fort. Wir kennen die alltägliche Situation, die
beinahe an Reizüberflutung grenzt: Das immer neue
Design der Verpackungen mit Produktinformationen
und Qualitätshinweisen, die aufwändigen Displays,
das Lichtdesign, die Beschallung durch Musik – all das
soll unser Einkaufsverhalten beeinflussen. Als aufge-
klärte Verbraucher arbeiten wir unseren Einkaufszettel ab und versuchen, uns nicht zu sehr ablenken zu
lassen. Schaffen wir das? Wir laufen durch die Gänge
des Supermarkts, und plötzlich werden wir dann doch
schwach, denn es duftet so himmlisch nach frischer
Pestosoße – und sofort greifen wir zu. Nicht nur landet
die Soße in unserem Einkaufswagen, sondern auch die
frische Pasta. Eine Studie von NordiConad aus dem Jahr
2009, die in einer italienischen Supermarktkette durchgeführt wurde, zeigt, dass der Abverkauf einer Pestosoße
um sagenhafte 746 Prozent anstieg, wenn am Waren-
trägerregal der Duft von Pesto ausgebracht wurde. Der
magischen Wirkung des Duftes erliegen dabei alle verschiedenen Zielgruppen gleichermaßen, unabhängig
von Alter oder Bildung.

Der Test wurde in drei Etappen durchgeführt: In der
ersten Phase wurden die Verkäufe ohne Beduftung und
ohne Preisaktion gemessen. Anschließend wurde in Phase
zwei der Duft am Regal ausgebracht und in der dritten
Phase auf den Duft wieder verzichtet. Stattdessen wurde
das Produkt um etwa 40 Prozent reduziert. Die in Phase

zwei installierten Duftsysteme wurden über Bewegungssensoren gesteuert und verströmten dezent am Regal zum einen den Duft der Pestosoße und zum anderen, in der Süßwarenabteilung, den Duft von Milka-Schokolade. Der durchschnittliche Abverkauf der Pestosoße stieg in den getesteten Märkten in Phase zwei um die bereits erwähnten 746 Prozent im Vergleich zur ersten Phase. Der Verkauf von Nudeln stieg als Folge der gesteigerten Beliebtheit der Soße ebenso an – um 138 Prozent. Der Umsatz der Schokolade nahm um 118 Prozent zu. Die Schokolade war in der Duftperiode sogar noch deutlich verteuert worden, was die Verkaufssteigerung jedoch nicht negativ berührte. Überraschend war das Ergebnis in Phase drei: Der Verkauf nahm im Vergleich zur Duftphase wieder ab – trotz starker Reduzierung der Produkte. Somit hatte also der Duft eine stärkere Wirkung auf den Erfolg des Abverkaufs als eine deutliche Preisreduzierung. Übrigens kurbelte auch das Zubereiten des Pestogerichts durch einen Koch vor Ort im Supermarkt, inklusive kleiner Kostproben für die Kunden, den Verkauf nicht mehr an als die bloße Beduftung.

Einen ähnlichen Test führte eine weitere Supermarktkette mit dem natürlichen Duft eines geräucherten Schinkens durch, der hermetisch verpackt im Selbstbedienungsregal lag. Ein Bewegungsmelder erfasste auch hier die vorbeigehenden Kunden und verteilte dezent den Schinkenduft. Der Verkauf nahm um 340 Prozent zu. Auch Nestlé machte einen Test im Supermarkt. Hier ging es um fertige Nudelsoßen im Glas. Durch die Beduftung stieg auch für den Lebensmittelmulti der Umsatz um über 200 Prozent.

Und selbst die Obstabteilung bekam ihren Duft weg. Allerdings fielen die Steigerungsraten hier geringer aus, was daran liegen mag, dass Früchte im Gegensatz zu Produkten in Dosen und Plastik ohnehin durch ihre Eigengerüche eine anziehende Wirkung besitzen. Immerhin aber verkaufen sich Äpfel um 20 Prozent und Erdbeeren um 45 Prozent besser durch die Beduftung des Verkaufsstandes.

Wie kann sich der Supermarktkunde gegen die Beeinflussung durch Düfte wehren? Eigentlich gar nicht, muss er aber auch nicht. Der Trend der Beduftung wird sich fortsetzen, wir stehen hier erst am Anfang der Entwicklung. Wir Kunden sollten auch durch einen Supermarkt ganz bewusst riechend gehen und wahrnehmen und erkennen, wonach es gerade riecht. Dann erkennen wir auch schnell, ob der Duft von den dargebotenen Produkten stammt oder ob er zusätzlich in den Raum gebracht wird. Riecht es nach einem Duft, der mit den Produkten im Laden gar nichts zu tun hat? Oder unterstützt ein Duft das Kauferlebnis? Wenn uns dies gelingt, können wir auch die Vielfalt der Düfte – nach Brot, Früchten, Gemüse, Fleisch und Fisch, Käse und Gewürzen – als etwas Schönes und Positives ansehen.

Übung: Riechen Sie sich durch Ihre Gewürze

Wie Currypulver riecht, werden die meisten wissen, und sie werden in der Lage sein, die Gewürzmischung allein mit der Nase zu erkennen. Aber wie sieht es mit Kerbel, Majoran, Estragon, Rosmarin oder Thymian aus? Trainieren Sie Ihre Nase, indem Sie – mit geschlossenen Augen – versuchen, Gewürze und Kräuter wiederzuerkennen. Füllen Sie dafür einfach Teebeutel mit jeweils einer kleinen Probe. Und wenn Sie nach einiger Zeit geruchssicher sind, mischen Sie einfach zwei Gewürze zusammen (besser ist es, jemand anders macht das für Sie) und versuchen Sie, die einzelnen Zutaten herauszuriechen. Mit dieser kleinen Riechübung wird nicht nur Ihre Nase besser, vielleicht optimieren Sie auch Ihre Kochkünste!

Ein Restaurant für alle Sinne

In einer gut riechenden Umgebung schmeckt uns das Essen besser. Wenn es stinkt, können wir die tollsten Gaumenfreuden nicht genießen. Das Restaurant „Ultraviolet" in Shanghai treibt das Spiel mit den Sinnen auf die Spitze, denn es riecht nach dem, was auf den Tisch kommt – oder woher das Essen stammt. Das ist nicht für jeden das Richtige, aber es ist sehr spannend.

Dem französischen Koch Paul Pairet, der seit 2005 in Shanghai lebt, schwebte ein Restaurant vor, das alle Sinne anspricht. Wo sich das luxuriöse „Ultraviolet" befindet, ist für die Gäste zunächst ein Geheimnis. Wer eine Reservierung hat, wird an einem zuvor vereinbarten Treffpunkt eingesammelt und mit einem Kleinbus dorthin gebracht. Das Restaurant ist in einer alten Garage untergebracht. Im Zentrum eines großen fensterlosen Raumes steht ein Tisch für zehn Gäste. An allen Wänden sind Projektionsflächen angebracht, auf denen passend zu den Gängen des Menüs Filme und Fotos gezeigt werden. Auch die Tischplatte ist eine Projektionsfläche. Im Hintergrund laufen Musik und zum Menü passende Sounds. Aber das, was das Restaurant einzigartig macht, ist das Duftkonzept: Steht ein Wildgericht auf der Speisekarte und bekommen die Gäste

Rehrücken serviert, werden Waldbilder auf die Wände projiziert und es riecht nach Wald. Sogar die Raumtemperatur wird nach unten geregelt. Wenn man ein Fischgericht vorgesetzt bekommt, hört man Geräusche aus dem Ozean, sieht Unterwasservideos und riecht salzigen Seetang.

22. Teurer Duft im Innenraum –
Autos und Gerüche

Fast 80 Prozent der deutschen Haushalte verfügen über mindestens ein Auto, und fast jeder dritte deutsche Autofahrer verbringt laut einer forsa-Umfrage im Auftrag von CosmosDirekt jeden Tag durchschnittlich eine Stunde und mehr in seinem Wagen. Hochgerechnet sitzt jeder Bundesbürger in seinem vermutlich rund achtzigjährigen Leben etwa zwei Jahre und sechs Monate im Auto. Das ist eine vergleichsweise kurze Zeit, wenn man bedenkt, dass wir mehr als 24 Jahre unseres Lebens verschlafen, aber lange genug, um sich zu fragen, wie es eigentlich in deutschen Autos riecht.

Der Geruch des Mercedes meines Vaters in den 1970er Jahren ist für mich bis heute eine ganz intensive und schöne Dufterinnerung. Das Wageninnere roch nach feinem Leder und hatte eine leichte Holznote, und dieser Geruch war nicht künstlich erzeugt. Genau so sollte ein Auto duften – dezent, hochwertig, solide. Wenn ein fabrikneuer Wagen überhaupt einen guten Eigengeruch hat und nicht nach Plastikmaterialen oder Klebstoffen riecht, verflüchtigt sich der angenehme Neuwagengeruch nach einiger Zeit und macht Platz für andere, oftmals unschöne Gerüche. Der Mief von Fritten, deren Reste sich in Ritzen und Ecken verstecken, von verschwitzten Sportklamotten und Zigaretten oder der Geruch des feuchten Hundes, der regelmäßig mitfährt. Etwa 76 Prozent der Hundehalter fahren gerne mit dem Auto in den Urlaub – mit Hund, versteht sich. Im eigenen Pkw wird häufig gegessen, aber selten geputzt. Fast jeder Zweite isst am Steuer – und verteilt die Speisereste unbemerkt. Doch nur jeder Dritte reinigt den Innenraum einmal pro Jahr. Jeder zehnte Befragte hat sogar noch nie innen geputzt.

Strömt ein modriger Geruch aus der Klimaanlage, kann das ein Zeichen für Pilzbefall sein, wenn sich nämlich Pilze durch die Restfeuchtigkeit im Klimasystem gebildet haben. Daniel Tolksdorf, Pressesprecher des ADAC Berlin-Brandenburg, empfiehlt dazu, die Klimaanlage auszuschalten, bevor man seine Fahrt beendet hat, und nur das Gebläse weiterlaufen zu lassen, damit Restfeuchtigkeit verdampfen kann. Zudem sollte man den Innenraumfilter der Klimaanlage regelmäßig erneuern, um zu verhindern, dass sich Bakterien einnisten, die für schlechte Luft sorgen. Auch die Autopolster können Quelle unangenehmer Gerüche im Wageninnern sein, bei Feuchtigkeit sind sie idealer Nährboden für Keime und Pilze. Ebenso wie die Fußmatten, die man regelmäßig absaugen und danach mit einem Hochdruckwasserstrahler reinigen sollte, bevor man sie – ganz wichtig – getrocknet wieder ins Auto legt. Um Zigarettengeruch im Auto loszuwerden, verwenden Profis zumeist Ozon. Eine Ozonbehandlung kann sämtliche Gerüche entfernen. Hierzu wird der Innenraum des Autos abgedichtet, danach wird durch ein spezielles Gerät Ozon eingeleitet. Das muss dann bis zu 24 Stunden im Fahrzeug wirken, um Gerüche zu binden und nachhaltig zu entfernen. Nach einiger Zeit zerfällt das Ozon und wandelt sich zu reinem Sauerstoff. Vor der Ozonbehandlung ist eine gründliche Innenreinigung nötig. Die Kosten für diese Art der Geruchsentfernung liegen zwischen 60 und 100 Euro. Allemal lohnenswert, denn der Wiederverkaufswert eines geruchsneutralen Autos ist höher als der eines Wagens mit Mief.

Was aber kann man außer ordentlicher Reinigung noch tun, um sein Auto gut riechen zu lassen? Viele greifen zu einem Duftbaum, den es in jeder erdenklichen Geruchsrichtung gibt, von Vanille bis Pina Colada, wobei Erstere seit Jahren der beliebteste Duft ist. Seit den 1950er Jahren baumelt der Duftbaum an Rückspiegeln in aller Welt. Sein Erfinder ist der nach Amerika emigrierte deutsch-jüdische Biochemiker Julius Sämann. Laut Firmengeschichte soll sich ein amerikanischer Milchtruckfahrer über den Gestank verspritzter Milch beschwert haben. Julius Sämann, der nach Kanada gezogen war, um Öl aus Kiefernadeln zu gewinnen, hörte davon und entdeckte eine Möglichkeit, das Öl mit dem Kiefernduft für längere Zeit auf einem porösen Kartonpapier zu binden. 1952 gründete er seine Firma in Watertown im Staat New York und verteidigt sein Markenrecht, wann und wo immer sich Nachahmer ans Werk machen. Ob der künstliche Geruch, den die Duftbäume – für manche Nasen zu penetrant – im Wageninneren verströmen, eine erfolgreiche Maßnahme gegen unerwünschte Ausdünstungen ist oder ob hier nur unschöne Gerüche zusammenfinden, ist mal wieder eine Frage des Geschmacks.

Auf die Wirkung von angeblichen Hausmitteln zur Geruchsüberlagerung, von denen man immer wieder liest, etwa ein Gefäß mit Essig oder mit Kaffeebohnen im Wageninnern zu platzieren, sollte man sich nicht verlassen. Sie können schlechte Gerüche vielleicht übertünchen, aber keineswegs neutralisieren.

Wie kommt ein guter Duft ins Auto?

Ein Auto bietet mit seiner Lüftungsanlage die idealen Voraussetzungen, um die Düfte im Inneren auszubringen und zirkulieren zu lassen. Die Dosierung eines Duftes kann dort genau gesteuert werden. Düfte fürs Auto sollten die Aufmerksamkeit und Konzentration des Fahrers steigern und somit sein Fahrverhalten verbessern; sie sollten für eine entspannende Wirkung sorgen, dürfen aber niemals müde machen oder einschläfernd sein – also bloß kein Jasminduft ins Auto!

Die Automobilhersteller sehen in der Beduftung von Pkw ebenfalls ein potenzielles Mittel der Markenkommunikation. Das bedeutet dann: Ich setze mich in ein Auto und erkenne die Marke allein am Geruch.

Die Daimler Benz AG hat bereits im Jahr 1949 ein Patent für die Beduftung von Fahrzeugräumen eintragen lassen. Die Vorrichtung nannte sich „Einrichtung zur Verbesserung der Atemluft in geschlossenen Kraftfahrzeugen", dabei sollte der Duft über die Lüftung des Autos zugeführt werden. Realisiert wurde die Idee damals jedoch nicht.

Nicht alle Automobilhersteller beduften ihre Neuwagen. Und oftmals entsteht das sogenannte Duftprofil einer Marke eher zufällig aus der Mischung der verschiedenen Gerüche der im Wageninneren eingesetzten Materialien. Autos aus japanischer Herstellung rochen früher oft stark nach Plastik, die Ursache waren Ausdünstungen des verarbeiteten Kunststoffs. Das Problem wurde erkannt und der Geruch besserte sich mit der Zeit. Generell gibt es aber immer noch große qualitative Geruchsunterschiede zwischen deutschen Fahrzeugen der Mittelklasse und solchen aus anderen Ländern. Ähnlich wie bei der Herstellung von Textilien. In sehr günstigen Läden riechen sie oft nach Chemikalien, was nicht gerade vertrauenerweckend ist.

Mercedes hat immer schon alles darangesetzt, die Materialen im Wageninnern so gut wie möglich zu entduften. Jedes Material, dass verbaut wird, soll eine möglichst geringe Duftemission haben. Seit den 1980er, 1990er Jahren beschäftigt Mercedes ein ganzes Team von Leuten damit, den Duft aus den Materialien vor allem aus den im Innenraum verbauten Kunststoffen herauszubekommen. Nur die Materialien, die gut riechen, soll man auch riechen können, zum Beispiel das Leder, dessen Duft sehr dominant und edel sein kann, vorausgesetzt, es ist hochwertig und stammt aus einer guten Gerberei.

Vor ein paar Jahren machten meine Mitarbeiter und ich für einen Automobilhersteller den Geruchstest bei allen seinen Modellen. Kein Modell roch wie das andere, jedes hatte einen ganz individuellen Geruch und war somit nicht der Marke des Herstellers zuzuordnen. Nur ein einziges Modell entsprach unserer Vorstellung eines gut riechenden Autos, also ledrig, holzig, solide, verlässlich. Die anderen rochen im besten Fall unaufdringlich; ein Modell strömte gar einen sehr unangenehm fischigen Geruch aus, was an einer schlechten Verarbeitung des Leders gelegen hatte.

Fast alle Automobilhersteller arbeiten daran, die Fahrgastkabine möglichst neutral riechen zu lassen. So kann der Kunde mittels eines Duftsystems letztlich selbst entscheiden, wie sein Auto riechen soll. Einer der ersten Hersteller, der diesen Ansatz massentauglich machte, war die französische Groupe PSA mit ihren Modellen Citroën

C4 und Peugeot 206. Dank einer Kartusche, die oberhalb des Armaturenbretts in den Luftkanal eingesetzt wurde, konnte der Autobesitzer die Intensität des Geruchs regulieren und den Duft immer wieder auswechseln. Wo sonst lassen sich Duftsysteme im Autoinneren anbringen? Am besten immer dort, wo viel Luft im Fahrzeugraum in Bewegung ist, zum Beispiel im vorderen Fußraum. Hier kann ein Duft am besten zirkulieren.

Je teurer ein Auto ist, desto mehr und aufwändiger wird in Beduftungssysteme investiert. Audi bietet für seinen neuen A8 eine Dufttechnologie als Extra gegen Aufpreis an. Die Mercedes S-Klasse hat so etwas schon seit einigen Jahren an Bord. Und auch in BMW-Karossen der 7er- oder 5er-Reihen kann man sich per Knopfdruck verschiedene Düfte um die Nase wehen lassen. Audi rechnet mit einer Einbaurate von 50 Prozent. Vermutlich wird die Technik demnächst auch in niedrigeren Klassen Einzug halten.

Immer häufiger fahren die Deutschen mit fremden Autos durch die Gegend. Carsharing liegt im Trend. Inzwischen gibt es in hunderten Städten in Deutschland Carsharinganbieter. 1,7 Millionen Deutsche sind bei den rund 150 Anbietern registriert. Müffelt ein Wagen, weil der Fahrer zuvor es mit der Sauberkeit nicht so genau genommen hat, hilft vielleicht eine einfache Holzwäscheklammer: Ein paar Tropfen ätherisches Öl auf das Holz träufeln und die Klammer an die Lüftungsklappe klemmen – fertig ist ein einfacher Raumerfrischer.

Das Phänomen, dass sich Menschen beim Geruch von Zitrusduft ordentlicher verhalten und weniger Schmutz hinterlassen – das Experiment der niederländischen Forscher habe ich bereits beschrieben –, testen wir gerade bei einem deutschen Mietwagenservice. Ein Duft nach Holz und Zitrus soll die Fahrer dazu animieren, vorsichtiger zu fahren und weniger Dreck im Mietwagen zu hinterlassen.

Wer es geruchstechnisch nostalgisch mag, dem empfehle ich eine Zeitreise zurück ins Jahr 1900. Im Mercedesmuseum in Stuttgart kann man den Duft einer Autowerkstatt aus dieser Zeit riechen. Wir haben diesen Duft in den Lagerhallen aufgenommen, die noch aus der Zeit der Jahrhundertwende stammen. Dort lagern Ersatzteile aus allen Epochen und der ältesten Modelle von Mercedes, bis hin zu Autoreifen mit Holzspeichen. Den Duft haben wir vor Ort analysiert, um ihn anschließend nachzubauen. Heute versetzt er die Museumsbesucher auch mit ihrem Geruchssinn zurück in eine faszinierende Welt der Vergangenheit.

23. Duft in der Architektur

Sobald wir eine Bibliothek oder ein historisches Gebäude betreten, erwarten wir bestimmte Düfte – und wenn die fehlen, ist irgendetwas verkehrt. Jeder Raum, jede Wohnung, jedes Haus hat einen Geruch. Duft und Architektur müssen zusammenpassen. Viele Architekten und Designer konzentrieren sich bei ihrer Arbeit jedoch verständlicherweise vor allem auf die visuelle Wahrnehmung. Dass Architektur auch unseren Geruchssinn anspricht, spielt nur selten eine Rolle. Ob natürlich oder künstlich hergestellt, ob von einem Material ausgehend oder als Geruchsmischung in einem Raum oder in der Umgebung wahrnehmbar: Alle Düfte wirken unmittelbar und direkt über das Gehirn.

Im Duft liegt für die Basler Stararchitekten Herzog und de Meuron eine vergessene Dimension des Bauens. Die Schweizer zeichnen verantwortlich für eines der aufsehenerregendsten Bauprojekte der jüngsten Vergangenheit: die Elbphilharmonie in Hamburg. Jörg Munzinger, ein Bewohner der Hamburger HafenCity, deren Krönung besagte Elbphilharmonie ist, beschreibt in seiner Kolumne #urbnhafencity, wie das Zusammenspiel von Architektur und Gerüchen ein einzigartiges Sinneserlebnis erzeugt:

„Riechen und Stadt verbinden wir oft nur mit Geruchsbelästigung statt mit Wohlgeruch. Wenn man aufmerksam durch die Stadt geht und wirklich riecht, dann trifft man überall auf Gerüche, die viel über den Charakter eines Stadtteils und seine Traditionen erzählen. Die HafenCity riecht nicht nur nach Schiffsdiesel. Wenn der Wind aus der einen Richtung kommt, riecht es nach Kakaobohnen aus der Kakaofabrik auf der Peute, wenn er andersrum bläst, nach Kaffee von den Röstereien der Speicherstadt. Und was ist es für ein schönes Gefühl, an Fleeten und Elbe das Meer zu riechen, fischig, salzig, brackig, und den Wind im Gesicht zu spüren!"

Ein Beispiel dafür, wie sehr das Missverhältnis von Raum und Duft unsere Sinneswahrnehmung stören kann, war der Versuch, den Geruch einen altes Gebäudes in ein neues, modernes zu verpflanzen. Seine Kunstausstellung in San Francisco wollte der bereits erwähnte dänische Künstler Jeppe Hein mit dem Geruch der altehrwürdigen Kunsthalle Bern beduften. Das Museumsgebäude in Bern wurde in den Jahren 1917 bis 1918 fertiggestellt und seine Räume riechen nach altem Mauerwerk, alten Holzdielenböden und alter Farbe. Diesen Duft haben wir eingefangen und in das Museumsgebäude in San Francisco gebracht: eine moderne Glas- und Stahlkonstruktion. Der alte und gediegene Geruch in einem neuen Ambiente war eine große Irritation. Und genau dieses Verwirrspiel der Sinne hatte Jeppe Hein beabsichtigt.

Der Geruch von Farben

Wenn wir von einem Unternehmen beauftragt werden, einen Markenduft zu entwickeln, muss natürlich alles stimmen. Ist Ihnen schon einmal aufgefallen, dass die meisten großen Hotelketten einen eigenen Duft haben? Alle Häuser einer Hotelkette riechen gleich, egal wo auf der Welt sie sich befinden. Meinem Empfinden nach könnte zwar der Geruch eines Hotels, das mitten in einer

Großstadt liegt, anders wahrgenommen werden als der eines Hauses in den Bergen. Und dennoch sollte man dabei erkennen können, zu welcher Hotelkette das Haus gehört. Wir haben einmal getestet, wie sich die Beduftung eines Hotels auswirkt. Dabei wurde eine Hotellobby von den Gästen einmal mit und ein anderes Mal ohne Geruch beurteilt. Während das Hotel ohne Duft keine guten Noten bekam, wurde die parfümierte Lobby von 95 Prozent der Befragten als sehr gut bezeichnet. Nur einer von 300 Gästen merkte, dass es gut riecht, alle anderen hatten den Duft gar nicht bewusst wahrgenommen.

Ein Schweizer Hotelier beauftragte uns damit, einen Duft in seine Hotelkette zu bringen. Der Duft sollte vermitteln, dass das Unternehmen aus der Schweiz kommt. Er sollte rot-weiß riechen, wie die Farben der Schweiz. Wofür stehen die Farben Rot und Weiß, wenn man sie in eine Duftnote übersetzen will? Das Weiß assoziiert man mit Berg- und Schneegeruch, ozonartig wie die Luft in den Schweizer Bergen. Und Rot steht für Beeren, nicht süßliche, sondern eine eher herbe Sorte, das Ganze abgerundet mit einer leichten Holznote. Aus der Rot-Weiß-Kombination wurde der Duft der Hotelkette. Schließt man die Augen, denkt man vielleicht an den Alpen und – besonders wichtig als Hotel – an die Schweizer Gastlichkeit.

Blau und Weiß sind die Farben des südkoreanischen Konzerns Samsung, der 2004 einen Duft für seine Marke suchte. Samsung war damit eines der ersten globalen Unternehmen, das selbst nicht mit duftrelevanten Produkten arbeitet und dennoch einen eigenen weltweit gültigen Markenduft entwickeln wollte. Auch hier gaben die Farben des Unternehmens bei der Suche nach dem richtigen Duft den Ton an. Außerdem sollte der Begriff „Innovation" durch den Duft vermittelt werden. Die größte Herausforderung bestand aber darin, dass der Duft auf allen Kontinenten die gleiche Assoziation hervorrufen sollte. Was schwierig ist, da Geruchswahrnehmungen – wie schon beschrieben – sehr stark auch kulturell geprägt sind. Wenn wir Blau und Weiß als Duft entstehen lassen wollten, musste dieser also in Europa ebenso funktionieren wie in Australien und Asien. Wofür stehen die Farben Blau und Weiß? Für das Meer und die Luft. Für den Geruch nach frischem Wasser und reiner Atemluft. Gerüche, die überall in der Welt positiv besetzt sind. Der Einsatz des neuen Duftes zeigte Wirkung: 98 Prozent der Besucher des New Yorker Flagshipstores gaben an, das Erlebnis im Geschäft durch den Duft insgesamt angenehmer zu empfinden. Und 66 Prozent der Kunden blieben aufgrund des Duftes nach eigener Aussage länger.

Farben, Formen, Gerüche und Geschmack stehen häufig in einer wechselseitigen Wirkung zueinander. Wenn wir einen Duft in einem roten Raum wahrnehmen, dann wirkt er auf uns anders als in einem blauen Raum. Wir erleben Rosa zum Beispiel als fein und zart, wenn man es als Textil wahrnimmt, und wenn man es mit einem Geruch übersetzen will, dann ist es süßlich und mild. Lässt man Testpersonen den gleichen Duft in einem rosa Raum und in einem gelben Raum riechen, so kommen unterschiedliche Bewertungen heraus: In dem rosa Raum wird der Duft süßlicher interpretiert als in einem gelben Raum, wo der Duft eher als sauber und zitronenartig bezeichnet wird.

Eine Geschichte aus meiner Kindheit: Als ich acht Jahre alt war, habe ich Gelee aus Johannisbeeren gemacht. Aus Spaß habe ich es mit Lebensmittelfarbe eingefärbt. Ein Glas enthielt grünes Gelee, ein zweites war blau gefärbt und das dritte enthielt Johannesbeeren mit ihrer ursprünglichen roten Farbe. Weder das blaue noch das grüne Gelee mochte irgendjemand essen. Dabei schmeckten und rochen die Inhalte aller drei Gläser exakt gleich. Im Fall des blauen und grünen Gelées jedoch signalisierte das Gehirn: Das kann nicht schmecken.

Einen süßen Vanilleduft in einer Glas- oder Stahlarchitektur empfinden wir als unstimmig, einen kühlen oder metallischen Duft dagegen nehmen wir im gleichen Gebäude als passend wahr. Umgekehrt ist ein eher traditionell, vielleicht mit dunklem Holz und schweren Teppichen eingerichteter Raum eher für schwere, warme Düfte geeignet. Noten von Holz, Harz, Vanille oder Ambra könnten hier einen harmonischen Eindruck hinterlassen.

Auch ein Versuch mit zwei unterschiedlichen Verpackungen von Chilischokolade zeigt, wie die äußere Erscheinung die Geschmackswahrnehmung beeinflusst. Auf der einen Verpackung war das Bild eines Liebespaares vor der Kulisse eines traumhaften Sonnenuntergangs zu sehen, auf der anderen Verpackung war eine erotische Darstellung des Paares abgebildet. Das eine Bild war also sexuell aufgeladen, das andere kam unverfänglich romantisch daher. Die Testpersonen mussten die Chilischokolade essen und beurteilen. Die Schokolade mit dem erotischen Bild wurde als geschmacklich viel schärfer empfunden als die mit dem romantischen Bild.

Omas Kuchen öffnet den Geldbeutel ...

Was für den Wiederverkaufswert von Autos gilt – dass sie sich mit einem guten Geruch besser an die Frau oder den Mann bringen lassen –, gilt für Häuser und Wohnungen allemal. Immobilienmakler beduften ihre Objekte, um die persönlichen Duftmarken der Vorbesitzer zu neutralisieren oder zu überdecken und positive Emotionen zu wecken. Auch die Hersteller von Musterhäusern, in denen es nach Farbe, Bausubstanzen, neuen Teppichböden und Möbeln riecht, setzen Düfte ein, um ihren Kunden eine wohnliche und gemütliche Atmosphäre zu suggerieren. Ein Musterhausverkäufer berichtete mir einmal von einem unglaublichen Verkaufsgespräch: Ein Ehepaar wollte das Haus für mehrere hunderttausend Euro kaufen, aber nur unter der Bedingung, dass der Duft, der in allen Räumen zu riechen sei, mitgeliefert würde. Daran sollte der Verkauf natürlich nicht scheitern.

In den USA raten Immobilienmakler verkaufswilligen Hauseigentümern schon mal, sie sollten unmittelbar vor dem Besuch interessierter Käufer Kuchen backen. In leeren, unbewohnten Häusern kann man diesen Geruch künstlich einsetzen. Der Kuchenbackduft suggeriert ein Gefühl von Geborgenheit und Nachhausekommen – ganz wie früher, als Oma den Apfelkuchen in den Ofen schob. Es riecht nach Vanille und Karamell und man spürt förmlich die Hitze des Herdes, selbst wenn der Herd längst von Möbelpackern aus dem Haus getragen wurde.

24. Andere Länder, andere Gerüche – Der Duft der großen weiten Welt

Napoleon Bonaparte soll über seine Heimatinsel Korsika gesagt haben, er könne sie mit verbundenen Augen allein am Duft erkennen. Die Korsen würzen gern und reichlich. Und die Macchia, der immergrüne Buschwald, bedeckt die Hälfte der Insel und verströmt den Duft von Thymian, Majoran, Rosmarin, Basilikum und Myrte. Wie ist es, wenn Sie mit verbundenen Augen in Ihren Heimatort kommen?

Städte und Regionen, ganze Länder haben ihren eigenen Geruch. Und was für den einen gut und angenehm riecht, finden Menschen aus anderen Kulturen eher ungewöhnlich und vielleicht sogar unangenehm; ganz andere Erinnerungen und Gefühle werden geweckt. Für die Deutschen duftet Sauberkeit und Frische wie schon erwähnt am ehesten nach Zitrusfrüchten, Russen verbinden damit den Duft von Flieder, und bei Spaniern ist es am ehesten der Geruch von Chlor. Ein Geruch, der bei uns wiederum eher negativ belegt ist, weil Chlor als giftig gilt. Das ist nur ein Beispiel dafür, wie unterschiedlich Gerüche auf der Welt wahrgenommen und durch persönliche Erfahrung und kulturellen Kontext bestimmt bewertet werden.

Andere Länder, andere Nasen

Regionale Präferenzen sind oft Folge einer langen kulturgeschichtlichen Entwicklung. Stark prägend sind dabei die Pflanzenwelt und das Klima der jeweiligen Kultur. Selbst unser Körpergeruch unterliegt neben biologischen auch kulturellen Faktoren. Was wir essen, spielt dabei zum Beispiel eine Rolle. Ob man viel Fisch oder Fleisch isst oder sich vegetarisch ernährt – das wirkt sich auf den Körpergeruch aus. Ein Amerikaner, der viel Fastfood zu sich nimmt, riecht anders als ein Asiate, der viel Fisch und Gemüse isst. Dass Europäer bei Japanern als „Butterstinker" gelten, hat übrigens nichts mit dem Verzehr von Milchprodukten zu tun. Wer – wie die Europäer – viele apokrine Schweißdrüsen, die sogenannten Duftdrüsen, hat, der riecht einfach intensiver.

Wer oder was gut riecht – das wird überall auf der Welt anders definiert. Die meisten Düfte werden zwar weltweit vermarktet, doch gibt es große Unterschiede in den Duftvorlieben. Die Griechen benutzten zum Beispiel schon im Altertum den dort wachsenden Lavendel als Badezusatz. Und so ist der Geruch auch heute noch im ganzen nördlichen Mittelmeerraum weit verbreitet. In Amerika ist hingegen Vanilleduft besonders beliebt, und auch das hat eine lange Tradition: Schon die Maya benutzten die Aromen der Schote zum Würzen von Speisen, aber eben auch als Duft. England hingegen duftet nach Rosen. Nachdem die Kreuzritter im Mittelalter diese Blume aus Kleinasien mitgebracht hatten, wurde sie in England schnell heimisch – auch in Form von Rosenwasser, das dort heute noch sehr gern verwendet wird. In Afrika gehört Weihrauch zu den beliebtesten Duftpflanzen, während in Japan eher dezente Düfte geschätzt werden. Diese unterschiedlichen Vorlieben sind ein Indiz dafür, dass die Geruchswahrnehmung nicht genetisch bestimmt ist. Sonst wären sich ja die Menschen weitgehend darüber einig, was nun gut riecht und was nicht. Vielmehr wird die Wahrnehmung von Gerüchen vor allem durch Erfahrung beeinflusst. Düfte, die einem Kind in die

Nase steigen, verknüpft es mit guten oder eben schlechten Erfahrungen. Und diese Assoziationen werden manchmal ein Leben lang im Gedächtnis gespeichert.

Wie stark es duftet ...

Auch die Vorliebe für die Intensität von Gerüchen – wie stark und wie komplex etwas riechen darf – ist in den verschiedenen Regionen der Erde unterschiedlich ausgeprägt. Der Nahe Osten verwendet beispielsweise viel mehr Düfte als wir in Europa. Wer einmal über einen orientalischen Basar geschlendert ist, bekommt eine Ahnung davon. Die Menschen dort sind geübt darin, mit einer viel stärkeren Duftumgebung umzugehen. In Japan hingegen sind die Menschen an starke Gerüche nicht gewöhnt, da muss es dezent sein. Die Menschen dort sind auch im Umgang miteinander, auf persönlicher Ebene, eher auf Distanz, und das spiegelt sich in deren Duftpräferenz wieder. Aufgrund der dort bevorzugt verzehrten Lebensmittel haben die Japaner außerdem keinen starken Körpergeruch. Auch bei uns in Deutschland riecht es vergleichsweise wenig, in den durch Deutsche geprägten Stadtvierteln finden wir kaum Gerüche. Und daher kommt auch unsere Duftpräferenz: Die Menschen wollen keine starken Düfte. Das ist zum Beispiel in Indien wieder ganz anders. Dort riechen die Menschen stärker, aufgrund der vielfältigen Gewürzpalette und des schwülen Klimas. In Indien haben wir 2008 kleine Kartuschen – als Witz nannten wir sie damals intern „Ameisensärge" – fürs Auto angefertigt. Sie waren etwa fünf Zentimeter lang und zwei Zentimeter breit. Mit ihrer

Hilfe wollte man nicht nur die Atmosphäre im Auto verbessern, sondern auch die kleinen Figuren der verschiedenen indischen Gottheiten aufwerten, die in Indien meist auf dem Armaturenbrett mitfahren. Die Kunden konnten zwischen drei verschiedenen Düften wählen, und eine Zeit lang fand sich in Neu Delhi fast in jedem Auto eine Kartusche unserer Firma.

Wie die Weltgemeinschaft duftet

Für ein Projekt der Vereinten Nationen anlässlich der Expo 2000 in Hannover sollten wir jedem Kontinent zu einem eigenen Duft verhelfen. Diese Düfte wurden schließlich im Rahmen einer kleinen Ausstellung im UN-Pavillon präsentiert. Wie genau die einzelnen Kontinente riechen sollten, das hatten wir zuvor mit den Vereinten Nationen abgestimmt. Für Afrika haben wir zum Beispiel auf einem großen Bildschirm Bilder von Steppen und Wüsten gezeigt und dazu einen Wüstenduft versprüht. Südamerika bekam die Düfte von Tropenwäldern. Im Zentrum der multimedialen Inszenierung standen die Themen Umweltschutz, Klima und Nachhaltigkeit. Man wollte ein Zeichen setzen gegen die Verwüstung fruchtbaren Landes, gegen die Luftverschmutzung in Großstädten und für den Schutz der Ozonschicht. Der damalige UN-Generalsekretär Kofi Annan und seine Frau besuchten den Pavillon und zeigten sich sehr beeindruckt.

Wie Städte riechen

Jede Stadt auf dem Erdball hat ihren eigenen Geruch. Ich erinnere mich an einen Besuch in Rio de Janeiro zusammen mit meiner Tochter. Wir stiegen auf den Gipfel eines Berges, auf dem es wunderbar roch. Meine Tochter meinte, es würde riechen wie im Affenhaus im Kölner Zoo – feucht, warm, tropisch: eine ganz tolle Dufterfahrung. Je höher die Temperatur und Luftfeuchtigkeit, desto intensiver nehmen wir Gerüche wahr. In São Paulo bestimmte früher die Emission von Alkohol den Stadtgeruch, denn die Autos wurden dort hauptsächlich mit Alkohol betankt. Gestunken hat es nicht, jedenfalls für mich nicht. Gestank ist ja etwas, was wir erlernen. Und ich freue mich immer, wenn ich verbrannten Alkohol rieche, weil es mich an meine Zeit in Brasilien erinnert.

Am Geruch einer Stadt lässt sich ihre Geschichte erkennen. Denn mit jeder Veränderung verändert sich auch der Geruch einer Stadt. Als zum Beispiel in europäischen Städten die ersten Kanalisationen in Betrieb genommen wurden, verschwanden die extremen Gerüche aus den Straßen, die man wohl heute überhaupt nicht mehr ertragen würde. Stadtmauern wurden abgerissen, um mehr Durchzug zu ermöglichen, Fabrikschlote wurden höher gebaut und der Müll endlich außerhalb der Stadt gelagert.

Jede Stadt hat also ihren eigenen Geruch, der zu ihr gehört und sie unverwechselbar macht. Die Bedeutung des Geruchs einer Stadt ist allerdings ein Aspekt, der von Planern und Architekten bislang vernachlässigt wird, ich bin oben schon einmal kurz darauf eingegangen. Das kritisiert auch der Diplomingenieur und Soziologe Joachim Brech. Die Stadtplanung befasse sich nämlich nur indirekt mit dem Geruch, und zwar mit dem Luftaustausch, den es aus klimatischen und gesundheitlichen Gründen in der Stadt geben muss. Brech meint aber, dass viel mehr in die

Stadtplanung einbezogen werden müsste, wie die Stadt duftet. Er wünscht sich: „Gärten in die Stadt! Gärten, in denen man die Pflanzen nach ihrem Duft auswählt."

Das kann aber auch mal schiefgehen: In Essen und anderen Städten zum Beispiel wurde in Wohngebieten massenhaft Ginkgobäume gefällt, ein Lieblingsbaum Goethes. Sobald der nämlich alle 20 Jahre erblüht, entwickelt er einen penetranten Geruch nach Erbrochenem. Aber nur die weiblichen Bäume, nicht die männlichen. Ginkgos sind zweihäusig oder getrenntgeschlechtig, das bedeutet, eine Pflanze ist entweder männlich oder weiblich. Den unangenehmen Geruch verströmen die mirabellenähnlichen Früchte der weiblichen Ginkgos. Sie geben während ihrer Reifung, die im Herbst abgeschlossen ist, einen Geruch ab, der an Erbrochenes erinnert. Ein Geruch, der die Anwohner derart gestört hatte, dass Stadt sich entschloss, die Bäume zu fällen.

Auch die norwegische Künstlerin Sissel Tolaas beschäftigt sich intensiv mit den verschiedenen Gerüchen der Stadt. Sie sammelt diese Gerüche und macht daraus Installationen für die Nase. In Oslo baute sie Geruchsduschen, in Berlin synthetisierte sie für eine Ausstellung den Duft von Geld. Und auch eigene Städteparfüms hat sie kreiert. Dafür entnahm sie unter anderem Proben in Schlachtereien, auf Friedhöfen und in U-Bahnschächten von London, Paris und Berlin. Tolaas arbeitet außerdem mit Experten verschiedener Fachrichtungen an Nasalo, einer Kunstsprache, die es einmal möglich machen soll, allen bisher unbenannten 15 000 Gerüchen, die ein Mensch wahrnehmen kann, einen Namen zu geben. Ein großes Projekt!

Ein eigenes Parfüm für die Stadt, das hat auch die Stadt Krefeld am Niederrhein 2014 kreiert. „ESNC CREFELD" duftet nach Pfirsich, Mirabelle, Wasserlilie und weißem Moschus. Studenten des Fachbereichs Design der örtlichen Hochschule haben es hergestellt: Experimentell, pur und minimalistisch sollte es riechen. Ganz so, wie die Stadt sich selbst gern sieht.

Wie der Osten roch …

Viele mögen sich noch an den Kohleduft erinnern, der früher die Städte in Ostdeutschland durchzog. Mit dem Verschwinden der Kohleöfen hat sich auch hier der Geruch verändert. Die DDR war – im Vergleich zur Bundesrepublik – eine Region, die ganz anders roch und für die ganz andere Gerüche prägend waren. Die Westpakete zum Beispiel, die in die DDR geschickt wurden. Der Geruch dieser Pakete, die nach Kaffee und Schokolade dufteten, oder auch der Geruch der Intershops, in denen es Westprodukte zu kaufen gab: Viele Ostdeutsche haben mir erzählt, dass diese Gerüche bis heute positive Erinnerungen wecken. In Radebeul bei Dresden gibt es ein DDR-Duftmuseum, das all die Düfte eines Landes zurückholt. Und das waren nicht nur Industriequalm und Trabi-Abgase, sondern auch Seifen, Parfüms oder Haushaltsreiniger, die ja alle zusammen den typischen DDR-Duft prägten. Den Duft eines verschwundenen Landes.

Wenn man in bestimmten Regionen oder Kulturen eine bestimmte Assoziation hervorrufen möchte, braucht man dafür den passenden Duft – und das gilt auch für die, die in den 1980er Jahren in der DDR sozialisiert wurden. Coca-Cola hatte nach der Wiedervereinigung festgestellt, dass die neuen Bundesländer ein Markt waren, der noch sehr stark von lokalen Marken geprägt wurde. Wir entwickelten für den Konzern ein Konzept, um die ostdeutschen Kunden in einem Cola-Truck das Erfrischungsgetränk Fanta erleben zu lassen. In einem interaktiven Prozess wurden für diese zum einen die Aromen der verschiedenen Fanta-Sorten erlebbar, zum anderen erzählte eine Stimme von der Jugend in der DDR, von den Gerüchen und den positiven Erlebnissen und Gefühlen in dieser Zeit. Der Chefparfümeur der DDR, der den Duft der Florena-Creme – der Nivea des Ostens – entwickelt hatte, hat ihren Duft nachgebaut und ihn in das Erlebnis eingebaut. „Fanta-Tour der Sinne" wurde das Spektakel genannt.

Mit dem Duft von Sonnencreme machten wir vor einigen Jahren eine interessante Erfahrung in den USA. Die Aufgabe bestand darin, den Verkauf von Coca-Cola anzukurbeln. Wir bedufteten aber nicht einfach die Kühlregale mit einem Coladuft, sondern schauten uns die Kernzielgruppe der Käufer genauer an, und das waren hauptsächlich Frauen, die in den 1960er Jahren aufgewachsen waren und nun in ihrer Familie meist für Haushalt und Lebensmitteleinkäufe zuständig waren. In den 1960er Jahren trank man Coca-Cola noch nicht so massenhaft wie heute, damals war es ein Erfrischungsgetränk für besondere Situationen. Die jetzigen Konsumentinnen waren damals in ihren Teenagertagen, eine prägende Zeit. Mit dieser Zeit assoziierten viele den Duft einer Sonnencreme, die damals den höchsten Marktanteil in den USA hatte. Diesen Duft kannte jede und jeder, die oder der in den 60ern in den Staaten aufgewachsen war. Er war durchweg positiv besetzt mit Attributen wie Jugend, Unbeschwertheit, Sommer, Sonne, Strand. Und dieser Duft nun am Kühlregal im Supermarkt versetzte die Kundinnen und Kunden zurück in die Vergangenheit.

25. Eine Sprache für Gerüche

Während wir Bilder, Farben und Töne mit vielen Worten beschreiben können, fehlen uns diese, wenn es darum geht, einen Geruch in Worte zu kleiden. Wir müssen uns Metaphern bedienen und umschreiben, wie ein Duft auf uns wirkt.

Die Farben Rot, Grün oder Gelb hingehen können wir benennen, ohne dass wir uns rote, grüne oder gelbe Objekte zur Hilfe nehmen müssen. Was Farben angeht, verfügen viele Sprachen über einen großen Wortschatz. Der Mangel an abstrakten Namen für Gerüche kann nach Expertenmeinung als Zeichen dafür gewertet werden, dass wir das Riechen schon so weit vernachlässigt haben, dass wir nicht einmal mehr in der Lage sind, Gerüche zu benennen.

Dieses Problem kennen Weintrinker, -händler und -produzenten nur zu gut. Ihnen fehlte oft das passende Vokabular bei Weinverkostungen. Sie lösten das Problem, dass Gerüche keine Namen haben, indem sie die Eindrücke beim Probieren beschrieben. 1995 hat der Bund deutscher Önologen ein Weinaromarad mit 67 Duftnoten herausgebracht. Das Spektrum umfasst Duftnoten von Harz bis Mottenkugel und soll helfen, die Gerüche des Weins in Worte zu fassen.

In allen westlichen Ländern ist das Wörterbuch der Gerüche dürftig. Doch es gibt einige Naturvölker, die eine hochkomplexe Sprache für Düfte entwickelt haben. Im nordmalaysischen Regenwald leben beispielsweise die Jahai, ein Nomadenstamm von Sammlern und Jägern. Die

Linguistin Asifa Majid und ihr Team vom Max-Planck-Institut für Psycholinguistik in Nijmegen fanden heraus, dass die Sprache der Jahai etwa ein Dutzend abstrakte Geruchsbegriffe kennt, mit denen sich Gemeinsamkeiten zwischen den Düften ganz unterschiedlicher Dinge, Pflanzen und Lebewesen benennen lassen.

„Die Ureinwohner haben mich sehr überrascht, denn sie besitzen einen eigenen Wortschatz nur für Gerüche", berichtet Majid. Das Wort „Itpit" bezeichne den Geruch, der einem Marderbär, einem Durianbaum, Blumen und Seife eigen ist. Der Begriff „pus" beschreibt bei dem Naturvolk den Duft von altem Reis, gekochtem Kohl, Pilzen und Hornvögeln.

„Natürlich hat jedes Ding oder Tier seinen eigenen, typischen Geruch. Aber: Es gibt etwas Gemeinsames bei diesen Gerüchen, das die Jahai erkennen und daher mit demselben Begriff benennen", erklärt die Linguistin. „Bei Gemeinschaften wie den Jahai gehören Gerüche zum alltäglichen Leben und Überleben." Im Regenwald ließen sich Pflanzen vielleicht leichter mittels Geruch auseinanderhalten, zumal Düfte bei der hohen Luftfeuchtigkeit sehr gut wahrnehmbar seien. Mit dem Begriff „pl´eng" bezeichnen die Jahai den Geruch von frischem Blut, rohem Fleisch, Schlamm und Kröten, führt die Linguistin im Fachmagazin „New Science" weiter aus.

„Uns fehlen die Worte, um so präzise Gerüche zu beschreiben wie die Jahai", meint Majid, die einen sehr aufschlussreichen Test machte: Sie gab englischen Muttersprachlern in Texas und einer Gruppe von Jahai identische Duftproben zu riechen und ließ sie sich beschreiben. Dabei handelte es sich um Benzin, Schokolade und Zimt.

Gerüche, die den westlichen Probanden viel bekannter waren als den Jahai. Dennoch gelang es den US-Amerikanern nicht, ihre Geruchsempfindungen wortreich zu beschreiben, während die Jahai sich sehr konkret ausdrücken konnten.

Die Jahai sind nicht das einzige Volk mit einer Sprache für Gerüche. Die Maniq leben im Süden Thailands, im Jahr 2000 wurden sie auf eine Größe von nur noch rund dreihundert Personen geschätzt. Auch sie sind Jäger und Sammler. Asifa Majid hat hier ebenfalls geforscht und gemeinsam mit Kollegin Ewelina Wnuk fünfzehn Duftbegriffe gefunden, die ein Beleg für eine enge Verbindung von Gerüchen und Gefühlen sind. Für ihre Studie befragte Wnuk zahlreiche Maniq, welche Dinge sich am besten mit den Begriffen für verschiedene Düfte beschreiben lassen. Die Antworten sammelte sie in einer Liste. Anschließend bat sie, diese Begriffe zu ordnen. Dabei konnte sie zwei Kategorien ausmachen: Eine Kategorie bezeichnete angenehme und unangenehme Gerüche, die andere beinhaltete die Wörter für Gerüche gefährlicher sowie ungefährlicher Dinge. Die Ausdrücke gehören dabei nicht zu einer einzelnen Wortklasse. Vielmehr gibt es darunter Substantive und sogenannte statische Verben, die sich am ehesten als „riecht wie X" übersetzen lassen, zum Beispiel „X riecht wie ein Pilz, ein alter Unterstand, verrottendes Holz". Dieses Geruchlexikon ähnelt dem Vokabular, welches wir benutzen, um Gefühle auszudrücken. Die Maniq verwenden für den Geruch, den alte Hütten verströmen, einen Begriff, der identisch ist mit dem für den Geruch von Pilzen, den Fellgeruch eines toten Tieres oder den Duft, den man in der Nase hat, wenn man einen Schluck aus einem Bambusrohr nimmt. Für den Duft der Sonne gibt es ebenfalls eine Vokabel, die wiederum dieselbe ist wie die für den Geruch von Seife und Kleidung. „Miätung" bedeutet auf Maniq „riecht nach Pflanzensaft, Blättern, Knoblauch, Erde, Wald". „Cane" heißt so viel wie „riecht nach Wurzelknollen, gekochtem Essen, Reis, Fleisch".

Für die Maniq wie für die Jahai ist das Riechen in ihrer Umwelt überlebenswichtig. Die intensive Beschäftigung mit Gerüchen zieht sich wohl auch deshalb durch ihre gesamte Kultur. Sie identifizieren auf der Jagd mit ihrer Nase Beutetiere genauso wie gefährliche Situationen. Die Medizin der Naturvölker arbeitet mit intensiv riechenden Kräutern. Der Duft der Heilpflanzen, so glaubt man, dringe in den Körper der Menschen ein und sei in der Lage, Krankheit zu vertreiben.

Auf der anderen Seite der Weltkugel, in Grönland, in den arktischen Teilen Nordamerikas und in Alaska leben die Inuit. Mit ihnen wird oft der sogenannte Nasenkuss oder Riechgruß verbunden. Es scheint auf den ersten Blick naheliegend, dass die Menschen bei den eisigen Temperaturen ihr Gesicht mit Tüchern verdecken und dass sie, wenn sie ihrem Gegenüber Zuneigung zeigen wollen, nur ihre Nasenspitzen berühren, damit sie nicht aneinander festfrieren. Doch plausibel ist diese Erklärung letztlich nicht. Denn um die Oberfläche der Haut geschmeidig zu halten, produzieren die in der Lederhaut sitzenden Talgdrüsen die sogenannten Lipide. Lipide sind Fette, die durch die Poren auf die obere Hautschicht gelangen. So wird das dort anhaftende Wasser verdrängt und durch das Fett ein Anfrieren verhindert. Der Nasenkuss muss also einen anderen Ursprung haben.

Bei dem Ritual des Riechgrußes werden zur Begrüßung Stirn und Nase vorsichtig aneinandergehalten. Der kurze Abstand zwischen den Gesichtern gibt ein Gefühl der Nähe. Dabei begrüßt man sich mit den Worten „Kia Ora", was so viel wie „Mögest du gesund bleiben" bedeutet. Der Riechgruß ist auch keine ethnische Variante des Küssens. Vielmehr entspringt er dem Ritual des gegenseitigen Beschnüffelns. Ein ähnliches Ritual findet sich bei den neuseeländischen Maori.

Bei den Maori wird der Nasenkuss „Hongi" genannt. Der Hongi – der Begriff kann mit „riechen" übersetzt werden – ist eine traditionelle Begrüßungsform bei den Ureinwohnern Neuseelands. Dabei gibt es verschiedene Ausformungen dieses Brauchs, doch alle funktionieren gleich: Die Nasen der Grüßenden werden so lange aneinandergedrückt, bis beide den Atem des jeweils anderen spüren und einatmen. Dies geht angeblich auf Tane, den Gott des Waldes und der Vögel, zurück, der den Menschen den Atem eingehaucht haben soll.

26. Juristisches Niemandsland – Gerüche vor Gericht

Gerüche können angenehm sein oder weniger angenehm. Manchen sind sie so unangenehm, dass sie sich extrem belästigt oder gar in ihrer körperlichen Unversehrtheit beeinträchtigt fühlen. Und zwar so stark, dass sie gegen den Gestank auch gerichtlich vorgehen: ein schwieriges Terrain. Denn es gibt zwar Grenzwerte für Schadstoffe in der Luft; die haben jedoch zunächst einmal nichts mit Gerüchen zu tun. Mit Gesetzen ist der Frage, wie störend oder gar gefährlich ein Geruch ist, nur sehr schwer beizukommen, denn Düfte funktionieren nun mal rein emotional. Zudem können wir alle unterschiedlich gut riechen, niemand nimmt einen Duft exakt identisch auf wie ein anderer – das liegt übrigens auch an den 350 Riechzellentypen, die wir aus einem potenziellen Pool von etwa 500 Typen herausgesucht haben. Wie beschrieben ist ein Duft sofort im limbischen System, unmittelbar gefiltert als Reiz, und löst dann eine emotionale Reaktion aus. Für Juristen ist das schwer zu fassen. Gerüche sind eine juristische Grauzone – im Gegensatz zur Lärmbelästigung, bei der es klare Regelungen und Gesetze gibt.

Und doch ist immer wieder auch eine vermeintliche Geruchsbelästigung Gegenstand eines vor Gericht ausgetragenen Streits, gerade unter Nachbarn. Raucher zum Beispiel sind vielen ein Ärgernis. Aber die Geruchsbelästigung kann auch andere Gründe haben: sei es Knoblauch, Fußgeruch oder die jüngst in der Wohnung nebenan begonnene Kohlsuppendiät. Diese Liste ließe sich endlos fortsetzen. Solange der Geruch in den eigenen vier Wänden bleibt, ist im Prinzip alles in Ordnung. Denn hier hat jeder das Recht zu stinken. Was aber, wenn der Duft ins Treppenhaus zieht oder in die Nachbarwohnung?

Der Fall des Rauchers Friedhelm Adolfs

Dass das Recht auf Gestank sehr weit geht, selbst wenn damit gesundheitliche Gefahren einhergehen, zeigt der Fall Friedhelm Adolfs', des wohl berühmtesten Rauchers Deutschlands, der im Jahr 2016 bundesweit für Schlagzeilen sorgte: Der Rentner sollte seine Wohnung räumen, weil er mit seinem Zigarettenqualm das Treppenhaus verräuchere. Seine Vermieterin hatte den Mietvertrag fristlos gekündigt und versuchte über Jahre – letztlich erfolglos –, den damals 78-Jährigen rauszuwerfen. Am Ende wies das Düsseldorfer Landgericht die Klage der Vermieterin ab. Die Kündigung sei nicht rechtens, so das Gericht (Az.: 23 S 18/15). Zuvor hatte Adolfs vor dem Amtsgericht und dem Landgericht juristische Niederlagen erlitten. Beide Instanzen hatten die Kündigung nach mehr als vierzig Jahren Mietdauer bestätigt. Adolfs habe seine Nachbarn in dem Mehrparteienhaus mit seinem Zigarettenqualm unzumutbar belästigt und damit ihre Gesundheit gefährdet, hieß es zur Begründung. Doch der Bundesgerichtshof hob die Urteile im Februar 2015 auf und ordnete eine umfassende Beweisaufnahme in dem Fall an. Bei der Neuauflage vor dem Landgericht widersprachen sich die Zeugen dann erheblich bei der Frage, wie stark die Belästigung durch den Tabakrauch tatsächlich war. Nun urteilten die Richter zugunsten von Adolfs, der nicht lange nach dem Urteil im Dezember 2017 verstarb.

Grundsätzlich dürfen Mieter, so befand das Gericht, in ihren eigenen vier Wänden rauchen. Die Freiheit ende erst, wenn die körperliche Unversehrtheit der übrigen Hausbewohner beeinträchtigt wird. Der Geruch – oder Gestank – muss also ertragen werden.

Heute fast unvorstellbar, dass wir vor noch gar nicht langer Zeit den Gestank von Zigaretten in öffentlichen Räumen, Restaurants und Bars, in Zügen und Flugzeugen, hingenommen haben. Dass ausgerechnet ein internationales Zigarettenunternehmen lange Zeit mit dem Slogan „Der Duft der großen weiten Welt" für die Luftverpestung auf Kundenfang ging, klingt heute paradox.

Der Duft der Brezeln

Während Zigarettenqualm selbst von den allermeisten Rauchern nicht als schöner Geruch wahrgenommen wird, ist den meisten von uns der Duft von frischen Brötchen angenehm und lässt einem das Mund im Wasser zusammenlaufen. Anders im Sommer 2017 in beschaulichen Rottach-Egern am Tegernsee: Ein kurz zuvor zugezogenes Ehepaar beschwerte sich über die Ablüfte aus einer Traditionsbäckerei in der Nachbarschaft. Vor allem die „gesundheitsschädigenden, unangenehmen und nach Urin stinkenden Zutaten für das Brezenbacken" stießen dem Paar unangenehm auf, sodass sie einen Anwalt einschalteten. Sie forderten, den Geruch zu beseitigen, indem die Bäckereibesitzerin Abluftventilatoren einbauen lasse oder „sonstige entsprechende Vorkehrungen" treffe. Noch nie habe die Gewerbeaufsicht etwas moniert, sagte Bäckerin Evi Tremmel gegenüber dem „Merkur". Ein Sturm der

Entrüstung entbrannte zunächst in den sozialen Medien und bald schon im ganzen Ort. Die Bäckerei konnte sich kaum retten vor Solidaritätsbekundungen. Noch ist der Streit nicht beigelegt. Die Bäckerei aber will erst einmal gar nichts unternehmen und setzt darauf, dass die Vernunft siegt und der Backgeruch weiterhin die Umgebung beduften darf.

Parfümwolke in der Fußgängerzone

Ebenfalls für Unmut sorgte der Geruchsfall Abercrombie & Fitch. Der Erfolg der US-Modemarke beruht unter anderem auf ihrem Showkonzept. Die Shops benebeln alle Sinne: In den Geschäften ist es dunkel, ohrenbetäubend laut und die Mitarbeiter sind angehalten, immer wieder regelmäßig den firmeneigenen Duft *Fierce* in die Luft und auf die Ware zu sprühen. Wer jemals in die Nähe eines A & F-Geschäfts gekommen ist, der wird bestätigen: Man riecht die Filiale, bevor man sie sieht. Und zwar schon von weitem. Nichtsdestotrotz standen die Fans der Modemarke in deren Hochzeiten vor den Eingangstüren Schlange. Der Duft spielte eine entscheidende Rolle bei dem Erfolg der Marke, und der jungen Zielgruppe gefiel er so gut, dass *Fierce* weltweit zu einem Verkaufsschlager wurde.

In München allerdings fühlte sich eine Anwohnerin der Innenstadt von dem Geruch belästigt und stellte einen Antrag, die Stadt möge der Modekette untersagen, ihr Parfüm weiterhin zu versprühen. Auch in Hamburg beschwerten sich Anwohner, nachdem eine ganze Straße nach dem Parfüm roch. Die Filiale drosselte daraufhin ihre Gebläse – und entging so einem Streit vor Gericht.

Vor kurzem war nun zu lesen, dass Abercrombie & Fitch den bröckelnden Absatzzahlen mit einer neuen Gestaltung der Verkaufsläden entgegenwirken wolle. Die dunklen Shops sollen Licht bekommen und es soll ein neuer, leichterer Raumduft versprüht werden: das Parfüm *Ellwood*.

Es kommt auf den Einzelfall an ...

Wie immer vor Gericht kommt es auf den Einzelfall an, sobald die Rechte eines Stinkers gegen die des sich belästigt Fühlenden abzuwägen sind. Gerüche durch haushaltsübliche Tätigkeiten wie Kochen und Wäschewaschen sind im Regelfall hinzunehmen. Kochgerüche können nur in Ausnahmefällen eine erhebliche Belästigung darstellen. Grillen auf dem Balkon ist in der Regel schon per Hausordnung verboten. Tut man es dennoch, kommt es auf das Ausmaß der Grillleidenschaft an: Es wurde schon eine fristlose Kündigung gerichtlich bestätigt, weil ein Mieter trotz Abmahnungen hartnäckig an seinen Grillgewohnheiten festhielt. Auch mangelhafte Körperhygiene oder das Horten von Müll – so lange, bis der Gestank in den Hausflur zog – sind von Gerichten als Störungen des Hausfriedens bewertet worden, die im Extremfall die fristlose Kündigung durch den Vermieter nach sich ziehen können.

Es hat eben alles seine Grenzen. Der Geruch von Haustieren etwa ist von den Nachbarn selbstverständlich hinzunehmen, auch wenn ein nasser Hund im Treppenhaus mal stinken mag. Als aber einmal ein Mieter gegen den Gestank der Katzen seiner Nachbarin klagte, bekam er Recht. Die Nachbarin besaß nämlich stolze 27 Tiere. Nach dem Urteil musste sie bis auf zwei alle ihre Vierbeiner abgeben. In meiner Heimat Bergisch-Gladbach schwelt gerade ein Duftstreit zwischen einer Shishabar und der Volkshochschule, beide befinden sich im selben Gebäude. Lehrpersonal und Schüler fühlen sich durch den süßlichen Duft von Apfel, Kokos oder Pfirsich, der in die Fortbildungsräume eindringt, belästigt. Auch hier: Ende offen ...

Kleines Duftlexikon

Abrunden

Abrunden eines Parfüms heißt die Harmonisierung und Vervollständigung der typgebenden Bestandteile einer Komposition mit geruchsverwandten Stoffen oder zusätzlichen Akzenten. Diese sogenannten Adjuvantien, meist in kleinen Mengen verwendet, geben einer Komposition ein glattes und komplettes Geruchsbild.

Absolues

Absolues sind natürliche Duftstoffe, die aus sogenannten Concrètes gewonnen werden. Zunächst wird durch Extraktion mit einem unpolaren Lösungsmittel das Concrète gewonnen. Anschließend werden die löslichen Anteile mit Alkohol aus den unlöslichen Wachsen herausgewaschen. Absolues sind qualitativ hochwertige Produkte, die wegen der geringen Ausbeute bei der Gewinnung sehr teuer sind.

Adaption

Adaption ist die Eigenschaft des Geruchssinns, einen Duft, der die Nase erreicht, im Zeitablauf immer schwächer wahrzunehmen. Dies kann dazu führen, dass ein Duft nach längerer Einwirkung nicht mehr wahrgenommen wird. Die Nase erholt sich jedoch schnell von dieser Müdigkeit.

Aerosol

Aerosol bedeutet die Zerstäubung und Verschäumung flüssiger oder fester Stoffe mit Hilfe von Treibmitteln aus Druckdosen.

Ätherische Öle

Ätherische Öle werden durch Wasserdampfdestillation oder Auspressen aus verschiedenen Pflanzenteilen gewonnen. Es sind Gemische verschiedener chemischer Substanzen. Im Gegensatz zu fetten Ölen verdunsten sie ohne Rückstand.

Akkord

Akkorde entstehen durch das Zusammenfügen verschiedener Einzelgerüche, die zu neuen Geruchsbildern verschmelzen. Die Anzahl der eingesetzten Ingredienzien kann von zwei bis zu mehreren hundert reichen. Einfache und komplexe Akkorde werden als Bausteine für Parfümkompositionen verwendet.

Aldehydig

Mit „aldehydig" wird der Geruchseindruck bezeichnet, der durch die Verwendung kurzkettiger Fettaldehyde entsteht. Den Geruch kann man mit fettig, wässrig, talgig und nach ausgeblasener Kerze duftend beschreiben. In Konzentration riechen diese Aldehyde stechend. Sie finden in allen Parfümtypen Verwendung, besonders in eleganten femininen Noten.

Alkohol

Alkohol dient in der Parfümerie als Lösungsmittel zur Herstellung von Lotionen. Ein häufig eingesetzter Alkohol ist der Ethylalkohol.

Animalisch

Animalische Noten stammen, wie der Name sagt, aus dem Tierreich. In Konzentration riechen sie oft unangenehm und aufdringlich. In entsprechender Verdünnung sind sie jedoch unverzichtbarer Bestandteil in vielen Parfüms und verleihen ihnen Wärme und Fülle. In der Parfümerie werden dafür Extrakte tierischer Sekrete genauso wie deren synthetische Kopie verwendet, aber auch Duftkomponenten aus dem Pflanzenreich, die einen ähnlichen Geruchscharakter besitzen. Die bekanntesten animalischen Noten aus dem Tierreich sind Zibet, Moschus, Castoreum und Ambra.

Anosmie

Anosmie (Geruchsblindheit) ist die Unfähigkeit eines Menschen, etwas zu riechen. Daneben haben manche Menschen eine selektive und partielle Anosmie. Hier besteht eine Unfähigkeit, eine bestimmte Substanz zu riechen.

Balsamisch

Balsamisch ist der Geruchseindruck, der mit süß, weich und warm beschrieben wird. Balsamische Noten entstehen in

Parfümkompositionen vornehmlich bei der Verwendung von Balsamen und Harzextrakten. Besonders orientalische Parfüms werden von balsamisch wirkenden Inhaltsstoffen bestimmt.

Basisnote

Basisnote ist der dritte und letzte Teil des Duftablaufs eines Parfüms. Sie enthält die lang haftenden Bestandteile, wie zum Beispiel Hölzer, Resine, animalische und kristalline Substanzen. In schwereren Parfüms (Chypre und orientalische Noten) ist die Basisnote so stark betont, dass sie bereits im Angeruch typprägend wirkt.

Bitter

Bitter ist der Geruchseindruck, der mit dem entsprechenden Geschmacksbegriff verwandt ist. Er wird hervorgerufen durch Kombination von Wurzeln (Vetiver), Kräutern (Wermut), animalischen Noten (Leder). Bittere Akzente befinden sich vorwiegend in maskulinen Düften.

Blumig

Heute betonen gut die Hälfte aller Markenparfüms blumige Komponenten. Sie werden in ihrem Charakter durch definierte Blütennoten (Maiglöckchen = Diorissimo / Dior) oder durch ein Bouquet mit mehreren Blütennoten geprägt (Quelques Fleurs / Houbigant). Alle übrigen Parfüms enthalten ebenfalls einen mehr oder weniger großen Anteil blumiger Komponenten.

Blumig-fruchtig

Blumig-fruchtige Düfte haben einen zusätzlich typprägenden Anteil fruchtiger Noten. Diese bestimmen besonders die Kopfnoten. Der Schwerpunkt wird dabei immer auf den blumigen Elementen liegen. Ein Zuviel an fruchtigen Düften erinnert an Speisen und wird in Parfüms abgelehnt.

Bouquet

Bouquet nennt man ein Gemisch verschiedener Blütennoten. Häufig ist das Bouquet wichtigster Bestandteil der Herznote. Unter „Bouquetisierung" versteht man die Ausschmückung, Harmonisierung und Abrundung einer Komposition.

Chypre

„Chypre" steht heute als Sammelbegriff für eine Gruppe von Parfüms, die ihren Charakter durch das Zusammenwirken einer frischen EdC-artigen Kopfnote mit einem Fond erhalten, der als wesentliche Elemente Eichenmoos, Labdanum und Patschuli enthält. Viele warme, sinnliche Parfüms gehören zur Familie der Chyprenoten. Als Klassiker gilt Chypre/Coty, ein Parfüm, das bereits seit Beginn des letzten Jahrhunderts auf dem Markt ist.

Duftbausteine

Duftbausteine nennt man alle Ingredienzien, die zum Aufbau einer Parfümkomposition verwendet werden. Dabei handelt es sich um definierte Riechstoffe, Naturprodukte und um einfache und komplexe Mischungen, die sogenannten Basen, Spezialitäten und Akkorde.

Duftentfaltung

Die Duftentfaltung eines Parfüms muss drei Kriterien genügen: Abstrahlung beim Öffnen des Flakons, Abstrahlung von der Haut in allen Phasen des Duftablaufs, Wirkung des Parfüms in dem die Trägerin oder den Träger umgebenden Raum.

Eau de Cologne (EdC)

Eau de Cologne ist eine alkoholische Parfümöllösung in einer Dosierung von drei bis fünf Prozent.

Eau de Parfum (EdP)

Eau de Parfum ist eine alkoholische Parfümöllösung von einer Dosierung zwischen acht und 15 Prozent. Ein Parfüm hat eine Dosierung bis zu 30 Prozent.

Eau de Toilette (EdT)

Eau de Toilette ist eine alkoholische Parfümöllösung von einer Dosierung von fünf bis zehn Prozent.

Erdig

Erdig ist der Geruchseindruck, der an den Geruch von Erde, Waldboden, Moder, Staub und Ähnlichem erinnert.

Bekannte ätherische Öle mit einer erdigen Komponente sind Vetiver und Patschuli. Erdige Akzente tauchen in Parfüms nur unterschwellig auf.

Fixierung

Fixierung heißt, den Duft eines Parfüms über einen möglichst langen Zeitraum zu erhalten. Dabei werden schwerflüchtige Stoffe verwendet, die ihre volle Geruchsintensität erst nach einiger Zeit entfalten und dann längere Zeit beibehalten. Außerdem kommen Riechstoffe zur Anwendung, die selbst nicht sehr stark riechen, aber in der Lage sind, den Geruchseindruck anderer Stoffe zu verlängern. Eine gut durchkonstruierte Duftkomposition verfügt auch über eine gute Haftung. Dagegen gibt eine in der Fixierung überladene Note keine Gewähr für gute Haftdauer, da sich Stoffe auch gegenseitig in der Duftentfaltung behindern können.

Fougère

Fougère ist ein Fantasiebegriff des Parfümeurhandwerks und gibt der Kombination der frisch-krautigen Lavendelnote mit einem moosigen Fondgeruch den Namen. Fougèrenoten gibt es in vielen fantasievollen Auslegungen, besonders auf dem Sektor der Herrennoten.

Frisch

Im europäischen Raum verbindet man mit diesem Begriff allgemein Noten wie Zitrone, Lavendel, Grünnoten, helle, blumige Komponenten, also überwiegend leichte, helle Geruchselemente. In anderen Regionen wie Nordamerika werden auch süße oder puderartige Parfüms mit frisch bezeichnet.

Fruchtig

Fruchtig ist der Geruchseindruck von den aus der Natur bekannten Fruchtnoten. Sie finden in der Parfümerie als Nuanceure Verwendung. Reine Fruchtnoten kommen allenfalls als Modeerscheinungen in bestimmten Anwendungsgebieten vor. Übertriebene Dosierungen von Fruchtnoten wirken in Parfüms essbar und stehen damit der sinnlichen Wirkung einer Komposition eher entgegen.

Grün

Grün ist der Gesamteindruck, der an Gras, Blätter, Stängel und Ähnliches erinnert. Grüngerüche gibt es in vielen Nuancen. Sie finden in der Parfümerie breite Anwendung und dienen hauptsächlich dazu, den Kopfnoten von Parfüms besondere Akzente zu verleihen.

Haftfestigkeit

Die Haftfestigkeit eines Riechstoffs richtet sich nach seinem Flüchtigkeitsgrad. Da ein Parfüm fast immer lange haften soll, werden schwerflüchtige Stoffe zur Fixierung von Parfümkompositionen verwendet.

Herznote

Die Herznote ist die zweite, mittlere Phase des Duftablaufs eines Parfüms nach dem Abklingen der Kopfnote. Sie wird vorwiegend von blumigen, würzigen oder holzigen Komponenten geprägt und bildet, wie der Name sagt, das Herzstück des Parfüms.

Heuartig

Heuartige Noten finden vorwiegend bei Naturdüften in verschiedenen Anwendungsgebieten wie etwa medizinischen Bädern Verwendung. Auch maskuline Parfüms enthalten heuartige Komponenten (Fougère). Wichtigster synthetischer Riechstoff mit einer heuartigen Note ist Cumarin.

Holzig

Holzige Noten spielen in fast allen Parfüms eine mehr oder weniger große Rolle. Die wichtigsten natürlichen holzigen ätherischen Öle in der Parfümerie sind Zedernholzöl, Patschuliöl, Vetiveröl und Sandelholzöl. Sie haben gute fixierende Eigenschaften. Prägende Wirkung üben sie daher häufig erst nach einiger Zeit des Duftablaufs aus. Sie sind mitverantwortlich für den puderartigen Nachgeruch vieler Parfüms auf der Haut. Viele moderne Herrennoten werden durch in den letzten Jahren neu entwickelte synthetische Holzriechstoffe geprägt.

Komposition

Harmonische Mischung aus einer Grundsubstanz, dem Duftstoff und einem Fixateur.

Kopfnote

Die Kopfnote ist die erste Phase des dreiphasigen Duftverlaufes. Sie vermittelt den ersten Eindruck und entwickelt sich innerhalb einer Minute nach dem Auftragen auf der Haut. Die intensiven, leichten und schnell flüchtigen Duftstoffe der Kopfnote sind maximal einen Tag wahrnehmbar.

Moschus

Synthetisches Erzeugnis, das sehr beständig ist. Moschus kommt auch als Substanz tierischen Ursprungs vor, die aber nur selten verwendet wird.

Neroli

Neroli wird vorwiegend für die Herznote eingesetzt, das Duftprofil ist zart-blumig, frisch, süß. Das ätherische Öl wird durch die Destillation aus den Blüten der Pomeranze (Bitterorange) gewonnen. Der Duft weckt südländisch-sonnige Urlaubsgefühle.

Orientalisch

Orientalische Parfüms haben einen warmen, schweren, süßlichen und exotischen Duftcharakter. Wörtlich genommen, verströmen diese Parfüms die Gerüche aus 1001 Nacht.

Patschuli

Patschuli gewinnt man aus den Blättern einer Pflanze, die zur der Gattung der Lippenblütengewächse zählt. Sie ist in Asien und Afrika beheimatet. Patschuli verleiht Parfüms eine exotische Note und findet sich vielfach in orientalischen Parfüms.

Puderartig

Puderartig beschreibt einen Geruchseindruck, der durch die Komposition moosiger, holziger und süßer Elemente entsteht. Das puderartige Element eines Parfüms wird oft wahrgenommen, wenn die frischen und blumigen Ingredienzien verflogen sind und die Basisnote den Geruchseindruck bestimmt.

Reifung

Die Reifung beschreibt den zur Geruchsharmonisierung eines Parfümkonzentrats – einer Mischung aus synthetischen und natürlichen Riechstoffen – benötigten Zeitraum.

Träger

Träger sind Lösungsmittel wie Alkohol, Gas, Reinigungsmittel oder Seife, mit deren Hilfe ein Parfümkonzentrat verdünnt werden kann.

Tonkabohne

Die Tonkabohne ist der mandelförmige Samen des Tonka-
baumes, er wächst vornehmlich im nördlichen Südamerika und in der Karibik. Sein süßlicher Duft erinnert an
Vanille. Der Tonkabohne wird eine sinnliche und erotisie-
rende Wirkung nachgesagt, weshalb die Tonkabohne in
Damen- und Herrenparfüms verwendet wird.

Vetiver

Das Vetiveröl wird aus den Wurzeln eines in Asien behei-
mateten Grases gewonnen. Sein Geruch erinnert an Erde
und Wald. Wegen seiner langen Haltbarkeit auf der Haut
wird Vetiver gerne in Parfüms eingesetzt.

Zeder

Zedern sind immergrüne Bäume aus der Familie der Kie-
ferngewächse. Aus dem Holz einiger Zedernarten wird das
Zedernöl gewonnen, das in der Parfümindustrie breite
Anwendung findet.

Zitrusnoten

Zitrusnoten haben einen frischen, leichten Charakter. Sie
entstammen der Familie der Agrumenöle (Bergamotte,
Zitrone, Limette, Mandarine, Orange, Bitterorange).
Daneben gibt es eine Reihe synthetischer Stoffe, die den
frischen Charakter der Zitrusnoten in verschiedenen Vari-
ationen besitzen.

Quellen

Zitate Kapitel

Wilhelm Busch: Werke. Historisch-kritische Gesamtausgabe. Bde I–IV, bearbeitet und herausgegeben von Friedrich Bohne, Hamburg 1959

Kurt Tucholsky: Akustischer Kostümball. In: Gesammelte Werke in zehn Bänden, herausgegeben von Mary Gerold-Tucholsky und Fritz J. Raddatz, Band 8, Reinbek bei Hamburg 1975, S. 295

Maria M. Kettenring: Ätherische Öle ganzheitlich anwenden, München 2013, S. 4

Otto zur Linde: Heinrich Heine und die Deutsche Romantik, Freiburg 1899, S. 64

Kapitel 1

Aristoteles: Philosophische Schriften: Bde I–VI, Hamburg 1995, S. 115

Kapitel 2

https://www.geo.de/magazine/geo-magazin/16926-rtkl-kuriose-forschung-wonach-riechen-alte-buecher-dieser-forscher-kennt

Matija Strlič: Material Degradomics: On the Smell of Old Books. In: Analytical Chemistry, 81 (20), 2009, S. 8617–8622

Kapitel 3

Immanuel Kant: Anthropologie in pragmatischer Hinsicht, 1798, S. 157

Sigmund Freud: Das Unbehagen in der Kultur, 1930

Georges-Louis Leclerc de Buffon: Herrn von Buffons Naturgeschichte der vierfüßigen Thiere, Band 17, Berlin 1791, S. 164

https://www.welt.de/gesundheit/psychologie/article144991317/Wie-die-Nase-uns-bei-der-Partnerwahl-unterstuetzt.html

WWF (2017): Das große Wegschmeißen. Vom Acker bis
zum Verbraucher: Ausmaß und
Umwelteffekte der Lebensmittel-
verschwendung in Deutschland,
S. 7

Melanie Stocker: Warum neue
Kleidung chemisch riecht.
http://help.orf.at/stories/2867818/

Prof. Dr. Marc Spehr: A juvenile
mouse pheromone inhibits
sexual behaviour through the
vomeronasal system. In: Nature
Volume 502 Number 7469, 2013,
S. 5–134

Linda Buck/Richard Axel: A novel
multigene family may encode
odorant receptors: A molecular
basis for odor recognition. In:
ScienceDirect, Volume 65, Issue 1,
1991, S. 175–187

Elisabeth A. Krusemark / Wen
Li: Enhanced Olfactory Sensory
Perception of Threat in Anxiety:
An Event-Related fMRI Study.
In: Chemosensory Perception,
Volume 5, 2012, S. 37–45

Leslie Vosshall: Humans Can
Discriminate More than 1 Trillion
Olfactory Stimuli. In: Science
Magazine, Vol. 343, 2014,
S. 1370–1372

Hanns Hatt / Regine Dee: Das
kleine Buch vom Riechen und
Schmecken. München 2012, S. 195

Yaara Endevelt-Shapira / Sagit
Shushan / Yehudha Roth / Noam
Sobel: Disinhibition of olfaction:
Human olfactory performance
improves following low levels of
alcohol. In: Behavioural Brain
Research, Volume 272, 2014, S.
66–74

Kapitel 5
Andrew G. Dillin: The Sense of
Smell Impacts Metabolic Health
and Obesity. In: Cell Metabolism,
Volume 26, 2017, S. 198–211

Marcel Proust: Auf der Suche nach
der verlorenen Zeit, Frankfurt am
Main 1979, Bd. 1, S. 63–67

Marieke B. J. Toffolo, Monique A.
M. Smeets & Marcel A. van den

Hout. Proust revisited: Odours as triggers of aversive memories. In: Cognition and Emotion, Band 26, Volume 1, S. 83–92

Rachel Herz: A Naturalistic Analysis of Autobiographical Memories Triggered by Olfactory Visual and Auditory Stimuli. In: Chemical Senses, Volume 29, 2004, S. 217–224

Kapitel 6
Jörn Lösch / Thomas Hummel / Alfred Ultsch (2016): Machine-learned pattern identification in olfactory subtest results. In: Scientific Reports 6, 2016

Kapitel 7
Aldous Huxley (1932): Schöne neue Welt. Berlin 1932, S. 170

Heike Klippel (2008): The art of programming: Film, Programm und Kontext. Münster 2008, S. 263

Christian Egger: John Waters: „Bitte eine Million Fürze". https://www.derstandard.de/ story/2000064572578/john-waters-bitte-eine-million-fuerze

„Spy Kids 4" kommt mit Geruch in „4D" (2011). https://www.kino.de/film/spy-kids-alle-zeit-der-welt-2011/news/spy-kids-4-kommt-mit-geruch-in-4d/

Ludger Kaczmarek: Geruchsfilm / Duftfilm I: Grundlagen und Entwicklungen. In: Lexikon der Filmbegriffe, Kiel 2012

Kapitel 8
Rainer Schuster: Das Parfum. In: Flacor Collecters-Club e.V. (2012). http://www.flacon-collectors-club.de/parfum_film.htm

Herman Melville: Moby Dick, 1851

Kapitel 9
Kristina von Klot: Ich rieche was, das du nicht riechen kannst. In: brand eins, Ausgabe 07/2007. https://www.brandeins.de/archiv/2007/zu-viel/ich-rieche-was-das-du-nicht-riechen-kannst/

15 Stunden Verspätung! Flieger kehrt wegen stinkender Toilette um (2015). https://www.focus.de/reisen/flug/fliegenundnotfaelle/pilot-sieht-gefahr-fuer-gesundheit-der-passagiere-15-stunden-verspaetung-flieger-muss-wegen-stinkender-toilette-umkehren_id_4549967.html

Life-Hacks von US-Serien-Star: Wie Sie im Flieger aufs Klo gehen, ohne dass es stinkt (2017). https://www.express.de/ratgeber/reise/life-hacks-von-us-serien-star-wie-sie-im-flieger-aufs-klo-gehen-ohne-dass-es-stinkt-28636872

Mary Carskadon / Rachel Herz: Minimal Olfactory Perception During Sleep: Why Odor Alarms Will Not Work for Humans. In: Sleep, Volume 27, 2004, S. 402–405

Michael Schredl: Olfactory stimulation during sleep ca reactivate odor-associated images. In: Chem Percept. 7, 2014, S. 140–146

Donald H. McBurney / Sybil Streeter / Harald A. Euler, Harald A.: Olfactory comfort in close relationships: You aren't the only one who does it. In: Zucco, Massimo, Herz, Rachel, Schaal. Barbara (Eds.): Olfactory cognition: From perception and memory to environmental odours and neuroscience. Amsterdam 2012, S. 59–72

Johann Wolfgang von Goethe: Faust. Ein Fragment, 1790

Michael Hertl: Schillers faule Äpfel. In: W. Keller (Hg.): Goethe-Jahrbuch. Weimar / Stuttgart 1999, S. 231

Johann P. Eckermann: Gespräche mit Goethe in den letzten Jahren seines Lebens, 1823–1832. 1916

Warum Frauen so gerne an Männern riechen (2007). https://www.welt.de/welt_print/article803043/Warum-Frauen-so-gerne-an-Maennern-riechen.html

Cornelia Paff: Schwangere haben feine Nasen (2003). http://www.wissenschaft.de/leben-umwelt/biologie/-/journal_content/56/12054/1145351/Schwangere-haben-feine-Nasen/

Kapitel 10
Patrick Süskind: Das Parfum. Zürich 1985, S. 14

Claus Wedekind / Thomas Seebeck / Florence Bettens /Alexander J. Paepke: MHC-Dependent Mate Preferences in Humans. In: Proceedings: Biological Sciences, Vol. 260, 1995, S. 245–249

Craig S. Roberts / Morris L. Gosling / Vaughan Carter / Marion Petrie: MHC-correlated odour preferences in humans and the use of oral contraceptives. In: Proceedings of the Royal Society B: Biological Sciences, 2008, S. 2715–2722

Michelle V. Russell / James Baker McNulty / R. Levi / Andrea L. Meltzer: The association between discontinuing hormonal contraceptives and wives' marital satisfaction depends on husbands' facial attractiveness. In: PNAS, 2014, S. 17081–17086

FNP: Partnersuche mit der Nase (2013). http://www.fnp.de/nachrichten/panorama/Partnersuche-mit-der-Nase;art685,340093

https://smell.dating/.

AXE Decodes What Scents Turn Girls On (2010). https://www.prnewswire.com/news-releases/axe-decodes-what-scents-turn-girls-on-102848734.html

Knight Ridder: Smell young again with grapefruit (2005). http://articles.chicagotribune.com/2005-10-23/features/0510230368_1_grapefruit-fragrance-smell

Weizmann Institute scientists discover: A Chemical Signal in Human Tears. Online-Artikel des Weizmann Instituts (2011). https://wis-wander.weizmann.ac.il/life-sciences/

weizmann-institute-scientists-dis-cover-chemical-signal-human-tears

Robert A. Baron: The sweet smell of success. In: Journal of Applied Psychology, vol. 68, 1983, S. 709

William Shakespeare: Romeo und Julia. Zweiter Akt, zweite Szene

Damaszener-Rose Heilpflanze des Jahres 2013.

www.nhv-theophrastus.de/site/index.php?option=com_content&view=article&id=56&Itemid=57

Kapitel 11
Claire Wyart / Wallace W. Webster / Jonathan H. Chen / Sarah R. Wilson / Andrew McClary / Rehan M. Khan / Noam Sobel: Smelling a Single Component of Male Sweat Alters Levels of Cortisol in Women. In: Journal of Neuroscience 7, 2007, S. 1261–1265

Michaela Viesener: Für immer und jetzt: Wie man hier und anderswo die Liebe feiert. München 2016, S. 10–11

Ingeborg Ebberfeld: Flüchtige Liebesbotschaften. In: 25 Jahre Gestalt-Institut Frankfurt, 2004, S. 9.

Ingo Petz: Klar kann man Angst riechen (2015). http://www.fluter.de/klar-kann-man-angst-riechen

Wie riecht der Erste Weltkrieg? (2014). http://www.deutsch-landfunkkultur.de/profil-wie-riecht-der-erste-weltkrieg.2165.de.html?dram:article_id=291812

Hanno Charisius: Der Geruch der Angst (2010). http://www.sueddeutsche.de/wissen/gefuehle-der-geruch-der-angst-1.384584

Kerstin Nees: Auf dem Sprung (2010). http://www.uni-kiel.de/unizeit/index.php?bid=580502

Victoria Meinschäfer: Angst-schweiß ist ein ganz besonderer Duft: Nachweis über chemische Kommunikation zwischen Menschen gelungen. In: Magazin der Heinrich-Heine-Universität 3/2009, S. 12–14

Kapitel 12
Winzer versichert Nase für fünf Millionen Euro (2008). http://www.tagesspiegel.de/weltspiegel/frankreich-winzer-versichert-nase-fuer-fuenf-millionen-euro/1192532.html

Helmut Flashar: Hippokrates: Meister der Heilkunst. München 2016, S. 108

Diana Kwon: One Woman's Ability to Sniff Out Parkinson's Offers Hope to Sufferers. In: Scientific American (2015). https://www.scientificamerican.com/article/one-woman-s-ability-to-sniff-out-par-kinson-s-offers-hope-to-sufferers/

John P. McGann: Poor human olfaction is a 19th-century myth.

In: Science, Vol. 356, Issue 6338, 2017

Andrea Barthélémy: Menschliche Nasen werden chronisch unter-schätzt (2017). https://www.welt.de/wissenschaft/article164469608/Menschliche-Nasen-werden-chro-nisch-unterschaetzt.html

T. Solouki / M.F. McCulloch / J. Szuleko / J.C. Walker: Early detection of ovarian cancer biomarkers at the highest level of confidence using exhaled breath. Stanford University, Palo Alto California, 2009

Klaus Hackner / Peter Errhalt / Michael R. Mueller / Manuela Speiser / Beatrice A. Marzluf / Andrea Schulheim / Peter Schenk / Johannes Bilek / Theodor Doll: Canine scent detection for the diagnosis of lung cancer in a screening-like situation. In: Journal of Breath Research, Volume 10, Number 4, 2016

D. Maßberg / A. Simon / D. Häus-singer / V. Keitel / G. Gisselmann /

H. Conrad / H., Hatt: Monoter-
pene(-)citronellal affects heptaoc-
arcinoma cell signaling via an
olfactory receptor. In: Archives
of Biochemistry and Biophysics
2015, S. 566

V. Edwards-Jones / R. Buck / S.G.
Shawcross / M.M. Dawson / K.
Dunn: The effect of essential oils
on methicillin-resistant Staphy-
lococcus aureus using a dressing
model. In: Burns 30, 2004,
S. 772–777.

Barbara Driessen: Übermächtige
Angst vor dem Zahnarzt (2007).
https://www.welt.de/wissenschaft/
article828465/Uebermaechti-
ge-Angst-vor-dem-Zahnarzt.html

Bayrisches Zahnärzteblatt: Der
Duft der Praxen. In: Bayrisches
Zahnärzteblatt, Ausgabe März
2009, S. 45–47

J. Lehrmer u.a.: Ambient odor of
orange in a dental office reduces
anxiety and improves mood in
female patients. *Physiology & Behavior* (71), 2000, S. 83–86

Kapitel 13

Karl Prieler: Weil ich nicht Kla-
vierspielen kann. Teil 2. Inter-
mezzo in Nizza, 1979

H. Mohr: Wahrnehmung/Sinnes-
system. In: Metzler Lexikon Reli-
gion, Stuttgart 2000, S. 620

Maria Wohlgemut: Einfach nur
schön. Norderstedt 2006, S. 66

Paolo Rovesti / Susanne Fischer
Rizzi: Auf der Suche nach den verlorenen Düften, München 1997

Maria M. Kettenring: Ätherische
Öle ganzheitlich anwenden,
München 2013, S. 7

C. Wietig / S. Williams / T.
Reuther / M. Davids / M. Kerscher:
The Changing Face of Aesthetic
Ideals in Cosmetics and Culture.
In: Akt Dermatol, 31(1/02),
S. 38–41

Jürgen Raab: Die soziale Kons-
truktion olfaktorischer Wahrnehmung. Eine Soziologie des
Geruchs. Konstanz 1998, S. 74

Hanns Hatt / Regine Dee: Das kleine Buch vom Riechen und Schmecken. München 2012, S. 28.

Brigitte Bräutigam: Parfum. Köln 2015, S. 11

G. Ohloff: Die magische Welt der Düfte im Altertum. In: Irdische Düfte – Himmlische Lust. Basel 1992

Unique: Das Parfum und seine historische Geschichte (2017). http://www.uniquefragrance.de/geschichte-des-parfums

Cosima Lutz: Das Parfum (2012). https://www.welt.de/print/die_welt/literatur/article111223248/Das-Parfum.html

Geschichte des Parfums (2017). https://www.ybpn.de/parfum/geschichte-des-parfums/

Vom Rauch zum Duft (2017). http://duftstoffverband.de/geschichte/vom-rauch-zum-duft/

Eduard Gildemeister / Friedrich Hoffmann: Die ätherischen Öle. Berlin 1899

Carl von Rechenberg: (1908) Theorie der Gewinnung und Trennung der ätherischen Öle durch Destillation. (Grundzüge einer allgemeinen Destillationslehre), Leipzig 1908

Kapitel 14

Stefan Knischek: Lebensweisheiten berühmter Philosophen. Berlin 2008, S. 44

Nägele & Strubell: Armani Privé – Bois d'Encens (2017). http://www.ausliebezumduft.de/duefte/armani-prive/armani-prive-bois-d-encens.html

Weihrauch. Online-Artikel des großen Apothekenheilpflanzenlexikons (2017). https://www.juvalis.de/heilpflanzenlexikon/heilpflanze/weihrauch/

Parfümeur/in – ein sinnlicher Beruf (2002). http://www.wissen.de/parfuemeurin

Imgard Berner: Gallery Weekend Berlin – Ein Weltkriegsbunker für Kunstwerke in Berlin (2016). https://www.berliner-zeitung.de/berlin/gallery-weekend-berlin-ein-weltkriegsbunker-fuer-kunstwerke-in-berlin-23971074

news/tid-14803/koelnisch-wasser-die-geschichte-eines-missverstaendnisses_aid_415201.html

Markus Eckstein: Eau de Cologne. Auf den Spuren des berühmten Duftes, Köln 2006

Kapitel 15

Astrid Küntzel: Johann Maria Farina. In: Rheinische Geschichte (2013). http://www.rheinische-geschichte.lvr.de/persoenlichkeiten/F/Seiten/JohannMariaFarina.aspx?print=true

Claudia Mördeler: 300 Jahre „Eau de Cologne" (2009). http://www.dw.com/de/300-jahre-eau-de-cologne/a-4473925

Dietrich Taubert: Farina, in: Neue Deutsche Biographie 5, 1961, S. 25. https://www.deutsche-biographie.de/pnd139773908.html#ndbcontent

Manuel Heckmair : Kölnisch Wasser. Die Geschichte eines Missverständnisses (2009). https://www.focus.de/finanzen/

Julia Kaun: Der Reiter in der Glockengasse. In: K. Theis / J. Wilhelm (Hg.): Frankreich am Rhein, Köln 2009, S. 118–130

Mülhens, Unternehmerfamilie. In: Portal für Rheinische Geschichte (2010). http://www.rheinische-geschichte.lvr.de/persoenlichkeiten/M/Seiten/M%C3%BClhens.aspx#seitenanfang

Alfred Schmitz: Wilhelm Mülhens erhält das Rezept für „4711" (2017). http://www.deutschlandfunk.de/vor-225-jahren-wilhelm-muelhens-erhaelt-das-rezept-fuer-4711.871.de.html?dram:article_id=397685

Was Marken nützt: Das Oma-Problem. In: brand eins, Ausgabe

01/2008. https://www.brand-eins.de/archiv/2008/extreme/das-oma-problem/

Kapitel 16
Sandra Leis: Coco schenkte Frauen Hosen und Chanel No. 5 (2015). https://www.srf.ch/kultur/gesellschaft-religion/coco-schenk-te-frauen-hosen-und-chanel-no-5

Die Geschichte des Chanel No.5 (2017). http://www.cosmoty.de/magazin/Die-Geschich-te-von-Chanel-No-5_1471/

Duftparadies: Herstellung Parfüm Methoden der Duftgewinnung (2011). http://das-duftparadies.de/hintergrundwissen/herstel-lung-parfuem/methoden-der-duft-gewinnung-105.html

W. Hönig: Duftmittel. In: W. Umbach (Hg.): Kosmetik, Stutt-gart / New York 1988, S. 167–180

Rolf Stephan: Parfum (2017). https://www.planet-wissen.de/gesellschaft/mode/parfum_lust_auf_durft/index.html

Wissenschaft und Wohlgeruch in einem Flakon (2017). http://www.ruhr-uni-bochum.de/duft/

Björn Rasch / Christian Büchel / Steffen Gais / Jan Born: Odor Cues During Slow-Wave Sleep Prompt Declarative Memory Con-solidation. In: Science Magazine, Vol. 315, Issue 5817, 2007, S. 1426–1429

Kapitel 17
Bedeutsame Düfte rund um die Welt (2016). https://www.uni-jena.de/Mitteilungen/160407_VortragDuft.html

https://www.beobachter.ch/pflanzenwelt/roman-kaiser-zu-duftessenzen-alle-dufte-sind-der-natur-schon-vorhanden

Jahres-Geschäftsberichtbericht Givaudan 2002, S. 21

Kapitel 18
Michael Edwards: Fragrances of the World (2017). http://www.fragrancesoftheworld.com/FragranceWheel

https://www.parfumo.de/

http://www.chandlerburr.com/bio.htm

Konsumenten punktgenau erreichen. Basisinformationen für fundierte Mediaentscheidungen, 2016, S. 48–50

M. Sobotková / J. Fialová / S.C. Roberts / J. Havlíček: Effect of Biological Relatedness on Perfume Selection for Others: Preliminary Evidence. In: Perception 46 (3–4), 2017, S. 498–515

Kapitel 19

Kristina Gnirke: Givaudan: Kritischer Geschmack (2014). https://www.bilanz.ch/unternehmen/givaudan-kritischer-geschmack-374966

Manager Magazin: Elf Prozent Weltmarktanteil (2003). http://www.manager-magazin.de/unternehmen/artikel/a-237099.html

Megan Willet / Skye Gould: These 7 companies control almost every single beauty product you buy. In: The Insider (2017). http://www.thisisinsider.com/companies-beauty-brands-connected-2017-5

Varinia Bernau: Der Duft der weiten Welt (2016). http://www.sueddeutsche.de/wirtschaft/henkel-der-duft-der-weiten-welt-1.2984361

Mikael Krogerus: „Seifengeruch geht nicht" (2011). https://www.freitag.de/autoren/mikael-krogerus/201eseifengeruch-geht-nicht201c

IKEA Life at Home-Report 2016 „Was macht ein Zuhause aus?" (2016). http://www.ikea-unternehmensblog.de/article/2016/life-at-home-report-2016-was-macht-ein-zuhause-aus

Kapitel 20

Ragnar Vogt: Duftmarketing: Wie Unternehmen mit Gerüchen verführen (2013). https://www.dasgehirn.info/wahrnehmen/riechen-schmecken/duftende-marken

Harry Gatterer: Hotel der Zukunft, die wichtigsten Trendfelder für die Hotellerie, 2012

Müdes Deutschland: Schlafstörungen steigen deutlich an. In: DAK Gesundheitsreport 2017. https://www.dak.de/dak/bundes-themen/muedes-deutschland-schlaf-stoerungen-steigen-deut-lich-an-1885310.html

Olga Sergeeva / Olga Kletke / Andrea Kragler / Anja Poppek / Wiebke Fleischer / Stephan R. Schubring / Boris Goerg / Helmut L. Haas / Xin-Ran Zhu / Herrmann Luebbert / Guenther Gisselmann / Hanns Hatt: Fragrant dioxane derivatives identify $\beta1$ subunit-containing GABA(A) receptors. In: Journal Biological Chemistry, 2010

Betäubender Duft: Jasmin als Valiumersatz. RUB-Forscher entdecken unerwartete Wirkung von Düften. Effekt ist vergleichbar mit potenten Psychopharmaka (2010). http://aktuell.ruhr-uni-bochum.de/pm2010/pm00222.html.de

R.W. Holland / M. Hendriks / H. Aarts: Smells like clean spirit. Nonconscious effects of scent on cognition and behavior. In: Psychological Science 16(9), 2005, S. 689–93

Dr. M. A. de Lange / L. W. Debets / K. Ruitenburg / R. W. Holland: Making less of a mess: Scent exposure as a tool for behavioral change. In: Journal Social Influence Volume 7, 2012, S. 90–97

Florian Rötzer: Moral geht mit sauberem Geruch einher. In: Telepolis 2009.

https://www.heise.de/tp/features/Moral-geht-mit-sauberem-Geruch-einher-3383127.html

Roxane Saint-Bauzel / Valérie Fointiat: The sweet smell of the requester: Vanilla, camphor, and foot-in-the-door of coldness: Vanilla and the warm–cold effect. In: Social Behavior and Personality: an international journal, 41(10), 2013, S. 1635–1640

Violent criminals calmed by scent of oranges (2005). http://www.telegraph.co.uk/news/worldnews/1579296/Violent-criminals-calmed-by-scent-of-oranges.html

Duft als Erfolgsfaktor – Die Wirkung gezielt eingesetzter Duftstoffe im Dienstleistungsumfeld. Schriftenreihe Schwerpunkt Marketing, Band 84

Essays on Scent Marketing – Effects of Scented Indoor Environments on Customers and Employees. Schriftenreihe Schwerpunkt Marketing, Band 87

Quarks und Co.: Dufte Bahn – Der Duft für zufriedene Fahrgäste (2013). https://www1.wdr.de/fernsehen/quarks/sendungen/sbwerbungduftebahn102.html

Werner Stangl: Stichwort: ‚Manipulation'. Online Lexikon für Psychologie und Pädagogik (2017). http://lexikon.stangl.eu/7024/manipulation/

Kapitel 21

Tim Mälzer: Der Lebensmittel-Check: Süß, salzig, fett – Warum wir essen, was wir essen, Folge 4, 2016

Jessica Dawid: Der geheime Grund, warum es im Supermarkt (fast) immer einen Bäcker im Eingangsbereich gibt (2017). http://www.businessinsider.de/der-geheime-grund-warum-es-im-supermarkt-fast-immer-einen-baecker-im-eingangsbereich-gibt-2017-2

Ulrich Görg: Erfolgreiche Markendifferenzierung. Strategie und Praxis professioneller Markenprofilierung. Wiesbaden 2015, S. 261

Kapitel 22

Sitzfleisch gefragt – 31 Prozent der Autofahrer in Deutschland verbringen mindestens eine Stunde pro Werktag im Auto (2016). https://www.cosmosdirekt.de/veroeffentlichungen/verweildauer-189606/

Womit verbringen wir unser Leben? Mehr als 24 Jahre schläft der Deutsche, zwölf Jahre sitzt er vor dem Fernseher. Gruner+ Jahr Pressemittelung (2014). https://www.presseportal.de/pm/24835/2631810

Wenn der Hund mit in den Urlaub fahren willl (2011). https://www.welt.de/finanzen/tipp-des-tages/article13459821/Wenn-der-Hund-mit-in-den-Urlaub-fahren-will.html

Ben Henschel: Ihr Auto wird schnell zur Keimschleuder (2017). https://www.bz-berlin.de/auto/ihr-auto-wird-schnell-zur-keim-schleuder

Zigarettengeruch aus dem Auto entfernen: Die besten Tipps (2017). http://www.t-online.de/auto/id_49724066/zigaretten-geruch-aus-dem-auto-entfer-nen-tipps.html

https://www.mercedes-benz.com/de/mercedes-benz/innovation/ein-duft-fuer-die-neue-s-klasse/

https://www.carsharing-news.de/carsharing-anbieter/

Kapitel 23
Hanno Rauterberg: In den Tiefen der Oberfläche (2000). http://www.zeit.de/2000/11/In_den_Tiefen_der_Oberflaeche

Jörg Munzinger: Der Duft der HafenCity (2017). http://www.hafencitynews.de/main-leben/persoenlich/der-duft-der-hafencity

Kapitel 24
Laura Ewert: Pfui Teufel: Plädo-yer für einen selbstbestimmten Stadtduft (2015). https://www.musikexpress.de/pfui-teufel-plae-doyer-selbstbestimmter-stadt-duft-350659/

Jannis Brühl: Ekliges in Essen (2014). http://www.sueddeutsche.de/panorama/faellung-stinken-der-ginkgos-ekliges-in-essen-1.2174322

Kristina von Klot: Ich rieche was, das du nicht riechen kannst. In: brand eins, Ausgabe 07/2007.

https://www.brandeins.de/archiv/2007/zu-viel/ich-rieche-was-das-du-nicht-riechen-kannst/

Krefeld bekommt ein eigenes Parfum (2014). http://www.rp-online.de/nrw/staedte/krefeld/krefeld-bekommt-ein-eigenes-parfum-aid-1.4630154

http://www.ddr-parfum.de/index.php?cat=03_Museum

Kapitel 25

Deutsches Weininstitut: Das Wein-Aromarad (2017): http://www.deutscheweine.de/wissen/wein-probieren/weinaromen/?L=22121121121212.1cHash%3D2d8e57a5cd7be-5e4612c4207f225c4f2cHash%3Db68901527599de-7d334ad992a11db24fcHash%3D047983c7aced1f2baa835885bfac3f9d

Ein Lexikon der Düfte: Die Angehörigen eines Volkes in Thailand besitzen viele Wörter für Gerüche (2014). https://www.mpg.de/8166545/duftsprache_maniq

Angelika Franz: Urwaldbewohner unterscheiden 15 abstrakte Duft-Namen (2014). http://www.spiegel.de/wissenschaft/mensch/maniq-sprache-15-abstrakte-begriffe-fuer-gerueche-a-967656.html

Carolin Quermann: Reibereien im ewigen Eis (2001). http://www.zeit.de/2001/52/200152_stimmts.xml

Jan Plamper (2012): Geschichte und Gefühl: Grundlagen der Emotionsgeschichte, München 2012

Arthur Berger: Neuseeland – Auf den Spuren der Maori. Hamburg 2012

Kapitel 26

Klagender Raucher Friedhelm Adolfs ist tot (2017). http://www.tagesspiegel.de/

weltspiegel/duesseldorfer-rent-ner-klagender-raucher-fried-helm-adolfs-ist-tot/207 49156.html

Landratsamt zum Bäckerei-Streit: Wie sich der Nachbar durchset-zen könnte (2017). https://www. merkur.de/lokales/region-te-gernsee/rottach-egern-ort29359/ landratsamt-zum-baeckerei-streit-am-tegernsee-wie-sich-nachbar-gegen-evi-tremmel-durchsetzen-koennte-8662577.html

Charlotte Frank: Den Kun-den stinkt es (2012). http:// www.sueddeutsche.de/ wirtschaft/streit-ueber-duft-werbung-bei-abercrombie-fitch-den-kunden-stinkt-es-1.1449918

Oberlandesgericht München: Wie viele Katzen in einer Miet-wohnung sind „zu viele"? (1990). http://www.pro-iure-animalis. de/index.php/gesetze-ver-ordnungen-urteile/articles/ sammlung-urteile-im-zusammen-hang-mit-katzen.html

Shisha-Bar: Süße Duftwolken – Besucher der VHS klagen über Geruchsbelästigungen (2017). https://www.ksta.de/region/rhein-berg-oberberg/bergisch-gladbach/ shisha-bar-suesse-duftwolken-be-sucher-der-vhs-klagen-ueber-ge-ruchsbelaestigungen-28949782

Dank

Für Unterstützung und Beratung danken wir Prof. Dr. Dr. Dr. habil. Hanns Hatt, Prof. Dr. med. Thomas Hummel, Geza Schön, Mirko und Filippo Micalef und Andreas Responde, außerdem Dr. Patrick Hehn und Anna und Marc Girard sowie Sissel Tolaas. Für vertrauensvolle und konstruktive Zusammenarbeit danken wir dem gesamten Team von Edel Books – Stefan Weikert, Constanze Goelz, Dr. Marten Brandt, Nadja Schreiber, Martin Both. Jessica Szczakiel und Jens Dohmes für tatkräftige Mitarbeit. Achim Pauly für Idee und Inspiration. Erstleserinnen Mara und Stephanie sowie Petra van der Wielen für ihren Einsatz. Dank gilt auch Thalia, meinen wichtigsten Mitarbeitern Antonia, Bernd und Niklas sowie Marc und Mike Meiré, ohne die ich nie soweit gekommen wäre.

Dufttagebuch

Die letzten Zeilen dieses Buches gehören Ihnen und Ihrer Nase. Wenn Sie Lust darauf bekommen haben, Ihren Geruchssinn zu trainieren, legen Sie sich ein kleines Dufttagebuch an. Notieren Sie jeden Tag, welche Düfte Ihnen in Ihrem Alltag aufgefallen sind – positive wie negative. Wie haben diese Düfte auf Sie gewirkt? Haben sie etwas in Ihnen ausgelöst, und wenn ja, schreiben Sie auch Ihre Emotionen und Erinnerungen dazu auf. Düfte, die Ihnen gefallen und Ihnen guttun, sollten Sie mehr in Ihr Leben holen und versuchen sie zu beschreiben.

Wenn Sie sich an Tag eins des Tagebuchführens hinsetzen und überlegen, mit welchen Düften Sie zu tun hatten, fallen Ihnen vielleicht nur wenige ein. Der Kaffee am Morgen; das Parfüm, das Sie sich aufgesprüht haben; ach ja, der Typ in der Bahn stank so schlimm nach Schweiß … Ich garantiere Ihnen, wenn Sie bewusst riechend durchs Leben gehen, wird Ihre Liste von Tag zu Tag länger. Versuchen Sie's!

══Dufttagebuch══

Montag

—

Dienstag

—

Mittwoch

—

Donnerstag

—

Freitag

—

Samstag

—

Sonntag